加薪很困难？因为你忽略了一些细节；

升职是梦想？那是由于你还不了解某些规则！

一本书说透职场礼仪

张丽璇◎编著

YIBENSHU

SHUOTOU ZHICHANG LIYI

台海出版社

图书在版编目(CIP)数据

一本书说透职场礼仪 / 张丽璇主编. --北京:台海出版社,
2011.10

ISBN 978-7-80141-752-7

Ⅰ. ①一… Ⅱ. ①张… Ⅲ. ①心理交往-礼仪
Ⅳ. ①C912.1

中国版本图书馆 CIP 数据核字(2011)第 198854 号

一本书说透职场礼仪

主　　编:张丽璇

责任编辑:姜　航

装帧设计:天下书装　　版式设计:通联图文

责任校对:唐思磊　　责任印制:蔡　旭

出版发行:台海出版社

地　址:北京市景山东街 20 号, 邮政编码: 100009

电　话:010-64041652(发行,邮购)

传　真:010-84045799(总编室)

网　址:www.taimeng.org.cn/thcbs/defauit.htm

E-mail:th-cbs@163.com

经　销:全国各地新华书店

印　刷: 北京柯蓝博泰印务有限公司

本书如有破损、缺页、装订错误,请与本社联系调换

开　本:710×1000　1/16

字　数:160 千字　　印　张:16

版　次:2011 年 10 月第 1 版　　印　次:2011 年 10 月第 1 次印刷

书　号:ISBN　978-7-80141-752-7

定　价:28.00 元

前 言

当今社会，礼仪修养已成为表示个人和社会文明程度的标志。它是礼和仪的统称，是指人们在交往过程中，因为尊重与友好而共同遵守的行为规范和准则，集中反映了一个人的道德修养、文化品位、个性气质和审美情趣。良好的礼仪修养，能使一个人更为真实地展现自己的风度和魅力，更好地实现自身的价值。

对于企业来讲，礼仪代表的是企业的公众形象，企业员工的礼仪修养决定了该企业的整体文明程度、管理水平和社会公信度。

优雅的举止形象、得体的言语姿态、真挚的情感和有序的礼仪规范，成为人与人之间、企业与企业之间沟通的桥梁。

卡耐基说："一个人的成功，15%靠专业知识，85%靠人际关系与处世能力。"这句话对在职场拼搏的人来说十分重要。

在现代职场，每一个企业员工都必须顺应周围环境，与上司、同事、客户、亲友等"圈内人"建立稳固而又和谐的人际关系。只有这样，才能确保自己在职场上走得越来越远，路子越来越宽。

我们可以看到，大凡在职场中意气风发的成功者，都严格遵守着职场礼仪。得体优雅的仪态举止和言行，为他们带来了无尽的掌声和成功。

职场礼仪是构筑良好人际关系的最佳工具，每一个礼仪细节都可能决定你的命运和前程，懂得遵守这些礼仪，你才能拥有比别人更多的成功机遇。

良好的礼仪能够使你更好地向对方展示自己的优势，从而决定机会的降临与否。比如，在办公场合，你的形象仪表得当与否可能会影响到你与同事的关系以及晋升；在与客户交流沟通时，你的谈吐和举止也许就决定了交易的成败……

礼仪是一种信息，良好的礼仪传递出来的是尊敬、友善和诚挚的感情。在商务场合，恰当的礼仪能够获得对方的信任与好感，进而推动你事业的发展和与对方的合作。

本书对工作中最常见、最基本和最细节的礼仪进行了描述，详尽具体地介绍了工作中所应遵循的各种礼仪规范，具有很强的针对性、实用性和可操作性。内容包括面试礼仪、仪表礼仪、举止礼仪、谈吐礼仪、工作礼仪、会议礼仪、谈判礼仪、社交礼仪、电话礼仪、拜访礼仪、接待礼仪、用餐礼仪共十二个部分，并结合了职场商务礼仪准则，是一本系统、完备的职场礼仪规范丛书。

通过对本书的详细阅读实践，你一定能成为职场中受人欢迎和瞩目的焦点，赢得成功未来。

目　录
CONTENTS

面试是走上心仪工作岗位的必经关卡。面试时,除了努力展现自身的素质能力外,得体优雅的穿着举止、温和大方的谈吐,以及灵活迅捷的应对等也起着至关重要的作用。求职者在面试中的表现,将直接关系到是否能应聘成功。面试礼仪的重要性,由此可窥一二。

第二章　仪表礼仪:关注你的职场新形象/29

仪表,即一个人的外表,包括容貌、风度、举止、姿态等内容,它能体现一个人自身的文化修养,更能反映这个人对生活的审美情趣。对于职场人士而言,优雅得体的仪表举止,不仅能赢得他人的信赖和尊重,更能给别人留下深刻的印象,提高自身的交际能力。

第三章　举止礼仪:打造优雅的行为举止/57

举止是人际交往中礼仪的一种表现形式,更是个人态度的体现。良好的举止礼仪,带给他人赏心悦目的观感的同时,还提升了所在企业的整体形象。要想塑造良好的交际形象,不管在什么场合都一定要讲究礼节,注意自己的一言一行。

第四章 谈吐礼仪:言之有礼获得好人缘/73

语言是我们人类所拥有的最庞大、最广博的交际手段,是人们沟通交流、联络感情的桥梁。谈吐的礼仪礼节应当是各项礼仪中最基础的一种。遵守谈吐礼仪的目的是为了通过交谈,向他人传递平等、尊重、友好的信息。对于办公室一族而言,好的谈吐更能让别人从你的言行中感受到你独特的修养和魅力,从而使你的事业平步青云。

第五章　工作礼仪:潇洒练达玩转职业场/94

工作礼仪指的是人们在工作中应该遵循的习俗规范。工作礼仪与日常礼仪有相通之处,但也有自身的特点和要求。不论是按时上下班还是工作中的待人接物,或者是其他的小细节,我们都能从中看出一个人的良好涵养。遵守工作礼仪,有利于创造和谐融洽的工作环境,提高工作效率,树立良好的企业形象。

第六章　会议礼仪:强力保障成功的奠基石/120

会议是布置工作、洽谈商务、沟通交流的重要方式,在企业内外的工作中有着不可忽视的地位。职场中人理应从容面对工作会议、商贸会议、茶话会等不同性质的会议考验。一般来讲,会议场合都是严肃庄重的，只有遵守严格的会议礼仪才能促使会议圆满成功。

第七章 社交礼仪：有礼有节拓展人脉圈/144

社交在人际交往中的作用很重要。通过社交，人们可以很好地相互沟通，取得他人的支持与帮助；通过社交，人们可以互通信息、共享资源，这对事业的成功大有帮助。社交礼仪是一门大学问，它是指人们在交际过程中所应具备的基本素质和交际能力等。只有吃透这门学问，我们才能在社交场合游刃有余。

商务谈判是企业的一项经常性工作，它是指存在商务关系的各方代表为了解决商务争端、达成合作、解决纠纷而进行的会谈，和企业的运行以及合作等息息相关。一次成功的谈判少不了必要的商务礼仪规范。恰到好处的应对、拿捏有度的措辞，能使你在这场微妙的战争中赢得主动和成功。

电话具有现代通讯工具所应具有的特点:快捷、方便。人们往往通过这种直接的交际方式来判断一个人的人品、性格。正因为如此,使用电话时就需要遵循一定的礼仪规范。掌握基本的电话礼仪,不仅可以让双方之间的沟通变得舒畅愉快,同时也有利于一个人甚至一个企业的整体修养和素质的体现。

第十章　拜访礼仪：水到渠成事业不用愁/200

客户拜访可谓是职场商务活动中最基础、最日常的工作，不管是市场开发还是新品推广或者是售后追踪，都需要拜访客户。随着市场经济的发展，人们对企业文化的推广越来越关注，因此与拜访相关的礼仪也越来越受到人们的重视。无论用什么方法和途径，拜访工作一定要找好切入点，且万不可失礼于人。

第十一章　接待礼仪：关键细节赢得好印象/213

迎来送往是社会交往活动中最基本的形式，也是表达和体现主方情意、素养的重要环节。商务活动中的接待，更是企业在事业上不断前进的通行证。良好的接待礼仪，可以给来访者留下好的印象，为公司和个人博得好评，从而促使商务交往的顺利进行。

第十二章 用餐礼仪:餐桌上的优雅名片/227

在企业商务活动中,为了给谈话创造轻松的气氛,常常把会餐当成一个必经的程序。它不仅仅是一个用餐的过程,更是进一步和客户交流的机会。商务会餐礼仪繁多,一个不慎就容易弄巧成拙。掌握必要的就餐礼仪是每一个职业人士的必修课程。

第一章 面试礼仪：如愿走上心仪的岗位

面试是走上心仪工作岗位的必经关卡。面试时，除了努力展现自身的素质能力外，得体优雅的穿着举止、温和大方的谈吐，以及灵活迅捷的应对等也起着至关重要的作用。求职者在面试中的表现，将直接关系到是否能应聘成功。面试礼仪的重要性，由此可窥一二。

求职材料的礼仪要求

一、求职材料编写的基本礼仪要求

1.外观整洁，款式大方

求职材料要说明求职者的身份、学业资历、工作经验、特长爱好等。为达到引起对方注意的目的，就必须做到简洁大方，一目了然。

2.字体清楚工整

求职材料的字体一定要工整，不能模糊不清；文字要潇洒大方，字体大小要合理，四周空白，行间距适度，不可过于拥挤，切忌让人看了有杂乱无章之感。

3.小心谨慎，精心安排

求职材料首先要确保无文字及标点符号的错误，否则会给人以粗心大意、工作不踏实、缺乏诚意、不尊重人的感觉。

4.表述真诚，语句精炼

求职材料要以真诚朴实见长，切忌卖弄文采，要尽量使用简短精炼的词语和句子，避免繁杂冗长。

5.牢记招聘单位的地址和名称

求职材料一般是寄达招聘单位的，招聘单位要在筛选之后才会决定是否通知你进入面试，因此一定要弄清楚自己曾经投递的单位的名称和地址，这就像人与人交往一定要牢记姓名一样，只有这样才能显示出你对招聘方的尊重。为此，招聘者应做到：

(1)投寄求职材料时，信封上单位名称和地址要准确，不写简称，不可涂改，不可有错别字。

(2)整理一下自己曾经投递材料的单位名称和地址。

二、简历写作的基本礼仪要求

1.量体裁衣

用人单位最想知道应聘者可以为他们做什么。含糊笼统、毫无针对性的简历会使你失去很多机会。如果有多个目标，最好写上多份不同的简历，注意针对各个单位的特点和要求，突出相应的重点，表明对用人单位的重视和热爱。

2.简洁舒服

一家知名公司的人事经理曾经说："我们首先选择看上去让人感到舒服的简历。有的人为了求新，在封面上用美人照或怪异的文字；有的简历写得很乱，很糟。这样的简历一般不看，直接淘汰。"简历中空行要宽，标题要用粗体，段落首行要用缩进，或者用粗圆点之类的标记。

3.重点突出

内容是一切，一定要突出个人的经验能力以及过去的成就，并且要用证据来证明。

4.力求精确

阐述经验、能力要尽可能准确，不夸大也不要误导。确信所写内容与本人实际能力及工作水平相符，还要写上以前的工作时间及单位，而刚毕业的学生则要写清楚曾经兼职的单位。如果内容的表达或材料的某个细节，让人感到可疑或者不舒服，那就可能会使你错失良机。

5.用词得当

使用有影响力的词汇，同时要注意：用人单位总认为错别字说明人的素质不够高。因此，应尽量避免错别字的出现。

6.结语精炼

附上简短的小结，小结上可以写上自己最突出的几个优点，但是最好与应聘的职位相称，告诉他们，自己能做好这件工作而不是能做好所有的工作。这是引起招聘者注意的一个有效方法。

面试前的准备工作

不管你是通过投简历、写求职信或经人推荐获得了面试机会，你都应该意识到，在整个求职过程中，面试是最具决定性的部分。因此面试前的准备工作绝对不容忽视，它是谋得一份好工作的必要条件，只有详细做到如下几点，才有可能得胜而归。

一、你需要打扮自己

面试过程中，往往前几秒的印象就能让雇主决定用不用你，因为你给他的第一印象深刻地影响着他的潜意识。

怎么打扮自己呢？至少你要做到干净整洁，最好还要有点职业化。不过不同的行业对着装职业化的要求也有所不同，如投资银行和广告公司，两者的职业化标准就大不一样。你应当尽量去了解你所要面试的行业的一般着装要求。

一个相当有效的方法是，去你要面试的大厦附近随便转转，看看人们（尤其是挂着你要去面试的公司胸牌的工作人员）一般是怎样的着装风格，照着去做就基本不会出错。

当然，如果你实在搞不清状况，尽量保守、正式一点就可以了。但你最好还是事前去看看，也可以熟悉一下路线，避免当天由于搞不清路况而迟到。

二、了解面试的基本步骤

如果你应聘的单位打电话通知你去参加面试，此时，顺便问问面试的步骤、面试官的身份、称呼是不会失礼的。相反，这样的举动还会显得你对面试很用心。

很多公司的网站会写明他们有怎样的应聘步骤、有几轮笔试、面试，等等。对于典型的行业及一些著名的企业，网上还存在着大量具有针对性的"面试宝典"，读一读也有好处，至少要对面试的框架步骤和基本问题了然在胸。

三、准备好你的故事脚本

不管是怎样五花八门的面试，都至少包含两个部分：首先是相面，然后是考察你的沟通能力。

面试当然就是一种相面，看一看你是否可爱、好相处。人在长到一定年龄的时候，就要对自己的面相负责，在你脸上的每一个表情其实都能传达一些信息，他们会用自己的经验来判断你是不是会跟他们成为一路人。

在沟通的过程中，你也许需要讲一些故事来说明自己的某种能力，虽然这些事情是真实发生过的，但最好还是做一些脚本，以便更流畅顺利地表达。讲故事的能力非常重要，这一点在你以后的工作中会不断加深体会。

四、准备好可能用到的其他素材

很多公司在面试时，也许会让你就新近发生的事件做一些专业上的评论，基于这种可能你应事先准备一些素材、数据，等等。如果你的话题很老套，论述空泛而缺乏依据，对你的面试是很不利的。

自我介绍这样简单的东西很多人都搞不定，切合公司要求而又别具一格的自我介绍更是少之又少，一段枯燥无聊的自我介绍会让面试官恨不得马上把你轰出门外。

五、懂得在面试中制造亮点

有些人也许就是在面试中闪亮了一下,便离成功不远了。面试并不是一个冗长的过程,面试官也不完全靠严格的打分录取人,惊奇和感动往往更能为你加分。所以,假如你对这家公司的历史格外熟悉,或者你有过对其产品及服务的特别调查,又或是你对这一行业有某些独特的见解,甚至你跟面试官有相同的业余爱好,这些都可能成为你面试成功的临门一脚。

六、准备好你自己的问题

面试也是一个学习的过程,在面试中不仅要回答面试官的问题,有时也需要你向对方提问。问问题常常比回答问题更考验一个人的水平。准备好你的问题,要简明、独特,并且不是查查资料就可以找到答案的东西。这些问题既要体现出你是在面试这家公司,同时也要带着向前辈讨教的谦卑。如果你只是提廉价的场面上的问题,会容易被人看轻,好的公司通常不喜欢那种不看重自身价值的人。

七、做好心理准备

面试中最大的考验在于心态,你有什么担忧之处,不妨找朋友谈谈。有时也不妨与同样求职的战友们相互做一些模拟面试,尤其是小组面试,这些过程有助于你应对面试现场可能出现的突发情况,提前做好预案。

面试时该如何着装

参加面试的服装一定要符合求职者的身份。面试时合乎自身形象的着装会给人以干净利落、有专业精神的印象。男生应显得干练、大方,女生则应表现得庄重、俏丽。懂得服装礼仪,会使你在众多求职者中脱颖而出。

一、求职男士着装的礼仪

(一)概要

1.款式、造型上的组合

通常锥形西装与椭圆形尖头皮鞋相配；直筒裤要与鞋面有W型接缝的皮鞋相配；猎装裤应配高帮翻毛皮鞋才显得帅气、粗犷。鞋与裤子搭配和谐的关键是鞋形、鞋夹要与裤形、裤口的几何造型相近。

2.颜色上的组合

现代服装讲究色彩搭配，鞋、裤也不例外。最容易的搭配方法是裤、袜、鞋采用同色系组合。另外裤子与鞋也可以采用同色系，而袜子用不同的颜色，但应避免反差太大的色系，如黑与白。还有一种搭配方式，即裤子为一种颜色，而鞋与袜子采用同色系，这样更能突出个性。同时我们也不能忽视男士着装的三一原则：皮鞋、皮带、皮包颜色一致，一般为黑色。每个人只有结合自己的特点和个性来选择，才可取得良好的效果。恰当的着装能够弥补自身条件的某些不足，树立你光彩照人的形象，主考官也会因此而对你另眼相看。即使你生来光彩照人，面试着装也马虎不得。

（二）细节搭配

1.西装

在现代社会的公共社交活动中，人们普遍认为“西装革履”是现代男士的正规服饰。就求职面试活动而言，西装也是最稳妥和安全的选择。因此，西装已经成为许多求职者的首选装束。

（1）颜色的选择。

应聘者最好穿深色的西服，灰色、深蓝色都是不错的选择，它们常常给人以稳重、忠诚、干练的印象。

（2）面料的选择。

最好选择天然织物做的衣服。人造织物的光泽和质地给人一种廉价感，不像天然织物那样有一种吸引人的垂坠感。而且，人造织物的面料常常留有人体气味，且不易去除。从更细的角度说，让人把你同“人造”联系起来总不大好，因为这会让人觉得虚假、缺乏深度。

（3）款型的选择。

体瘦的人，如果着深蓝色或粗竖条的西装，会暴露出其纤细、瘦弱的缺点，而穿米色、鼠灰色等暖色调西装或选用格子、人字斜纹的西装，就会显得较为丰满、强壮。瘦高的人，宜穿双排扣或三件套西装，选用带有温暖感觉的质感和色彩的面料，不要选用廓形细窄而锐利的西装。瘦矮的人穿西装时，可用手帕装饰胸袋，为增加胸部的厚度，还可以在内袋装入钱包、笔记本等物品。

体胖的人可选择深蓝、深灰或深咖啡色的西装，忌米色、银灰等膨胀色。如果是带图案的西装，宜用0.5~2厘米宽的竖条。西装的款型可选用直线型的美国式，这会显得廓形锐利且苗条。另外，双排四粒扣西装，可掩饰微挺的肚子。矮胖的人也可穿三件套，这样不会显出身体的分割线，并且口袋里尽量不要放物品。高而胖的人，宜穿三粒扣的西装和单件西装，V字领分外能显出潇洒。穿单件西装上衣时，宜选择深色，配同色系的浅色长裤，这样既能掩饰缺点，又显得帅气十足。

(4)用好衣袋。

西服上衣两侧的口袋只作装饰用，不可装物品，否则会使上衣变形。西服上衣左胸部的衣袋只可放装饰手帕；有些物品，如票夹、名片盒可放在上衣内侧衣袋里；裤袋亦不可装物品，以求臀位合适，裤形美观。

(5)系好纽扣。

双排扣的西服要把纽扣全部扣上，以示庄重；单排两粒扣，只需扣上面一粒纽扣，三粒扣则扣中间一粒，坐下时可解开；单排扣的西服也可以全部不扣。

2.衬衫

衬衫在服装的搭配中也很重要。如果你对衬衫的选择不是很擅长，可以保守一点，遵循以下几个要点：(1)总是穿长袖的衬衫；(2)总是穿白色或蓝色衬衫；(3)不带条纹或图案的衬衫。

衬衫最好为单色，领子要挺括，不能有污垢、油渍。衬衫下摆要放在裤腰里，系好领扣和袖扣。衬衫衣袖要稍长于西装衣袖0.5~1厘米，领子要高出西装领子1~1.5厘米，以显示衣着的层次。在此说的“白色”，并不是要排除带淡红或淡蓝条纹的白衬衫，这些“白色”衬衫尽管不属一流，但都是可取的。单一的白色衬衫传递着某种不可言传的感觉：诚实、聪明和稳重。它是多数职场男士的首要选择，而艺术家、作家、工程师和其他创造性专业人员，淡蓝色则是最好的选择。印有交织字母的衬衫对你的作用充满着不确定性，有些面试者会认为这代表有个性、成功及自信，而其他人则有可能认为这是在炫耀，甚至有点粗俗。最安全的办法就是避开那些印有交织字母的衬衫。跟西服一样，衬衫最理想的布料也是天然织物。要穿那些经过精心缝制、专业洗涤、中度上浆（挺括）的全棉衬衫。记住：颜色越淡，底色越精妙，你给人留下的印象越好。

3.领带

一条纯真丝领带产生的职业效果最佳，其体现出来的优雅给人的感觉最好，也最容易系得美观。亚麻领带太随便，最易起皱，只有在较暖和的天气合适；毛料领带不仅外观随便，而且打结困难；人造纤维有发光的特点，当你希望它们给人淡雅的感觉时，它们的颜色却令人刺目，可能有损你的职业形象。因此，纯真丝的领带，或者50%的羊毛和50%的真丝混合织成的领带应该是面试时的最佳选择。

领带应该给你的衣服增色，这就是说你的打扮应该有一个整体的平衡。一般经验是：领带的宽度应大致和西装上衣延及胸前的翻领的宽度相似，大家普遍接受的标准是领带的宽度在2.75英寸和3.5英寸之间。

传统的图案如立体形、条纹、印花绸以及不太显眼的蜗旋纹布等都是可以接受的。不过，要尽量避开带有圆点花纹、图画（如动物等）、体育形象（如马球棍和高尔夫球棒）以及设计者徽标的领带。

系好领带，戴好领带夹。西装驳领间的“V”字区最为显眼，领带应处在这个部位的中心，领带的领结要饱满，与衬衫的领口吻合要紧凑，领带的长度以系好后下端正好触及腰上皮带扣上端处为最标准。领带夹一般以夹在衬衫第三粒与第四粒扣子间为宜。西装系好纽扣后，不能使领带夹外露。

4.鞋子

男士应穿黑色或棕色的皮鞋，其他颜色和材料都不妥，风险太大。系鞋带的皮鞋是最保守、最安全的选择，因此广为大众所接受；无带的也较大方得体，但这种无带的皮鞋需朴素简单、鞋帮较浅。更重要的是你的鞋面要保持锃亮，鞋跟要结实，破旧的鞋跟会使人显得疲软而萎靡；系带的皮鞋一定要检查鞋带是否干净且系紧了，松开或未系紧的鞋带会给你带来不安全感甚或将你绊倒。另外，切勿将黑鞋与棕色西装搭配，这样会十分不协调。

5.袜子

袜子应和衣服相协调，因此，颜色多为蓝色、黑色、灰色或棕色。袜子的长度应该以你跷腿时不露出太多的胫骨为宜，在你移动双脚时也不至于在脚踝部隆起。总之，弹性较好的裹及小腿处的袜子是你最好的选择。如果你选择的是一双鞋面较低的无带鞋，这些对你尤其重要。无论如何，袜子的颜色应当和西服相配，通常应选蓝、黑、深灰或深棕色，不要穿颜色鲜亮或花格袜子。

6.小饰物

公文包。简单细长的公文包是你的最佳选择，可以把简历等必备的资料装进去。如果适合你的职业，也可携带一个整洁的文件夹。还要注意检查皮包带或扣是否好使，把包拉上，看看是否能开合自如。

皮夹。一件小巧的钱包不易使口袋鼓起变形，但钱包里的东西应是必需品，千万不要把各种信用证、家庭生活照等塞在里面。

手表。手表不仅是计时工具，还是一件重要的装饰品。在你支付能力范围内选择一款高质量的并和你的衣服相配的品牌。另外，不应戴米老鼠之类的卡通手表，会显得不够庄重。

手帕。棉布或亚麻的手帕是求职者必备的一部分，纯白是最佳的颜色。

皮带。皮带应该和选择的鞋子相匹配。蓝色、黑色或灰色西装需要黑皮带和黑鞋子搭配，而棕色、棕褐色或米色的西装应配棕色的皮带和鞋子。皮带的材料应用皮质的。

注意：项链、装饰别针、手镯、耳环等饰物都是男性求职者面试时十分忌讳的。

7.首饰

如果有的话男士可以带结婚戒指。除此之外，任何其他的首饰都是不妥当的。

8.大衣和外套

最安全以及最实用的颜色是米色和蓝色，应坚持穿这两种颜色的大衣。当然，如果可以就尽量不要穿大衣，穿时显得累赘，脱下来显得零乱。厚重的上衣已经逐渐被轻便的新式样代替，因为它几乎适用于所有场合且耐用。另外，人们潜意识中往往对浅色上装的人投以更深的信任，假如你想穿上装去面试，请选择浅色调。

9.化妆与卫生

男士去面试时最好不要化妆。应聘时要保持头发整洁，不要有头屑，不要给人以油光发亮、湿淋淋的感觉，发型简单朴素、稳重大方，不要留鬓角，尽量避免中分头，头发不要太长，也不能压着衬衣领子；胡须最好刮干净，不要留仁丹胡、络腮胡；身上不要留有异味；手要洁净且不要留长指甲。

去除异味的办法4种。

一是面试前的那餐饭菜不要吃洋葱和大蒜，也不要喝酒，以免口腔异味刺鼻，酒气熏天。饭后漱漱口，最好刷刷牙，保持口腔的清洁。

二是面试前洗个澡，这既可以把汗臭味冲洗掉，把腋臭味冲淡，也可以使你更加精神抖擞。

三是面试前别吸烟，烟味会萦绕不散，气味难耐。

四是可以在身上适度地抹些香水，香水既可驱散其他气味，又沁人心脾。香水需提前两三个小时涂抹，可擦在耳后、衣领处、手肘内侧、手腕、胸前及膝盖内侧，不要把香水直接喷在衣服上。香水的味道应选择清淡型的，如玫瑰香型、米兰型和黄角兰型。

(三)男士西装十忌

(1)忌西裤短，标准的西裤长度为裤管盖住皮鞋；

(2)忌衬衫放在西裤外；

(3)忌衬衫领子太大，领脖间存在空隙；

(4)忌领带颜色刺目；

(5)忌领带太短，一般领带长度应是领带盖住皮带扣；

(6)忌不扣衬衫扣就佩戴领带；

(7)忌西服上衣袖子过长，应比衬衫袖短1厘米

(8)忌西服的上衣、裤子袋内鼓鼓囊囊；

(9)忌西服配运动鞋；

(10)忌皮鞋和鞋带颜色不协调。

二、求职女士着装的礼仪

求职女士着装的基本原则是整洁美观、稳重大方、协调高雅。服饰色彩、款式、大小应与自身的年龄、气质、肤色、体态、发型和拟聘职业相协调。

1.服装要得体

女士求职服装一般以西装、套裙为宜，这是最通用、最稳妥的着装。切记

不要穿太紧、太透或太露的服装，否则，会给人以不庄重、不雅致、轻佻之感，这是求职的大忌。大量的求职实践表明，无论应聘何种职业，保守的穿着会被视为有潜力的候选人，会比穿着开放的求职者更容易被录用。

女性求职者服装的颜色选择多样，可以根据应聘的职位来挑选。一般来说，深色显得比较严谨，应聘财务方面的工作可选择此类服装；而谋求公关、秘书职位的女士可选择穿黄色服装，因为黄色通常表现出丰富的幻想力和追求自我满足的心理；不过，女性应尽量避开粉红色，这种颜色往往给人以轻浮、圆滑、虚荣的印象。

2.鞋子要便利

总的原则是应和整体相协调，在颜色和款式上与服装相配。面试时，不要穿长而高的高跟鞋，中跟鞋是最佳选择，既结实又能体现职业女性的尊严；设计新颖的靴子也会显得自信而得体，但穿靴子时，应该注意裙子的下摆要长于靴端。

3.袜子也重要

袜子不能有脱丝。时装设计师们都认为，肉色丝袜搭配商界着装是最合适的。为保险起见，你应在包里放一双备用，以便脱丝时能及时更换。另外，不论你的腿有多漂亮，都不应该在面试时将腿露在外面。

4.饰物少而精

(1)公文包或手提小包。

带一个即可，不要两个都带。在多数面试场合，携带公文包比手提小包更体现权威。你可以把手提包的基本内容放进一个无带的小提包，然后把它装进公文包内，但不要将包塞得满满的。如果你个子矮小，则包不宜过大，这样会极不协调。

(2)帽子。

不管你是否戴帽子，对此你必须持严谨的态度。假如你的帽子与你的全身很相配，就请选择一顶既无饰边也不艳丽却很雅致的帽子。

(3)眼镜。

眼镜能给一些人的外表增色，也可能使一些人显得不协调，尽量选择适合自己的镜框。千万不要戴太阳镜(护目镜)去面试，当然更不能戴反光镜。假如你非戴眼镜不可，可选择戴隐形眼镜。

(4)丝巾。

丝巾飘逸清秀的特点最能烘托出女性的美，但选择丝巾时一定要注意与衣服的协调搭配。如花色丝巾可配素色衣服，而素色丝巾则适合艳丽的服装。

5.首饰尽量少戴

应避免几个手指都戴戒指，拇指上戴戒指一般不能为人接受；耳环应小巧且不引人注目，为了使你感到舒适，注意力集中，戴的耳环不要过长，以免发出叮当的声响或者触及脖颈，甚至挂到衣服上；朴实无华的项链就好，但别戴假珍珠或华丽的人造珠宝；令人喜爱的手镯是完全可以接受的，但镯子上的小饰物应避免，其他刻有你名字首字母的首饰也应当避免。面试时一定不要戴脚链。

6.发型应适宜

女士的发型有多种选择。但应注意：面试时头发不要盖住面庞，最好将面庞和耳朵都露出，万不可给人“犹抱琵琶半遮面”的感觉。女士的头发最好不要过肩，必要时可选择束发或者盘发。应聘时要保持头发整洁，不要有头屑。

7.化妆宜淡雅

(1)嘴唇。

嘴唇是脸部最富色彩、最生动的地方，也是最吸引人的部分，所以嘴唇部位的修饰应显示其润泽感。年轻女士宜选用紫色口红或淡色唇彩，避免用大红或橙红。唇线不宜刻画得太深，那样会使你的嘴唇显得突出和虚假。

(2)眼睛。

眼睛是心灵的窗户，因此眼睛在面试时的作用是举足轻重的。为了使眼睛在面试时能动人而传神，面试之前应稍加修饰。可以描一描眉毛，使之更加妩媚；眼睛小的，可以在眼睛四周轻轻地描上眼圈，但不能描得太深太黑，不要露出修饰的痕迹。

8.指甲要修剪

女士的手也是其气质外观的一个方面。为充分显示其魅力，应保持双手的清洁，指甲应时常修剪，千万不要留长长的指甲，也不要涂艳丽的指甲油。

对于求职者而言，其着装除了要符合一般社交场合服饰的共同要求外，更要注重和突出服饰的职业特点，使你的着装打扮与你应聘的职业相称，在面试官面前树立鲜明的职业形象。如你应聘的是教师、工程师、干部等岗位，打扮就不能过分华丽、时髦，而应该选择庄重、素雅、大方的着装，以显示出稳重、文雅、严谨的职业形象；如果你应聘的是导游、公关、服务等岗位，你就可以选择华美、时尚的着装，以表现活泼、热情的职业特点。

出发前，最好从头到脚再检查一遍，看看扣子、拉链是否扣好、拉好，领子、袖口是否有破损，衣服是否有褶皱，鞋子是否干净光亮。确保一切无懈可击，那你的面试就已经成功一半。

面试时的妆容选择

一、面试发型的选择

不管在什么场合，修剪得当的发型都会给人亲切、端庄的感觉。男性的头发比较好打理，如果使用发胶，出发前一定要用梳子把固结成络的头发梳开。如果头发过长，那么最好提前几天理发，让自己有个适应的过程。

女士最需要注意的一点，就是不要戴太多的头饰。同时切记不要做“爆炸式”的发型，这种膨胀着的带有威胁意味的发型，会使面试官对你有着本能的排斥；高挽的头髻也不可取，它会让面试官倾向于以看家庭型女士的眼光来评判你，这无疑是对你求职的否定。对女士来说，最保险的发型当属把头发扎成干净整齐的马尾，不太夸张的卷发也是一个不错的选择，给人成熟活泼的感觉，但是一定要事先打理好。

如果女士有刘海，建议将刘海修剪到眉毛以上，所谓眉清目秀就是这个道理，如果头发挡住眉毛，考官会认为你不自信。

二、面试时的妆容

脸部的妆容一定要淡而自然，最好略略将面颊修饰打扮一下，让自己看上去健康、精神焕发。眼睛是情绪交流的焦点，一双明亮而自信的眼睛必然会给自己的面容增色不少。

合理地修饰嘴唇，可以达到吸引考官的视线，从而让其忽略个人面部其他缺陷的效果。即使是男士，也应该涂上一层无色唇膏，让嘴唇有一定的润泽感，干巴巴的嘴唇会给考官一种仓促匆忙的感觉。

三、面试时杜绝饰物

形形色色、金光闪闪的小饰物的确能给你增色不少，但在面试中，最好杜绝它们。面试官的眼光是挑剔的：你一身珠光宝气，他会认为你富有、热衷消费，不会热心工作；你浓妆艳抹，他会认为你喜欢打扮，在工作上难有建树；你花枝招展，他会觉得你虚荣心强、习惯引人注目；你精灵古怪，他会想到你爱玩、不专注，工作上不值得信赖。一句话，你只要戴上饰物，面试官就有理由说三道四。所以，面试中应杜绝饰物。

女生最好选择颜色稳重柔和的包，如黑色、白色、米色或暗红色，设计要简约，质地以皮革为佳；男生则可以携带黑色或深棕色的公文包。

你的时间观念决定未来

守时是职业道德的一个基本要求，提前10~15分钟到达面试地点效果最佳，此时你可以熟悉一下环境，稳定一下心神。提前半小时以上到达会被视为没有时间观念，但在面试时迟到或是匆忙赶到却是致命的。如果你面试迟到，那么不管你有什么理由，也会被视为缺乏自我管理和约束能力，即缺乏职业能力，会给面试者留下非常不好的印象。不管什么理由，迟到会影响自身的形象，这是一个尊重别人、尊重自己的问题。而且大公司的面试往往一次要安排很多人，迟到了几分钟，就很可能永远与这家公司失之交臂了。

如果路程较远，宁可早到30分钟，甚至一个小时。城市里堵车的情形很普遍，对于不熟悉的地方也难免迷路，因此要将这些不确定的因素考虑在内。但早到后不宜提早进入办公室，最好不要提前10分钟以上出现在面谈地点，否则聘用者很可能因为手头的事情没处理完而觉得很不方便。外企的老板很注重时间的准确性，一般不会提前。当然，如果事先通知了许多人来面试，早到者可提早面试或是在空闲的会议室等候，那就另当别论了。如果面试地点比较远或地理位置比较复杂，不妨先跑一趟，熟悉一下交通线路、地形，避免因迟到或找不到地方而手忙脚乱，影响面试。

但我们要清楚，招聘人员是可以迟到的，因此千万不要太介意招聘方的不守时，也不要太苛求面试人员的礼仪、素养。如果你一看见他们的不妥之处，就面露愠色，不满情绪溢于言表，这样会使招聘人员对你的第一印象大打折扣，甚至可能导致满盘皆输。此时，你若表现得大度开朗一些，往往更有利于你的应聘。面试也是一种人际磨合能力的考查，你得体、周到的表现，自然是有百利而无一害的。

进入面试的第一道印象

到了办公区，最好径直走到面试单位，不要四处张望，甚至被保安盯上；走进公司之前，口香糖和香烟都收起来，因为大多数的面试官都无法忍受你在公司嚼口香糖或吸烟；将手机关机或调成静音，否则铃声响起不仅会造成尴尬局面，也会分散你的精力，影响面试成绩。

进入面试单位后，若有前台，则开门见山说明来意，此时需将访问的主题、有无约定、访问者的名字和自己的名字报上，经指导后到指定区域落座；若无前台，则可以找工作人员求助。这时要注意用语文明，开始的“你好”和被指导后的“谢谢”是必说的，这代表你的教养；一些小企业没有等候室，需要你在面试办公室的门外等候，当办公室门打开时应有礼貌地说声“打扰了”，然后向室内考官表明自己的来意，绝不可贸然闯入；若有工作人员告诉你面试地点及时间，应当表示感谢；不要询问单位情况或向其索要材料，且无权对单位进行品评；不要驻足观看其他工作人员的工作，或在落座后对工作人员所讨论的事情或接听的电话发表意见或评论，以免给人肤浅嘴快的印象。

在等待面试的过程中也需要注意一些细节。首先应做到耐心等候，并保持安静及正确的坐姿。有的单位为使面试尽快进入实质性阶段,就跳过了单位情况的介绍步骤,事先准备了公司的介绍材料,此时你应仔细阅读这些资料以了解相关情况,也可重温自带的试题。在等待的过程中,切勿来回走动,这样会使你显得浮躁不安;也不要与别的面试者聊天,因为他们可能是你未来的同事,甚至是隐藏着的面试官,你的谈话对周围的影响是你难以把握的,这也许会导致你应聘的失败。

进入面试时间时,更应该做到以下几点:

一、开口微笑

人与人相识,第一印象往往是在前几秒钟形成的,而要改变它,却需付出很长时间的努力。良好的第一印象来源于人的仪表谈吐,但最主要的还是取决于他的表情。微笑则是表情中最能赋予人好感、增加友善和沟通、愉悦心情的表现方式,也是人与人之间最好的一种沟通方式。一个会对别人微笑的人,必能体现出他的热情、修养和魅力,从而得到他人的信任和尊重。

二、入场礼仪

面试之初的入场至关重要,主要应做到:自信,文雅,礼貌。

如果没有人通知,即使前面一个人已经面试结束,也应该在门外耐心等待,不要擅自走进面试房间;自己的名字被喊到,就有力地答一声“是”,然后再敲门进入,敲两三下是较为标准的;敲门时千万不可太用劲,以里面听得见的力度为宜;听到里面说“请进”后,要回答“打扰了”再进入房间;开门关门动作要轻,进门后不要用后手随手将门关上,应转过身去正对着门,用手轻轻将门合上;回过身来将上半身前倾30度左右,向面试官鞠躬行礼,面带微笑称呼一声“你好”,彬彬有礼而大方得体,不要过分殷勤、拘谨或过分谦让。

三、入座的礼仪

不要自己主动坐下,要等主试者请你坐时再入座。

很多办公环境将企业经理室、办公室负责人的位置安排在面对门口、背朝窗户的地方。这样的位置安排,容易给拜访者造成一定的心理压力,某种意义上来讲，求职者从走进办公室的时候起，就被摆在了一种极为不利的位置上。要想改变这种情况，求职者应当有意识地使自己避免直接背对门口，侧一侧身或者把座位稍稍偏离正向位就可以做到。

在面试中，坐的姿态非常重要。如果你坐下后，双手相握，或者不断揉搓手指，这样会让对方觉得你缺乏信心，也会显得你十分紧张；如果你稳稳当当地坐在座位上，将双手随便自在地放在大腿上，你就会给人一种镇静自若、胸有成竹的感觉。

与面试官的第一个照面

面试开始时，要沉静下来，给面试官留一个良好的印象。

一、专业化的握手

面试时，握手是最重要的一种身体语言。专业化的握手能创造出平等、彼此信任的和谐氛围，你的自信也会使人认为你能够胜任而且愿意做任何工作，这是创造好的第一印象的最佳途径。怎样握手？握多长时间？这些都非常关键。因为，这是你与面试官的初次见面，这种手与手的礼貌接触是建立第一印象的重要开始，不少企业把握手作为考察一个应聘者是否专业、自信的依据。所以，在面试官的手朝你伸过来之后就握住它，要保证你的整个手臂呈L形(90度)，并有力地摇两下，然后把手自然地放下。

握手应该坚实有力，有“感染力”；双眼要直视对方，自信地说出你的名字，即使你是位女士，也要表现出坚定的态度，但不要太用力，更不要使劲摇晃；不要用两只手，用这种方式握手在西方公司看来不够专业；手应当保持干燥、温暖，如果他/她伸出手，却握到一只软弱无力、湿乎乎的手，这肯定不是好的开端。如果你刚刚赶到面试现场，可以用凉水冲冲手，使自己保持冷静；如果手心发凉，就用热水捂一下。

握手时，长时间地拖住面试官的手，偶尔用力或快速捏一下手掌，这些动作说明你过于紧张，而面试时太紧张则表示你无法胜任这项工作；轻触式握手表明你很害怕而且缺乏信心，你在面试官面前应表现出一个能干并善于与人相处的职业者形象；相距较远时，在对方还没伸手之前，就伸长手臂去够面试官的手，表示你太紧张和害怕，面试官会认为你不喜欢或者不信任他们。

二、接受对方名片

假如对方向你递送名片，你应以双手接过，并认真看一看，熟悉对方的职衔，有不懂的字可以请教，然后将名片拿在手中。若在谈话时从口袋里重新取出名片来看，会让人觉得你缺乏诚意，进而给对方留下不良的印象。最后告辞前，一定要记住把名片放入自己上衣兜里以示珍重，千万不要随意往裤袋里塞。

面试时的自我介绍

面试时，恰当的自我介绍礼节可以拉近求职者与主考官之间的距离，所以一定要认清楚自己所扮演的是被面试者。

一、彬彬有礼

在作介绍前，要先与面试官打个招呼，道声谢，如："经理，您好，谢谢您给我这么好的机会。现在，我向您作个简单的自我介绍。"介绍完毕后，要注意向面试官道谢，并向在场面试人员表示谢意。

二、主题明确

在作自我介绍时，最忌漫无中心、东拉西扯，或者事无巨细都一一详谈，让人听了不知所云。须知，你的乱扯不仅是在浪费时间，也会严重影响你的面试成绩。一般来说，求职面试中的自我介绍宜简不宜繁，一般包括的要素有：姓名、年龄、籍贯、学历、学业情况、性格、特长、爱好、工作能力、工作经验等。对于这些不同的要素该详述还是略说，应按招聘方的要求来组织介绍材料，有重点、有中心地进行介绍。

三、莫过多夸耀

在自我介绍中，要尽量避免对自己做过多的夸张，一般不宜用“很”、“第一”、“最”等表示极端的词来赞美自己。在面试场上，对自己做过多的夸耀，意味着贬低他人，这种对他人缺乏尊重的介绍方式，是有违一般礼仪的，同时也容易引起面试官的反感。因此谈论自己时，应尽可能避免一些夸大的形容词，用客观真实的话语和实际的事例向面试官介绍自己并展示自己的才华。

四、烘托气氛

面试场上的自我介绍，目的是获得职业，与自我标榜、自我吹嘘无关，但你必须得想办法强化自我介绍的气氛。牢记你的优点，忘记你的缺点，你就会如磁石一样吸引人。要觉得自己的声音有魅力，自己的学识很丰厚，只有这样自我肯定，才能使自我介绍的气氛变得舒坦起来。

当然，最重要的是能够立即把思绪或情感变成风趣动人的言词，做到内外表达一致，自我介绍才算完美。

面试时，自我介绍要尽量表现出有创意、直接、有技巧、积极等特点，并且尽可能找出令人欣赏的方法，不要反复使用公式化的东西；不要油头滑脑、胡乱编造，这既是对自己不负责，也是对他人不尊重、不礼貌的表现。

面试时自我介绍的禁忌

面试时的自我介绍是必要而关键的一环，求职者必须知道在作自我介绍时应该避开的禁忌和雷区。

一、忌“我”字连篇

千万不要以为“自我介绍”最容易用上的字是“我”字。老把“我”挂在嘴边的人，易使人反感、受人轻视，会被认为是在做强迫性的自我推销。所以，要经常注意把“我”字变成“你”字。“你以为如何呢？”“你可能会惊讶吧！”“你一定觉得好笑。”“你说呢？”把“自我介绍”变成一场你与面试官进行沟通的谈话，面试效果会更好。

二、忌不着边际

介绍时通常都使用编年史法，但编年史不宜搞成“起居录”，不要过细，从最高的学历谈起即可，只要主试官不问，没有必要谈小学、中学甚至大学。多说事实，避免笼统、琐碎的词句。“自我介绍”的时间不宜过长，最好控制在3~5分钟之内。

面试官问的话题有长有短，不要把所有的话题都当成论文题来做，“言多必失”，话多并不能保证你把该讲的话都讲清楚了。

三、忌得意忘形

当主考官问到某一话题时，即使你在这方面确实有炫耀的资本也不能得意忘形。最好的办法是在谈到这个话题时，先说一点，同时探索出主试官想要表达的真意，找出隐藏于赞赏言词内部的观察之心，再根据你所探出的主试官的想法来调整自己的语言。

四、忌故意卖弄

你必须给主试官这样一种印象，即认为你是一个对自己非常熟悉，对自己的特点具有概括能力的人，这里不要有丝毫的浪漫色彩。自我介绍最好简短、有条理、实事求是，不要乱加补语、形容词，也不要认为只要将自己的经历温吞地说出来就够了。虽然你的经历可能丰富多彩、迂回曲折，但不必在言论上表现出来。述说时不要重复，更不能颠三倒四。自我介绍中，一定要给面试官留下思维清晰、反应快、逻辑性强的印象。

五、忌语言空泛

参加面试就是为了推销自己，但是极力宣传、渲染自己某方面，反而容易给人一种缺乏这方面自信的感觉。

面试时，应聘者一般都会不自觉地暴露自己的弱点。明明是交友较少的人，为不让考官看出来，常会用“我交际很多”之类的语言加以掩饰，结果却往往弄巧成拙。

面试者进行自我介绍的根本目的，是使主考官对自己有个初步了解，并尽可能产生良好的印象，以便将面试深入下去，从而最终赢得面试的成功。因此，在自我介绍的过程中，应聘者应竭力避免以上情况。

无声胜有声的肢体语言

加州大学洛杉矶分校的一项研究表明，个人给他人留下的印象，7%取决于用词，38%取决于音质，55%取决于非语言交流，非语言交流的重要性由此可窥一二。在面试中，恰当使用非语言交流的技巧，将会为你带来事半功倍的效果。

除了有声的说话，无声语言也是重要的公关手段，主要有：手势语、目光语、身势语、面部语、服饰语等。这些无声语言通过仪表、姿态、神情、动作来传递信息，在交谈中往往起着有声语言无法比拟的作用，是塑造职业形象的更高境界。无声的形体语言对面试成败非常关键，有时一个眼神或者手势都会影响到整体评分。比如面部的适当微笑，就显现出一个人的乐观、豁达、自信；服饰的大方得体、不俗不妖，能反映出大学生的风华正茂，体现他们有知识、有修养、青春活泼的独特魅力。这些形体语言会在考官眼中形成一道绚丽的风景，增强你的求职竞争能力。

一、如钟坐姿显精神

“站如松，坐如钟”，面试时也应该如此，良好的坐姿是给面试官留下好印象的关键要素之一。坐椅子时最好坐满三分之二，上身挺直，这样显得精神抖擞；保持轻松自如的姿势，身体要略向前倾；不要弓着腰，也不要把腰挺得很直，这样反倒会给人留下死板的印象，应该很自然地将腰伸直，并拢双膝，把手自然地放在上面。有两种坐姿不可取：一是紧贴着椅背坐，显得太放松；二是只坐在椅边，显得太紧张。这两种坐法，都不利于面试的进行。面试时要通过你的坐姿表现出精力和热忱，松懈的姿势会让人认为你疲惫不堪或漫不经心。切忌跷二郎腿并不停抖动，两臂不要交叉在胸前，更不能把手放在邻座椅背上，或加些玩笔、摸头、伸舌头等小动作，容易给别人一种轻浮傲慢、有失庄重的印象。

二、眼睛是心灵的窗户

面试一开始就要留心自己的身体语言，特别是眼神，对面试官应全神贯注，目光始终聚焦在面试人员身上，在不言之中，展现出自信及对对方的尊重。眼睛是心灵的窗户，恰当的眼神能体现出智慧、自信，以及对公司的向往和热情。注意眼神的交流，这不仅是相互尊重的表示，也可以更好地获取一些信息，有利于取得面试的成功。正确的眼神表达应该是：礼貌地正视对方，注视的部位最好是考官的鼻眼三角区(社交区)；目光平和而有神，专注而不呆板；如果有几个面试官在场，说话的时候要适当地用目光扫视一下其他人，以示尊重；回答问题前，可以把视线投在对方背面的墙上，思考一下，时间不宜过长，两三秒钟为宜；开口回答问题时，应该把视线收回来。

三、微笑的表情有亲和力

微笑是自信的第一步，也能为你消除紧张。面试时要面带微笑，亲切和蔼、谦虚虔诚、有问必答。面带微笑能增进你与面试官之间的沟通，百分之百地提高你的外部形象，改善你与面试官的关系。赏心悦目的面部表情，使应聘的成功率远高于那些板着脸孔、不苟言笑的人。听对方说话时，要时有点头，表示自己听明白了，或正在注意听。同时也要不时面带微笑，当然也不宜笑得太僵硬，一切都要顺其自然。表情呆板、大大咧咧、扭扭捏捏、矫揉造作，都是一种缺陷，破坏了自然的美。

四、适度恰当的手势

说话时做些手势，以加强对某个问题的形容力度，是很自然的，可手势太多也会分散人的注意力，因此使用时应注意适度。中国人的手势特别多，而且几乎都是一个模子，尤其是在讲英文的时候，中国人习惯两个手不停地上下晃，或者单手比划。这一点一定要注意。平时要留意外国人的手势，了解中外手势的不同。另外注意不要用手比划一二三，这样往往会让你的语言显得滔滔不绝，令人生厌。而且中西方手势中，一二三的表达方式也迥然不同，用错了反而造成误解。交谈很投机时，可适当地配合一些手势进行讲解，但不要频繁耸肩，手舞足蹈。

有些求职者由于紧张，双手不知道该放哪儿，而有些人则因过于兴奋，在侃侃而谈时舞动双手，这些都是不可取的。不要有太多小动作，这是不成熟的表现；更不要抓耳挠腮、用手捂嘴说话，这样会显得你很紧张，甚至会让对方认为你对谈话不专心。很多中国人都有拍对方肩膀的习惯，他们认为这是表示亲切的方式，但对面试官而言，这是很失礼的行为，因此千万不要有如此自以为亲切的动作。

如何让面试官看重你

个人自我介绍是面试实战非常关键的一步，因为众所周知的“前因效应”的影响，这2~3分钟的自我介绍，将是你所有工作成绩与为人处世的总结，也是你接下来面试的基调，考官将基于你的材料与介绍进行提问。因此，你自我介绍时的表现将在很大程度上决定你在各位考官心里的形象，形象良好，才能让面试官重视你。

一、气质高雅与风度潇洒

面试时，招聘单位对你的第一印象最重要。你要想树立起自己的良好形象，做到仪态大方得体，举止温文尔雅，就肯定要借助各种公关手段和方法。公关手段主要有言词语言公关、态势语言公关和素养公关，这些公关手段又包括数种方法，如：幽默法、委婉法等。同时还应掌握一些公关的基本技巧，只有在了解公关的相关常规知识之后，才能顺利、成功地树立起自己良好的形象。如果你能使一个人对你有好感，那么也就可能使你周围的每一个人甚至是更多的人，都对你有好感。往往是风度翩翩者稳操胜券，仪态平平者则屈居人后。

在人际交往中,人们常常用“气质很好”这句意义模糊的话来评价对某个人的总体印象,似乎正是其模糊性才体现了较高的概括力。然而,一旦要用具体的概念来解释这个抽象的感觉时,就变得难以表达了。

从心理学的角度来看,一个人的言谈举止反映的是他(她)的内在修养,包括个性、价值取向、气质、所学专业……不同类型的人,会表现出不一样的行为习惯,而招聘单位通过观察应聘者在面试中的言谈举止来了解他们的内在修养、气质,并以此来确定其是否是自己需要的人选。因此,应聘者的言谈举止是决定面试成败的关键,其不经意间流露出来的内在素质会直接影响面试官的判断。

如果说气质源于陶冶,那么风度则可以借助于技术因素,或者说有时是可以操作的。风度总是伴随着礼仪,一个有风度的人,必定谙知礼仪的重要。既彬彬有礼,又落落大方,顺乎自然,合乎人情,外表、内涵和肢体语言的真挚融合为一,这便是现代人的潇洒风度。而展现自我风采的另外一个重要因素便是自信,自信所体现的是一种独特的自然魅力,由此所展现的自我风采更是无人能挡。

二、语言就是力量

语言艺术是一门综合艺术,包含着丰富的内涵。成为一个语言艺术造诣较深的人需要多方面的素质,如具有较高理论水平、广博的知识、扎实的语言功底等。如果说外部形像是面试的第一张名片,那么语言就是第二张名片,它客观反映了一个人的文化素质和内涵修养。谦虚、诚恳、自然、亲和、自信的谈话态度会让你在任何场合都受到欢迎,动人的公关语言、艺术性的口才将帮助你获得成功。面试时要在现有的语言水平上,尽可能地发挥口才作用,做到对所提出的问题对答如流,妙语连珠,而又不夸夸其谈,夸大其词。

自我介绍是表现口才的一个很好的机会,应把握以下几个要点:

首先,要突出个人的优点和特长,并要有相当的可信度。如果你有实际管理经验,可以通过叙述自己做过的项目来突出自己在管理方面的优势,语言要概括、简洁、有力,不要拖泥带水、轻重不分。重复的语言虽然有强调的作用,但也可能使考官产生厌烦情绪,因此重申的内容,应该是浓缩的精华,要突出你与众不同的个性和特长,给考官留下几许难忘的记忆。

其次,如想展示个性,使个人形象鲜明,可以适当引用别人的言论,如老师、朋友等的评论来支持自己的描述。

第三,坚持以事实说话,少用虚词、感叹词。

第四,要符合常规,介绍的内容和层次应合理、有序地展开。要注意语言逻辑,介绍时应层次分明、重点突出,使自己的优势很自然地逐步显露。

最后,尽量不要用简称、方言、土语和口头语,以免对方听不懂。当不能回答某一问题时,应如实告诉对方,含糊其辞或胡吹乱侃都会导致失败。

面试中应答与询问的礼仪

一、内容方面应注意的问题

首先,应该注意用语的礼貌,切忌出现不文明的语句。称对方公司时要用第二人称的尊称“贵”,如“贵公司”;如果你是一个归属感很强的人,也可以直接称“我们公司”。另外,“请”、“谢谢”等礼貌用语要常挂嘴边,要尽量减少口头禅的出现频率,更不能出言不逊,贬低他人。

其次,在回答问题时,对方问什么答什么,问多少答多少,切忌问少答多、问多答少,甚至答非所问。

最后,注意把握谈话的重点,不要离题,不要啰嗦,一个说话不得要领的人,也是一个思路不清晰的人。需要特别强调的是,在回答任何问题时都要诚实,做到准确客观,不可编造谎言,夸夸其谈,否则容易令人心生反感。

二、谈话形式方面应注意的问题

第一,一般的应聘应该用普通话对答,要求发音准确,吐字清楚,语速适中,语调不宜过高,声音不能太小。第二,说话时态度要诚恳、谦逊,不要咄咄逼人、狂妄自大,如果自己想提一些要求,也尽量使用商量的语气。第三,切忌任意打断考官的谈话,随意插话是极不礼貌的行为。第四,说话时不要滔滔不绝，口若悬河，以免有喧宾夺主之嫌，令考官不满。第五，注意聆听别人的谈话。当考官在说话的时候，一定要用心地听，不能东张西望，毫不在意。

三、细节方面应注意的问题

1.眼观六路

和对方谈话时，要正视对方的眼睛和眉毛之间的部位，和对方进行目光接触。如果不敢正视考官，考官会觉得你害羞、不够大方、缺乏自信。

2.耳听八方

良好的交谈是建立在"倾听"基础上的。倾听是一种很重要的礼节，面试时不会听，也就无法回答好主考官的问题。

倾听就是要对对方说的话表示出兴趣。在面试过程中，主考官的每一句话都是非常重要的。你要集中精力，认真地去听，记住说话人讲话的内容重点。

倾听对方谈话时，要自然流露出敬意，这才是一个有教养、懂礼仪的人的表现。想成为好的倾听者主要要做到：

(1)记住说话者的名字；

(2)身体微微倾向说话者，表示对说话者的重视；

(3)用目光注视说话者，保持微笑；

(4)适当地作出一些反应，如点头、会意地微笑；

(5)适时而恰当地提出问题，配合对方的语气表述自己的意见；

(6)不离开对方所讲的话题，但可通过巧妙的应答，把对方讲话的内容引向所需的方向和层次。

3.讲话嗓音适度

通过说话的嗓音可以看出一个人是否紧张，是否自信等。平时应多练习演讲、交谈的技巧，控制说话的语速；不要尖声尖气，声细无力，应保持音调平静，音量适中；回答也要简练，不带"嗯"、"这个"等无关紧要的习惯语，这样可以体现自己在自我表达方面的专业化。

来得漂亮也要走得优雅

许多求职者只留意应聘面试时的礼仪，而忽略了应聘后的善后工作，而这些善后步骤亦能加深别人对你的印象。面试结束并不意味着求职过程的结束，也不意味着求职者就可以袖手以待聘用通知的到来，一些后续事宜你还得跟进。那么我们又要做些什么呢？

一、感谢

为了加深招聘人员对你的印象，增加求职成功的可能性，面试后两天内，你最好给招聘人员打个电话或写封信表示谢意。感谢电话要简短，最好不要超过5分钟；感谢信要简洁，最好不超过一页。

感谢信的开头应提及你的姓名及简单情况，然后提及面试，并对招聘人员表示感谢；中间部分要重申你对该公司、该职位的兴趣，增加一些有利于求职成功的事实内容，尽量修正你可能留给招聘人员的不良印象；结尾可以表示一下你能胜任这份工作的自信，主动提供更多的材料，或表示希望能有机会为公司的发展壮大作出贡献。

面试后表示感谢是十分重要的，因为这不仅是礼貌之举，也会使主考官在作决定之时对你有印象。据调查，十个求职者往往有九个人不会写感谢信，你如果没有忽略这个环节，则显得“鹤立鸡群”，格外突出，说不定会使对方改变初衷。

二、不要过早打听面试结果

在一般情况下，考官组每天面试结束后，都要进行讨论和投票，然后送人事部门汇总，最后确定录用人选，可能要等3~5天。求职者在这段时间内一定要耐心等候消息，不要过早打听面试结果。

三、收拾心情

一次面试的结束，只是一个阶段的完成。如果你同时向几家公司求职，则必须收拾心情，全身心投入准备第二家的面试。因为，未有聘书之前，仍不算成功，你不应放弃其他机会。

四、查询结果

一般来说，如果在面试两周后或在主考官许诺的通知时间到了，还没有收到对方的答复，你就应该写信或打电话给招聘单位或主考官，询问面试结果。

五、作好再次冲刺的思想准备

应聘中不可能个个都是成功者，万一你在竞争中失败了，也不要气馁，就业机会不只有一个，关键是必须总结经验教训，找出失败的原因，并针对这些不足重新作准备，“吃一堑，长一智”，谋求“东山再起”。

求职面试犹如奏乐演唱，需要讲求结束之术，虽不可苛求如“高潮”般精彩，但虎头蛇尾则可能令你前功尽弃或丢掉即将到手的机会。

第二章 仪表礼仪：关注你的职场新形象

仪表，即一个人的外表，包括容貌、风度、举止、姿态等内容，它能体现一个人自身的文化修养，更能反映这个人对生活的审美情趣。对于职场人士来讲，优雅得体的仪表举止，不仅能赢得他人的信赖和尊重，更能给别人留下深刻的印象，提高自身的交际能力。

穿西装的经典忠告

西装的穿着不能随心所欲，要有一定的讲究。如果穿西装时过于随意，不但会影响自身形象，还会贻笑大方。

根据西装礼仪的基本要求，商务男士在穿西装时，要特别注意以下六个方面的问题：

一、拆除衣袖上的商标

在西装上衣左边袖子上的袖口处，通常会缝有一块商标，有时，那里还同时缝有一块纯羊毛标志。在正式穿西装之前，一定要将它们先行拆除。

二、熨烫平整

欲使一套西装穿在自己身上能使身形看上去美观而大方，就要使其显得平整而挺括，线条笔直。要做到这点，除了定期对西装进行干洗外，还要在每次正式穿着前，对其进行认真的熨烫。

三、不挽不卷

穿西装时，一定要悉心呵护，使其保持原状。在公共场所，无论如何，都不可以将西装上衣的衣袖挽上去，否则，极易给人以粗俗之感。在一般情况下，随意卷起西裤的裤管，也是一种不符合礼仪的表现。

四、系好纽扣

穿西装时，上衣、背心与裤子的纽扣都有一定的系法。在三者之中，又以上衣纽扣的系法讲究最多。一般而言，站立之时，特别是在大庭广众之前起身站立时，西装上衣的纽扣应当系上，以示郑重其事；就座之后，西装上衣的纽扣则要解开，以防其走样；唯独在内穿背心或羊毛衫，外穿单排扣上衣时，才允许站立之际不系上衣的纽扣。

通常，系单排两粒扣西装上衣的纽扣时，讲究“扣上不扣下”，即只系上边那粒纽扣；系单排三粒扣西装上衣的纽扣时，正确的做法有二：要么只系中间那粒纽扣，要么系上面那两粒纽扣；而系双排扣西装上衣的纽扣时，则要求可以系上的纽扣一律都要系上。

穿西装背心时，无论是单独穿着还是同西装上衣配套穿着，都要认真地系上纽扣。在一般情况下，西装背心只能与单排扣西装上衣配套。它的纽扣数目有多有少，一般分成单排扣式与双排扣式两种。根据西装的着装惯例，单排扣式西装背心的最下面那粒纽扣应当不系，而双排扣式西装背心的全部纽扣则必须无一例外地统统系上。

目前，在西裤的裤门上“把关”的，有的是纽扣，有的则是拉锁。一般认为，前者较为正统，而后者更为方便。不管穿以何种方式“关门”的西裤，都要时刻提醒自己，将纽扣全部系上，或是将拉锁认真拉好。西裤上的挂钩，亦应挂好。

五、慎穿毛衫

商务人士若想将一套西装穿得有“型”有“味”，那么除了衬衫与背心之外，最好就不要再穿其他衣物了。在冬季寒冷难忍时，只宜暂作变通，穿上一件薄型V领的单色羊毛衫或羊绒衫，这样既不会显得过于花哨，也不会妨碍自己打领带。不要穿色彩、图案十分繁杂或扣式开领的羊毛衫或羊绒衫，否则会致使西装显得鼓胀不堪，变形走样。

六、口袋不要鼓起来

为保证西装在外观上不走样，就应当在西装的口袋里少装东西，或者不装东西，上衣、背心和裤子均应如此。西装上不同的口袋发挥着各不相同的作用，具体而言，西装上衣左侧的外胸袋除可以插入一块用以装饰的真丝手帕外，不可再放其他东西，尤其不可别钢笔、挂眼镜；内侧的胸袋，可用来别钢笔、放钱夹或名片夹，但不要放过大过厚的东西或无用之物；外侧下方的两只口袋，原则上以不放任何东西为佳。

在西装背心上，口袋多具装饰功能，除怀表外，不宜再放别的东西。

在西装的裤子上，两只侧面的口袋只能放纸巾、钥匙包或者碎银包。后侧的两只口袋，则大都不放任何东西。

衬衣的选择一定要恰当

男人的着装得体与否很重要，但人们往往只注重西装的笔挺而忽视了衬衣的选择，总认为再好的衬衣也会被光鲜的西服和别致的领带所掩盖，孰不知这样看似不起眼的“内饰”往往决定了一个人的真实品味。

本来是一个比较轻松的业内晚宴聚会，一向受欢迎的钱总却遭遇了白眼，更重要的是对方不仅是一位美丽的女士，还是商业伙伴介绍的重量级潜在客户，这让一向处事稳健的钱总恼火不已。

当多年的合作伙伴李总为钱总隆重介绍林女士时，钱总展现了惯有的标志性微笑，然而林女士的眼光却一直停留在钱总的衬衣上，这让钱总很是尴尬，下意识自我审视了一番，也没有发现有什么不妥。在接下来的深入交谈中，宴会的焦点人物林女士开始表现得不耐烦，而且频繁地给钱总白眼，钱总找了个借口离开后去了洗手间，钱总对着镜子照了半天才恍然大悟，原来是自己的衬衣有问题。

不是颜色的搭配不好，也不是有褶皱，而是衬衣的款式有些轻佻，不稳重。这件衬衣是儿子买给自己的礼物，领子尖而细长，单穿的话没有什么问题，而且还会显得年轻、有朝气，但是作为内穿搭配西服就有些奇怪的感觉，外层庄重，内层轻佻，整体会显得不伦不类没有品味，难怪会遭到女士的白眼！

可是宴会中也没有合适的衬衣可换，因此钱总虽然恼火，但还是聪明地脱掉了西服，拿掉了领带，以一个新的面貌重新投入宴会中。改变后的钱总给人耳目一新的感觉，林女士也颇感惊讶，还主动找机会和钱总说话。

衬衣作为“内饰”经常会被人忽视，诚然，衬衣的很多特点都会被表面的西服所遮掩，但它依然是不可或缺的装扮。因此，选择衬衫时，不仅要符合颜色的搭配，整体的平整，还要注意细节的把握，一点点的变化，比如领子、纽扣、纹路都足以改变整体的形象，特别是在眼光挑剔的女士面前，衬衣的选择更不能马虎。

一、六步选中合身衬衫

1.领子

领子是衬衫的咽喉部位，因此在选择衬衣时，领围很关键。如果是定制衬衣，那么还要注意领子的高度及领型等问题。领型要根据脸型和脖子的长度进行选择，选择合适的领型可以起到扬长避短的作用。在选择领围时要以自己的舒适度为依据，但如果需要系领带，则有必要选择稍紧一些的领围，使领带与领口紧贴。

2.肩部

肩部的版型在一定程度上直接影响着衬衣是否笔挺的整体效果。肩部如果合适，衬衣穿起来也会显得笔挺有型，而大部分人的衬衣都因肩部过长而显得拖沓。

3.袖子

衬衣袖子的长度以放下来刚好到虎口位置，配上西服后露出一公分为宜。

4.胸围

衬衣的胸围直接体现了衬衣的版型。胸围过大，穿起来显得臃肿邋遢；胸围过小，扣上扣子则变成紧身衣，十分影响观瞻。只有胸围选择得当，衬衣才能使身材看起来丰满挺拔。

5.颜色

在衬衣颜色的选择上一定要谨慎。花纹太多或者颜色过于艳丽都不适合在正式场合穿着，更不能与西装搭配。浅蓝色和白色是男士衬衣的经典颜色，也是衬衣中最“安全”的颜色，另外为避免与领带颜色冲突，最好选择单一色调的衬衣。

6.其他方面

还要考虑衬衣肩后部位的打褶问题，根据体型可以选择打两褶或不打褶。体型较胖者适合打两褶的衬衣，这样可以留出宽松的余地；背部较平的人应尽量选择不打褶的衬衣。另外，在选择衬衣时，还要考虑臀围问题，衬衣的下摆一般是刚好到臀部，因此要放在考虑范围之内。

二、选择衬衣最好符合以下几条标准

1.天然的材质，比如埃及的棉花、中国的丝绸、印度的麻。因为天然材质透气性好，而且经过现代方法处理后，能较好地避免天然面料爱起皱、易掉色的问题。

2.时尚但不奇异的剪裁。衬衣最重要的是合身，并且不能影响呼吸和活动，而高级品牌一般都会提供相应的简单修改服务。

3.注重领子、袖口等细节的处理。衬衣不仅要质地柔软，耐穿性也要高，尤其是衣领、袖口这些磨损较多的地方更要注意。

4.扣子必须精致，可以不是高级的材料，但是简约精致是很必要的。

领带的搭配不可忽视

巴尔扎克曾说过“领带是男人的介绍信”。领带对于男人有着特殊的意义，是男士绅士风范的表现。

如今，领带早已成为男人衣柜中不可缺少的必备品，男士出入一些正式场合都要佩戴领带，在一些非正式场合，佩戴领带也能显示出男士的气质、修养和个性。

领带是作为配饰存在的，因此选择领带时不仅要看领带本身，还要考虑其与服装的搭配。概括地讲，在颜色搭配上，白衬衫不宜搭配浅色领带。衬衫本身已经是浅色调，同样浅色调的领带会与衬衫撞色，消减原本的装饰效果。这时，宜选择比上衣领口颜色浅，但深于衬衫颜色的领带。纯白色的衬衫基本适合各种深色系的领带。如果是胸前装饰有条纹褶皱的复古式衬衫，传统的上细下宽的领带并不适合这样的衬衫，反而会破坏衬衫本身的优雅。此时，可以选择线条匀称细致的窄领带，而且纯色最佳。

小杨是一名保险公司的业务代表。在保险公司，人人都必须穿正式的职业装，而且必须有正式的领带或领结搭配。小杨也不例外，于是他到商场买了两条颜色素淡、品味优雅的领带。小杨扬扬得意的每天打上领带去上班，无论出席什么场合都带着两条领带中的一个。慢慢地小杨在出席一些场合的时候，很多人会有意无意地注意到他的领带，同时小杨也发现他的很多同事在不同的场合，或者穿不同的衣服时都会使用不同的领带或者变换打领带的方式。

领带搭配不光要注意色调，还要注意打领带的方法。那么什么方式能让你的领带更具魅力呢？什么样的领带打法能更加让领带有型呢？下面介绍几种领带的打法。

领带的打法之一：亚伯特王子结

当人们想单穿衬衫以凸显出鲜明的个人风尚时，多会选择尖领或浪漫扣领的衬衫来增添自己上身轮廓的线条感，烘托衣服的质感。由于尖领或扣领的衬衫衣领较为紧束且领口窄小，因此在选配领带的时候，应该选择质料柔软轻薄型的。而在使用这种领带时，可以用领结体积较小但形状灵巧的亚伯特王子结来勾勒出一种浪漫的情调。

亚伯特王子结的打法步骤少,且形状小巧玲珑,打好节后,领结不会充斥在领口部位,造成臃肿不透气的视觉印象,是单穿衬衫时最好的打领带的方式。

注意事项:选用这种方法,要注意打结时在宽边处预留出较长的空间,绕第二圈时尽量贴合,这样可以完成一个完美的造型。领带花色的选择也是一个重点。亚伯特王子结适合单色或者图案简单素雅的领带,而过于花哨的领带则会让人把注意力集中在领口,这样会分散上身的焦点。

领带的打法之二:温莎结

温莎结专门搭配风格独特的温莎结正装衬衫。这类衬衫的特点是领口宽大,裁剪上沿袭传统正装风格,外搭V领大开口西装。温莎结的特点是结形扁平,但打法烦琐。不过你可以根据具体情况控制温莎结的形状和大小。

注意事项:温莎结打法复杂,因此在第一步要留有足够的长度,而面料太厚的领带就不太适合这种打法了。

领带的打法之三:浪漫结

浪漫结最适合搭配休闲西装以及具有浪漫品味的尖领衬衫,你可以自由选择领带的款式,传统宽领带和时髦细领带都可以。浪漫结的特点是结形匀称、领带线条顺直优美。

注意事项:在打浪漫结的过程中,你可以自由调整结的大小。领结下方的宽边压以皱褶可缩小其结型,窄边也可将它往左右移动使其小部分出现于宽边领带旁。

领带的打法之四：马夫结

马夫结与针织衫是天生一对，它们的结合可以将男人的纯真浪漫和风度翩翩同时展现出来，但需要搭配标准式或扣式领口衬衫。在打马夫结之前，你首先要根据针织衫的色调选择合适的领带，这里要注意的是，此时领带是你的亮点所在。

注意事项：在所有的方法中，马夫结是最简单的，因此面料较厚的领带也可以。

职业套裙应该这样穿

要想成为办公室美女，的确不是件容易的事。既不能穿的太过张扬，但是太朴素平凡又容易遭到埋没。那么有什么办法能让我们在不触犯那些职场规则的情况下脱颖而出，成为同事喜欢、老板赏识的办公室美女呢？答案当然是裙子。在所有的裙式服装里，职业套裙无疑是那些经常出席正式场合的职业女性的第一选择。

晓晨和尤利是毕业后同时进入某公司业务部担任业务代表的大学生。晓晨平时就喜欢穿职业装，但是她喜欢的是长裤；而尤利则偏爱职业裙装。晓晨和尤利在工作的时候都很积极，业绩水平也都很好，但是晓晨在公司的人气总是比不上尤利。进入公司半年后，尤利如愿以偿地当上了该部门的业务主管，而晓晨却依然停留在业务代表的位置上。对此晓晨百思不得其解，于是去向尤利讨教，尤利神秘地笑笑说："职业裙装可以让女人更有魅力。"

套裙是西装套裙的简称，其上身为女式西装，下身为半截式裙子，是很受女性喜爱的一款服饰。套裙基本上分为两种类型，一种是由女士西装上衣和随意的一条裙子自由搭配的"随意型"；另一种就是由成套设计、制作而成的“标准型”套裙。穿上一套适合自己的裙装无疑会令你魅力倍增,那么怎样选择适合自己的套裙呢?在正式场合出现的套裙应该是由高档面料制作而成的,它的上衣和裙子都要采用质地相同、色彩一致的素色面料。而且为了达到为着装者扬长避短的效果,一般提倡量体裁衣、做工讲究。套裙的上衣一定要平整、贴身,不能有过多点缀,下身的裙子多为窄裙,并且裙长最好到达膝盖或者过膝。套裙中的超短裙,裙长应以不短于膝盖以上15厘米为限。

套裙的颜色一般不采用鲜亮的颜色,而大多以冷色调为主,从而呈现出清新、雅致的气质,藏青、炭黑、茶褐、卡其等稍冷一些的色彩都可以选用。有时两件套套裙的上衣和裙子可以颜色相同,也可以是上下深浅两色搭配,以便形成鲜明的对比,给人留下深刻的印象。

当穿着同色套裙的时候,我们可以选用一些颜色不同的衬衫、领花、丝巾、胸针等饰物来搭配,这样可以显得更加生动活泼。但是为避免给人杂乱无章之感,一套套裙的颜色不宜超过两种。

出席正式场合的时候,套裙可以不带任何图案,要以简洁朴素为主。这样的裙装多以方格为主体图案,可以使人静中有动,充满活力;也可以选择一些以圆点、条纹图案为主的套裙,但不能用花卉、宠物、人物等符号作为主体图案。套裙上最好不要添加过多的饰物,否则会显得凌乱而小气。

身穿套裙的时候,一定要注意搭配合理。首先必须要大小合适。上衣最短可以到腰部,袖长要盖住手腕,裙子最长则可以达到小腿中部;然后要认真穿好,端端正正。上衣的领子要注意完全翻好,衣袋的盖子要拉出来盖住衣袋。不可将上衣披在身上,或者搭在身上。不可解开扣子,更不能在别人面前随意地脱下上衣。

穿上职业套裙后,要站得稳、立得正,不能双腿叉开,站得东倒西歪;就坐以后,更要注意姿态,双腿不能分开过大,也不能跷腿、抖腿;走路要走小碎步,步伐轻而稳;拿自己够不着的东西时,可以请他人帮忙,不要自己踮起脚尖、伸直胳膊费力地去够,或是俯身、探头去拿。

要想把职业套裙穿出女性的魅力,一定要从细节做起。魅力需要认真打造,想要成为魅力十足的办公室之花,那就好好地学习下吧。

办公室玩性感是自取灭亡

英国2002年的一次名为“最糟糕的十位形象”的电视评比中，英国首相布莱尔的夫人由于穿了一套过于突出女性线条的服装而不幸入选，她的那套V形领子的衣服因为领子过低，布料过于单薄紧身而受到了人们的批评。

所以说，性感并不是什么时候都能给女人带来好运的。实际上，但凡头脑冷静的职业女性都知道，依靠女人的性感从一个“灰姑娘”变成皇后的可能简直是微乎其微。我们可以看一看，无论是世界上杰出男性的伴侣，还是在公司处于权威位置的女性领导人，没有一个是依靠女人的性感来取得成就的。无论是希拉里、南希·里根、杰奎琳·肯尼迪，还是惠普公司的总裁卡莉·菲奥里纳，她们展示给世界的是一个端正、自信、不可触及的高贵形象。

珍妮是一个英国和牙买加的混血美女，她在哈里法克斯银行已经工作15年了。她拥有大多数女人们梦想的绝妙身材——极其性感的三围，而且珍妮还有着热情友好的性格。她在自己的圈子里有着非常良好的人缘，更重要的是，珍妮在工作上真可谓是兢兢业业，所以她深受同事的喜爱和欢迎。

今年已经39岁的珍妮非常清楚自己拥有所有女人梦想的“特殊武器”，所以她无时无刻不在展现自己的性感魅力，尤其是在单位的时候。

那紧身的黑裤子巧妙地勾勒出了她高翘、宽大的臀部，弹性的紧身衣把丰满的胸部勉强地托住。每天她扭动着性感的腰身，婀娜多姿、坦然自若地走进哈里法克斯银行的大门。

自从大学毕业第一年起，珍妮就每天如此性感地进出这个银行的大门。昔日的同事有的跳槽到其他的银行，有的升职成为了她的上司。可珍妮的位置却丝毫没有变动，依然是个产品控制助理员，并且至今都没有任何上升的趋向。上司宁愿带着一个刚入职的员工也不愿带着珍妮出席任何会议和场合，因为他觉得让珍妮代表公司并不能让别人对公司产生敬意。

为这个银行工作了15年并且经验十足的珍妮没有为她的职业生涯增添任何更有价值的背景，她向猎头公司投递的简历也都毫无音信。现在快要进入40岁的珍妮只好在这个不给自己任何机会的银行和这个毫无希望的助理位置上继续下去了。

男人喜欢性感的女人，但是却不会因此提拔她们！珍妮的性感让她付出的是15年来事业停滞不前的代价。由此可见，不合时宜的性感不仅会毁掉一个女人端庄可信的形象，也会毁了她的职业前途。

加拿大形象设计师海伦·布朗杰曾经说过："裙子越短，权力越小。领口越低，权力越小。"从这句话中我们不难看出，在办公室中玩性感战术是行不通的。在我们的生活中恐怕很难发现一个穿着高出膝盖两公分的裙子，裸露着半个胸的女性坐在总裁办公桌的后面。所以想要成为办公室里受人关注的女性，还是避开性感路线吧。

鞋袜的搭配也很重要

合适的着装对一个人十分重要，可是用于搭配不同服装的鞋袜同样值得我们下一番工夫。因为只有学会了得体的搭配，才能给你的形象加分，否则，只能是越穿越糟。

小冯是一个公司的客服经理，经常需要接待客户。他平时的着装也比较正式，但美中不足的是，小冯从来不注意自己袜子的颜色和质量。小冯常常用白色的袜子搭配深色的西装和鞋子，接待客户的时候一伸腿、一抬脚就会把白色的袜子露出来，显得与衣服十分不搭。小冯这种"不拘小节"的穿袜子的方式也让一些客户很看不惯。

在鞋子方面，我们至少要拥有一双上好的皮鞋。这不仅是事业成功的暗示，同时也能体现出你的价值。有的朋友每年在便宜鞋上的花费其实并不比买几双好鞋省多少，更糟糕的是，他还没机会享受穿上一双好鞋的那种既舒服又高雅的感觉。

在一些正式的场合我们大多会选择西装，而搭配西服的最佳选择便是皮鞋，即便是夏天也是如此，只不过可以穿镂空的。皮鞋的款式我们提倡选用有带皮鞋。深色的西服可以搭配黑、棕色皮鞋，浅色西服便可以选择白色皮鞋。牛仔服也可以搭配皮鞋，但是运动装最好就免了，以免给人不伦不类的感觉。一双有光泽的皮鞋一年四季都可以穿，但是带毛的皮鞋只有冬季穿才合适。冬天可以选择穿皮靴，一般的服装可以把裤脚塞到靴筒里，但是穿西服时只能把靴筒塞到裤筒里，否则就换上皮鞋，不然会破坏整体效果。

女性在穿呢绒或毛织、皮革裙装时，靴子也是一种很不错的选择。但是作为女性，你一般需要准备五双鞋来搭配你上班时的套装套裙。它们可以是不同的款式，最好还要有一两双别致个性的鞋子，但必须要保证这些鞋与你的所有套装都相配。在鞋的质地上，可以考虑小牛皮或小羊羔皮。

另外，即使在夏天，也不要选择那些露脚趾、平跟、镂空、亮闪闪的凉鞋，这类款式的鞋无疑会损害你的白领形象。

在不穿的时候，要把鞋收好放在鞋柜里并衬以鞋托，以保持它的形状。除非遇到特殊情况，否则不要穿靴子。即使靴子常常会成为时髦的装束，但爱美的女士们依然要抵制住诱惑，除非你的工作环境真是那么无拘无束。另外，还要在办公室里准备一双皮鞋，这样我们可以在上班去的时候穿便鞋，方便舒适；到了公司后更换上皮鞋，正式优雅。同时还要注意办公室里的皮鞋也要常常换新面孔，不要一年四季一双鞋。

在穿袜子方面，对男士的要求比较简单，男士宜穿深色的，如蓝、黑、灰、棕等颜色的袜子。男士穿西装时，袜口不能露出来。

女士穿袜子的讲究则比男士多。女袜既有长袜又有短袜。穿长裤的时候一般穿短袜；在女士双腿皮肤较好没有明显伤痕的情况下，也可以在穿裙装的时候穿短袜。但穿西装套裙时就必须穿长袜，这样可以彰显出女性的腿部美。深色的长袜，可令腿脚显得细瘦，有修正腿型的效果；亮色的袜子适合于夏天，近于肉色的长袜更能突出肌肤美。在裙摆较短的情况下，最好不要选择花色较多的长袜。一些有着刺绣或袜跟绣的长袜，都不适合在白天穿。

对任何女士来说，用同一款的袜子配所有的服装只会让自己显得成熟不足、品味不够。你需要根据季节和场合的变化来选择袜子的颜色和质地，然后再配以不同的服饰，这样才能显现出你柔和美丽的线条。一些品质不好的袜子穿起来后不但会不舒服，还会令腿部显得僵硬如假肢。因此在买袜子的时候，一定要买质量好、大小合适、弹力适中的袜子。

鞋袜也是着装环节中不可忽视的一环，我们要想拥有一个大方得体的形象，就需要多从这些细节上下功夫，让你的鞋袜也帮你的魅力加分。

休闲装要穿得自然

现在的职场男人，不一定都是以前那种温文尔雅的模样，西装革履、行色匆匆，只是过去时代的标志。新职场中的男人，在着装上有了更多的选择。那些大方得体的休闲装也逐渐进入了严肃的办公室，那种自然随意的装扮让职场男士们更加自由，也更具有男性魅力。

晓峰是一家公司的行政主管。原来他喜欢穿正式的西服，每天西装革履地在公司出出入入。但是晓峰本来就表情严肃，再加上如此正式的着装，更是让人觉得难以亲近。晓峰其实本性很活泼，但是每天穿上西服之后，不自觉地人也跟着严肃了起来。后来一次偶然的机会，晓峰陪女友逛街发现了职业休闲装，穿上之后既不失正式，又显得自然得体，于是就买了一套。过了一段时间，晓峰发现公司里的人逐渐地和他熟络了许多。

休闲外套的搭配关键在于要体现出自然休闲的特点。所以，无论你的亮裤或者丽衫有多么好的质感与款式，还是要打包收藏，不然肯定会收到很多异样的眼光。牛仔裤始终是休闲外套最合适的搭配。你只要注意你外套的色彩饱和度与牛仔裤的饱和度不要相差太远就可以了。另外，紫色的外套会让你的气质看起来与众不同，但是一身全是紫色同样会让人忍俊不禁。

男士在挑选休闲服饰的时候，购物色调应锁定在卡其、黑色或者灰色等一些中立色调上，然后再从这个色系允许的范围内从款式上选择你的衬衫、领带、针织衫等服装。灰色的西装是可以百搭的，基本上可以和任何色彩搭配，之后再用一些有趣的图案来打破灰色的沉闷就好了；低调的衬衫和裤子也可以与不同的单品搭配，即使多次穿着也不会引起人们的反感；深色的牛仔裤不显脏，而且可以比较随意多样的搭配；印有小图案的衬衫能让人显得成熟，而衬衫的颜色与外套越贴合越好，如黑色可以搭配灰色、棕色、巧克力色，等等。当然，另一种带有明亮跳跃大方格和图案的衬衫，也是很不错的选择，但要注意，这样的服装不宜在工作的场合出现，还是等到你下班或者休息时再换上吧。

如果你的工作环境对着装要求比较严格，那么你也可以尝试一下商务休闲装。过去的西装显得过于正统、刻板，而且适用场合有限。现在经过改良的商务休闲装，则有着大方、亲切的特点，而且穿起来自然舒适，最重要的是还能保持着端正严谨的感觉，很大气。在竞争日益激烈的今天，商务休闲装不仅呈现出了男性的地位和品位，而且也反映了他们轻松自信的生活态度。

与此同时，商务休闲的概念也越来越受到了广大女性的青睐。一些卡其、棉布、仿皮、灯芯绒等面料制作的女式长短风衣，受到了不少女性的追捧。这些休闲服饰在"制服化"、职业化的款式基础上，融入了更多时装元素。而且从色彩上看，米色、可可色等，显现出了高贵华美的气质，而粉红、粉蓝等轻柔色系，则使粗犷的面料变"软"了。

对一些从事广告工作的女性而言，她们的工作性质虽比较灵活，但与客户见面时，却不能有失庄重，女性商务休闲装的出现则为她们解决了这个难题。不少职场人士表示，由于商务休闲装采用水洗、免烫等休闲面料，所以服装外型既坚挺又易于保养；而彩色、几何图案的巧妙运用，也使得衣服的整体风格显得自然随意，因此这类休闲型的服装广受人们的喜爱。

适合办公室OL的清爽发型

夏季，短发很流行，你是否也想在炎炎夏日拥有一款时尚得体的短发呢？习惯了一头长发的职场女性，或者可以试着做些改变，打造一款清爽动感的秀气短发。以下为一组适合职场女性的短发。

第一款，适合任何场合的妩媚大方卷款BOB头，理所当然地成为了职场白领们的首选发型。

第二款，简洁清新的斜刘海蓬松短发，给人以一种清新干练的感觉。

第三款，非常流行的日系中长直发，亚麻发色的选择很能体现职业女性的干练，同时也让你在这个季节里清爽无比。

第四款，很有质感的帅气短发，随意的弧度巧妙贴合脸型，不仅可以很好地修饰各种脸型，简单大方的造型更让你在工作人际中游刃有余。

第五款，要想成为一名既时尚又不乏温柔的女性，发型上要在动感的基础上留有一丝收敛，给人以柔和的感觉。

第六款，学生式的短发会让职场女性显得更加年轻阳光。

第七款，同样十分流行的日系荷叶头，它更具蓬松空气感，这款优雅又不失活泼气质的发型很适合OL们。

第八款，可爱的童花头短发，特别是前额处的穗状刘海，是表现甜美气质的关键，也是这款发型的重点。

第九款，如果你是管理人员，可以试试气质白领的中发造型，它不规则的发际线在凌乱中透露出整齐的美感，真的很适合中高层的管理人员。

配饰的使用有画龙点睛的作用

小玲喜欢时尚的东西，经常会佩带一些诸如胸针、发簪、丝巾、耳坠等时尚而又有品位的饰品。但是，小玲似乎不太懂得饰品的选择应与出席的场合相匹配。比如，在出席酒宴的时候，其他的女士都会佩戴得体素雅的胸针，以配合自己衣服的颜色，但是小玲则总是佩戴一些金光闪闪、张扬时尚的胸针，与参与的酒宴场合格格不入。再比如，在穿休闲职业装的时候，很多人喜欢佩戴和衣服颜色相似的丝巾，而小玲则喜欢选择和衣服颜色截然相反的丝巾。虽然小玲的品味很独特，但是却不符合自己的身份和出席的场合，所以她的品味大多得不到同事的认同。

一、首饰的八条使用规则

白领们在选戴首饰时，对不同的品种要区别对待。大多数人在社交场合经常会使用首饰作为饰物。如果对首饰礼仪一无所知难免会弄巧成拙，招人笑话。

1.数量以少为好

不是必要的话，首饰也并非出席社交场合的必需品。同时佩戴的首饰，不要超过三种。大多数情况下，可以把戒指和项链、戒指和胸针、戒指和耳钉两两组合在一起使用，或者将戒指单独使用。佩戴饰物过多，彼此间就不好协调，容易给人以凌乱和俗气的印象。

2.同色最好

同时佩戴两件或两件以上的首饰，则要求色彩一致。

3.质地相同

镶嵌首饰讲求镶嵌物及托架质地一致，这样才能显得协调。还要注意，高档饰物，特别是珠宝首饰，适用在隆重的社交场合，如果在工作、休闲时佩戴，就过于张扬了。

4.符合身份

选戴首饰时，不仅要照顾个人爱好，还应服从自己的身份，要和自己的性别、年龄、职业、工作环境等保持基本一致，不要相差太多。

5.要充分考虑自己的体型

首饰的选择，应充分正视自身的特点，努力使饰品的佩戴达到最优化。

6.要与季节相呼应

不同的季节搭配不同的饰品，才能显得自然、美丽。

7.要与服饰搭配

首饰是服装中的重要一项，只有互相协调才能显示出魅力。

8.遵守习俗

要尊重各地区、各民族的人文环境。

二、具体的佩戴

1.戒指的选择与佩戴

戒指也是拥有其独特的语言与含义的。

通常来说拇指是不戴戒指的；食指代表着求爱或求婚；中指则代表正在热恋当中；无名指说明已婚；小拇指的戒指是单身或独身主义者的代表。

戴薄纱手套时戒指应戴在手套里面，除了新娘。从造型上讲，年轻人可以佩戴小巧玲珑、比较艺术化的戒指。如果你从业于医疗、餐饮、食品销售等服务部门就不适合佩戴戒指。

在谈话过程中,抚弄自己的戒指是不礼貌的行为。现在也有人在拇指上戴上一个大大的“戒指”,其实,这种戴法没有什么特殊含义,只是一种张扬个性的方式。

2.项链的选择和佩戴

有的项链下端会带有某种形状的链坠,能够起到很好的装饰作用,男女都可以使用,但男士所戴的项链一般不要外露。40厘米左右的短项链比较适合搭配低领上装,而60厘米左右的项链则适合女士使用在社交场合。

3.耳饰、手镯、手链、脚链的选择和佩戴

女性可以佩戴耳环、耳链、耳钉、耳坠等耳饰,并且要成对使用。工作场合,不要一只耳朵上戴多只耳环。佩戴耳环还要兼顾脸型,不要选择和脸型相似形状的耳环,使脸型的短处被强调夸大。耳钉小巧含蓄,比较适合从事服务工作的女性佩戴。

手链应该戴在左手上,可以和手镯同时佩戴。在一些国家和地区,手链与手镯的数量、位置,代表着佩戴人的婚姻状况。脚链主要适合非正式场合,在工作中不宜佩戴。

三、首饰佩戴的禁忌

佩戴首饰时要注意避让自己身体上不太漂亮的部位。如脖颈不够修长的女士,就不应该佩戴太有个性色彩的项链,以免引起别人过多的关注。珍珠或做工精良的黄金白金首饰最适合穿职业装时佩戴,而宝石或钻石首饰则适合搭配晚装。

男人看表,女人看包

时尚界有句流行语:男人看表,女人看包。所以,判断一个男人有没有品味,不在于他的相貌和钱包;也不在于他的身高与学历;更不在于他身上戴的是否是大拇指粗的金项链;而是要看他手上戴的手表。对于一个女人而言,一个包不仅能让她顿生风情,彰显出千娇百媚,更能凸显出她的视觉气质形象。一句话:男人看表,女人看包。

陈伟又一次坐到了外企的面试桌前，这已经是第三次了。陈伟的职业理想是进入一家外企工作，并最终通过自己的努力升到管理层。然而，前两次陈伟面试失败了。第一次面试官告诉陈伟，是他的外语能力不符合职位需要，第二次却是因为一块表。第二次面试时，面试官在询问陈伟一系列常规问题后，突然问陈伟："陈先生，你没有戴手表的习惯吗？""没有，我觉得除非是名表，否则并不值得男人戴。""对不起，陈先生。你的观点我们不能赞同。手表是否名贵并不重要，它反映的是一个人的时间观念是否强烈。外企很看重一个人在这方面的素质。"

结果可想而知，陈伟被拒绝了。有了上次的经验，这次的面试，陈伟不仅准备了详细的材料，还特意买了一块表。然而结果却再一次让他失望："对不起，陈先生。外企对一个人的品味和礼仪也是非常重视的。您佩戴的运动手表并不符合您的身份和着装。"

诚然，手表作为男人少之又少的装饰物中最重要的一种，其审美价值不言而喻。一个男人手上佩戴的除了结婚戒指以外，最有精神分量的就属手表了。在现实生活中，手表可以让我们获得一种身份的确认、一种精神力量的指证、一种审美价值氛围的感染、一种思想向度，它所给予佩戴者的是更多的生命气息。

尤其是人们在现实生存场所中，在名利场上，在消费与享乐之中，这种精神生命的气息会更加的浓烈。比如，脖子上戴一根老板式的大粗金颈链，手指上戴着黄澄澄、亮闪闪的金戒指，他的形象就会大打折扣，显得很粗俗，但是手表例外。无论如何，手表都比同样款式的金手链有品位得多。可见，手表这件装饰品在男人身上确实有化腐朽为神奇的魔力。

值得一提的是，每个男人都有自己的审美价值取向，喜好和品位的不一，决定了不同的男人会选择不同类型的手表。

一、不同类型男人对于手表的选择

1."小男人"的选择

从字面就可以看出"小男人"的特征是"小"字，它可以指年龄相对较小的人，也可以代表那些虽然年龄大但是心智仍然停留在小的阶段亦或是一些紧随年轻一代的人。这种男人共有的特征就是喜欢穿运动衣,他们热爱无拘无束的感觉;喜欢玩游戏,甚至可以通宵达旦地玩;喜欢跳街舞、看日本动漫,等等。总而言之,只要是社会上流行的,他们都喜欢。对于手表的选择他们当然也是跟随潮流，喜欢花样比较好看的。他们对手表的更新速度很专注,也许你一天内可以看见他们换了好多个手表,他们对手表的选择永远处于运动阶段。

2.“成功人士”或“准成功人士”的选择

对于很多“成功人士”或者是“准成功人士”而言,如果能选择一款适合自己身份地位的手表,将给他增加更多的魅力。成功的男士都钟情于像劳力士、欧米茄和浪琴这样的名牌手表。为什么他们会钟情于这些品牌的表呢?原因大致有两点:第一,它们昂贵。只有带着昂贵的手表才能体现出一个成功男士的价值。第二,昂贵的手表外表不张扬,能够凸显一个人的成熟内敛的气质,更重要的是它的做工很精良。大家都知道一件商品的价值取决于在这件商品上花费的劳动力的价值和劳动时间的长短，制作精良的名牌手表上面倾注了无数人的汗水、辛劳和智慧。成功男士就是喜欢这种味道,这种付出后得到回报的味道。

总之,好男人就像是一块好手表。一块好的手表虽然不一定有华丽的造型,但是它的做工都很精良,每一秒都很精确,看似简单其实各个零件都在复杂地运行着。这就像是一个好男人,虽然不会说花言巧语,也没有帅气的外表,但是他每一处都透着魅力,每一点都是那么的精致。高贵的手表设计简单,但是它可以几十年如一日,分针、秒针就这样一如既往地走着。

同样,对女人来说,包的审美价值也不言而喻。包就像是那个默默支持着你的他,给你安全感。包就像是女人身上的一个时尚LOGO,有了它,女人们可以永远与潮流共舞。

二、女人的包扮演者三种不同的角色

1.爱人型

我们都知道马斯洛的“需要层次理论”里面有一层是安全感的需要,有些女人背包就是基于这层需要。背上包总让一些女人有种找到依靠的感觉;如果离开包,两手空落落的,会让她们感觉好像失去了什么。包就像是她们的爱人,尽管装不下很多东西,但只要陪伴在左右,就会有种依托感。所以,当女人们从家里走到外面广阔世界的时候,正是包,给了她们情感归宿的支点。

2.密友型

女人的包是一个令男人迷惑和惊讶的世界。女人之所以爱包,就是因为包能够装下她们所喜欢的东西:当你需要口红时,将纤纤手指伸进去,这里可以满足你的需要;当你需要镜子时,伸出手,你可以如愿地取出你想要的东西……

包里的世界是男人难以探明白的,只有女人才知道它真正的用途。就在那么一个小小的世界里,却装载着女人的各种需求,口红、眉笔、香水、钥匙、钱包、电话本、手机、照片等无序地排列着,静等着主人的召唤。此时,包就相当于女人的闺蜜,当女人有什么需要时,它们会第一时间满足女人的需求。包里的世界是神秘的,这个神秘只有女人才懂。

手表和包或许是男人和女人赖以栖息的诗意的秘密境界, 只存在于男人和女人的审美价值之中,如果说表和包带来的是积极的诗意的生命,那么通过它们,一个人的个性就可以得到张扬和完整意义上的发挥。

工作时间也要注意化妆礼仪

俗话说:“人靠妆,马靠鞍。”爱美之心,人皆有之。世上没有不漂亮的女人,只有懒惰的女人。因此,虽然我们大多数人都是相貌平平,但通过化妆和美容,让美的地方更加突出,对不足之处加以“纠正”和掩饰,这既是自身爱美的需要,更是对他人的尊重!

办公室主管助理小郭是个干净漂亮的女孩儿,与同事相处也很有一套,其他部门的同事都很喜欢她,唯独小郭自己部门的同事,总是不愿与她多亲近。这天,先来洗手间一步的小郭,听到随后进来的自己部门的两个女同事议论自己。“你说小郭怎么总那样呢,每天总是踩着点上班,来了还不工作,先化妆。”“是啊,化妆不能不分场合啊?办公室是化妆的地方吗?”“就是,我觉着这是一种很没礼貌的行为。”“对,显得很没素质。”……隔间里的小郭听了这些话,低下了头……

一、化妆过程中应注意的礼仪

1.化妆的浓淡要视时间和场合而定

一般情况下,在参加舞会或照相的时候需要化浓妆;而在夏天、灯光弱或是工作时要化淡妆。

2.工作期间不要化妆

干什么事情都是要讲场合的,工作是工作,娱乐是娱乐。工作期间就要一心一意的工作。有的女士为了方便修饰将化妆品摆在办公桌上,这样是不合理的。如果你需要化妆可以在洗手间进行。

3.不要非议他人的化妆

除了有的行业规定女性工作时必须化妆外,化妆纯属个人喜好,不要乱加干涉,更不可随便指责和自己化妆风格不同的女性。

4.不要借用他人的化妆品

借用他人化妆品不利于个人卫生。有的女性看见朋友的唇膏颜色较好,想借用一下,但是除非有一次性的棉签,否则不要试用。

二、淡妆宝典

可以说化妆是一个复杂的工程,它既需要讲究技术,又需要有艺术性。从理论上来讲,化妆品可以划分为四种类型,它们各有自己独特功能,不可混淆滥用。

1.润肤型化妆品

它的主要功能是润泽肌肤,使肌肤保持细腻、柔嫩、滋润。这类化妆品常见的品种有香脂、乳液、洁面霜、润肤蜜、雪花膏,等等。

2.美发型化妆品

它的主要功能是清洁头发、补充头发的营养,以及为头发塑造出种种美妙动人的造型。最基本的就是洗发液和护发素,然后还有像润丝、发蜡、发乳、发油、焗油、发胶、摩丝、冷烫液、染发水、生发水,等等。

3.芳香型化妆品

它的主要功能是保持身体芬芳宜人,祛除异味。有的还兼有护肤、护发和防止蚊虫叮咬等作用。这类化妆品包括香水、香粉、香粉蜜、花露水、爽肤水,等等。

4.修饰型化妆品

它的主要功能是添姿添色,是化妆的最后一道工序。我们可以通过像腮红、唇膏、眉笔、眼影、睫毛膏等化妆品填补我们脸部的不足,扬长避短,使化妆者看起来更加亮丽生辉。由于绝大多数这一类型的化妆品,都以其"特色"见长,所以它又被人们叫做色型化妆品或彩妆型化妆品。

三、掌握用法最重要

每一种化妆品都有各自的功效,我们一定要根据它们的功效去使用,切不可胡用乱用,否则只会适得其反。例如,作为油脂性润肤膏的一种,香脂因为含有大量油脂,适合人们在冬季使用。将它擦于面部、手背与耳朵后面,不仅可以滋润皮肤、预防皲裂,还能在一定程度上起到御寒防冻的作用。但是,若将其使用于烈日当空的夏季,非但于化妆者毫无帮助,反而会堵塞皮肤毛孔,妨碍其排污、排汗,甚至会让化妆者生疮、生疖,看上去"油头滑脑",面目可憎。

又如,花露水的主要作用,是替化妆者祛除汗味,并可以防止蚊虫叮咬。如果把它当成香水而用于正式场合,显然就有些不甚合适了。

再如,男女皆宜的香水,实际上也是种类繁多,不得乱用。举一个例子,历来高居全球十大畅销香水榜前列的"香奈尔五号"与迪奥的"百爱神",从香型上讲,前者是合成香型,后者则是花香型,它们一般只适合女性使用。著名影星玛丽莲·梦露曾言:"我在睡觉时,必须穿着'香奈尔五号'。"她的这句话,若出自一位男士之口,恐怕就要令天下哗然了。

女人要想美丽,首先要学会在身上播种美丽,当然也要掌握播种技巧,否则便会事倍功半、徒劳无益。

清透自然的妆容更胜一筹

求职者如何轻松被企业“相中”?

都市的竞争格外激烈,想要找一份工作来养活自己、慰藉家人便成了一件不那么容易的事情。女性在困难重重的求职过程中,经常为了如何装扮自己,给招聘人员留下最好的印象而伤透脑筋。

如何能够让自己在形象上得到加分,这是需要一些技巧的。作为一名求职者,必须要非常明确自己所应聘的职业需要怎样的形象。通常情况下,看起来整洁、精神、自信满满的人,总是会被多数人中意。因此,给自己化一个清透、大方的淡妆,是除了谈吐、礼仪等之外,最具有加分作用的技巧。

一、淡妆最适合

1.清新淡妆

求职的人需要保持本色、淡妆出场。彩妆颜色应该以淡色系为主,那些太过抢眼的正色系列,如红色、绿色、蓝色等,很容易造成做作、庸俗的负面形象。粉底应该尽量选用接近自己肤色的自然色彩,若与肤色相差过大,会显得很不自然。如果肤色白皙,那么再扑上些粉红这类色泽的蜜粉,营造出白里透红的光彩,这样也会很漂亮。至于眼影和口红,则要以整体色彩的搭配为依据。整体造型要端庄大方,重在体现个人的气质与个性。

2.朝气暖色调

在职业女性的仪表中,妆容绝对是必备的课程,在职场中淡妆轻描是最能够展现女性姿态的妆容。化妆所选用的色彩应尽量柔和自然,非主流的风格是不可取的。指甲必须修剪齐整,除非是工作需要,否则,在美甲沙龙雕出的形态各异的美甲便只有忍痛割爱了。

陈佳本是学艺术出身,毕业后却被有背景的父母安排在了本市一家事业单位工作。工作很清闲,除了偶尔觉得无聊外,陈佳还是很满意现在的生活的。然而,最近陈佳发现领导似乎总是对自己不满意,同事们也总与自己保持着距离,偶尔似乎还在背后议论自己。陈佳很纳闷,自己也没做什么呀?

有一天，准备下班回家的陈佳下楼时碰上了自己的领导，与领导攀谈了几句，领导这样对陈佳说："小陈，咱们单位不同于其他地方，所以个人的妆容要与单位的性质相符合。"陈佳走到单位一楼的镜子前，看着镜子中浓妆艳抹的自己，还是没发现有什么不妥之处？

二、面部的化妆步骤

在大部分的工作场合中，化妆都是以淡雅、自然为原则，这种化妆并不复杂，只要掌握了基本的步骤和规则，很快就能够信手拈来。面部的清洁是首要的，然后要用滋润霜按摩面部，完全吸收后，再进行面部的化妆。

1.打底

首先要把海绵扑浸湿，选择与皮肤色泽相近的粉底，轻轻点拍。

2.定妆

粉扑蘸粉后在脸上轻轻揉开，定妆主要在T字区，余粉定在外轮廓。

3.画眼影

应干净、自然，不可生硬、浓厚，从外眼角的睫毛根部开始向上向外逐渐晕染。

4.画眼线

应紧贴睫毛根，细细地勾画。

5.描眉毛

在修整好眉形之后用眉形刷慢慢描画。

6.卷睫毛

应顺着睫毛生长的方向轻轻刷上睫毛膏。

7.口红或唇彩

应选用与服装相配的、淡雅、自然的风格。

香水的使用规则要牢记

对于如今的时尚女性来说，买一两瓶或好几瓶名牌香水已经是再平常不过的事情了。但是在合适的场合使用合适的香水，却是很多女性很难做到的事情。因为很多女性对香水的了解只局限在它的香味和品牌，对不同香味的香水所代表的含义并不清楚，也就无法将香水的作用发挥到最大化了。

冯磊现在只有一个想法：见了同事吴云就躲开，因为吴云身上的味道实在让他无法忍受。你如果好奇吴云身上有什么味道让冯磊如此排斥，冯磊会告诉你："怪味儿！我曾经委婉地问过她：'吴云，你怎么能让自己身上的味道这么持久呢？'她很兴奋地告诉我：'我用了香水呀。我现在越来越迷恋香水了，每天都在研究，有时候会一天换几种不同的香味。而且为了香味持久，我随身带着。你看！'然后我便看到她的包里有四个香水瓶子，我当时真是无话可说了。现在，她的身上并不是香水的香味，而是一种让人无法忍受的怪味！"

香水起源于法国，在使用中有很多讲究，比如：你所选用的香水是否适合你的个性与气质，是否适合你出席的场合，是否适合你的职业、工作特性及年龄，是否可以配合你的服装和饰品的品味；香水气味的浓淡程度是否符合季节、天气的变化；是否遵循了国际通用的基本用香礼仪，等等。

如果不能正确掌握这些知识，那么你就无法将香水增加女性魅力的作用发挥到最大化。

一、在使用香水的礼节中有"五要五不要"的讲究

要贴身接触：香水只有直接接触皮肤才能使香味的散发达到最好的效果。

要做到量少处多：在身体的多处，如耳后、手腕、腋下、腰部等均匀而淡薄地喷洒香水才能使香气环绕全身，带给他人似有若无的朦胧美感，使香水发挥最大的魅力。

要喷于敏感、脉搏跳动明显的部位：在脉动明显、血液循环较快的身体部位喷洒香水，可以使香水的气味散发得更加尽如人意。

要沐浴后使用：沐浴后将香水喷洒在身上，香气随着身体的湿气一起挥发，可以使香水的香味释放得更完全、更迷人。

要巧妙地喷洒：若想为自己制造出似有似无的浪漫香气，可将香水先喷于空气中，再在香气中走过。这样香水可以像雾一般均匀地落于身上，身体的

每一个部位都能沾到香水，同时又沾到得很少，香味自然也就若隐若现了。

不要在易出汗、汗腺发达的部位喷洒：香水容易和汗水混合，形成令人难以接受的怪味，所以这些部位不宜喷洒香水。

不要一次喷得过多：少量多次喷洒的效果最佳。

不要反复摩擦：喷上香水后如果反复摩擦，会破坏香水的分子，从而使香味难以持久。

不要喷洒在暴露的部位：如果将香水涂抹在诸如面部、颈部等暴露的部位，其纯正气味容易在阳光和温度的影响下发生改变。

不要与不同香型系列的化妆品混合使用：在使用香水的时候，不要使用味道浓烈的芳香型化妆品，否则容易使两种或者几种香味发生冲突。

二、看天气变化选香水

使用香水时还要根据季节和天气的变化对香味散发的影响，在使用量、香型选择上作相应的调整和变化。

春季是多风、气候较干燥的季节，香水的气味会很快在空气中挥发掉，所以喷洒香水时，应该用少量多喷的方法，并且香水的味道应以幽雅清淡香型为主。

夏季往往是人们使用香水的旺季，但是夏天很多地方气候炎热，空气潮湿，人体爱出汗，易产生异味，人也比较容易烦躁。所以，这个季节，选择香水时要选用气味清淡爽朗、挥发性较高、能提神醒脑的植物香型或者天然草木清香型的香水，如古龙香水。

秋季，天高云淡，各种果实、花、树的香味充斥于空气之中，人对香味的感受也不是特别敏感。这个季节可以选择使用味道较浓的香水，比如植物香型、清甜果香型、乙醛花香型的香水等。

冬季是万物凋零的季节，宜选择使用香味浓烈的香水，这样可以减轻人的寒冷感。比如选择香气浓郁一点的花香型的香水，可以让人有温暖热烈的感觉。

个人卫生一定要坚持

人们常说第一感觉最重要,所以代表一个人外在形象的仪表非常关键。如果一个人的仪表得体,他就能在第一时间里赢得别人的认可,得到别人的尊重和欢迎。同时,也能让自己调整好状态,信心十足地去工作和生活。

所谓细节决定成败,刚刚走出校园初入职场的一些年轻人,往往就是败在了个人卫生这件小事上。没有整洁的外表,就算身着再昂贵的西装,印象分也不会及格。注重细节是仪表得体的必须条件,究竟什么才是一个人仪表的关键?

一个上班族若不经常对自己的仪容进行常规的维护和保养,就难以在他人的心目中留下良好的个人形象。所以,职场人士必须时刻不忘对自己的仪容进行必要的修饰和整理。要做到仪容干净整洁,需要长年累月、坚持不懈、不厌其烦地进行以下仪容细节的修饰工作:

一、坚持洗澡、洗头、洗脸

洗澡可以除去身上的尘土、油垢和汗味,使人精神焕发。尽量做到经常洗澡,秋冬季节至少也要坚持每星期洗一次,在参加重大礼仪活动之前还要加洗一次。头发是人体的制高点,人们的发型多有不同,因此它颇受他人的关注。只有坚持经常洗头,方可确保头发不粘连,不板结,无头屑,无异味。通常至少要3天左右洗一次头。若脸上常有灰尘、污垢、泪痕或汤渍,难免会让人觉得此人又懒又脏。所以,除了早上起床后、晚上睡觉前需要洗脸,其他时候只要有必要、有可能,随时随地都要抽出一点时间清洁脸面。

二、勤于修理头发

修剪头发需要定期进行,并且持之以恒。通常情况下,应当每半个月左右修剪一次头发。做不到半个月一次的频率,至少也要确保每个月修剪一次。否则,自己的头发便难有干净利落可言。

要勤于梳理头发。梳理头发是每天必做之事,而且往往不止一次,尤其是在一些商务场合，一定要把头发梳理好。

三、去除分泌物

首先要清除眼角分泌物——“眼屎”，它给人的印象很不雅，所以应经常及时地将其清除；戴眼镜者还应注意，眼镜片上的多余物也要及时擦除。其次要注意去除鼻腔分泌物，在外出拜访或出席正式活动之前，要检查一下鼻孔内有无鼻涕，若有，要及早清除。第三要清除耳朵的分泌物——“耳垢”，虽然它不易看到，但却不能忘记打扫。最后还要注意去除口腔的多余物。

四、保持手部卫生

手是一个人与外界进行直接接触最多的身体部位，它最容易沾染脏东西，所以必须勤洗手。除饭前、便后，还要在一切有必要的时候洗手。绝不要留长指甲，因为它不符合商务人员的身份，且易藏污纳垢，给人以不讲卫生的印象，所以要经常剪手指甲。

五、注意口腔卫生

坚持每天刷牙，消除口腔异味，维护口腔卫生，是非常必要的。有可能的话，吃完每顿饭以后都要刷一次牙，切勿用以水漱口和咀嚼口香糖这类无效的方法来替代刷牙。还要养成在参加商务场合前不吃生蒜、生葱和韭菜一类带刺激性气味的食物的良好习惯，免得担心自己说话“带味道”，或是使接近自己的人感到不快。

六、定时剃须

除了具有宗教信仰与风俗习惯者之外，男性工作人员不宜蓄留胡须，因为在商务场合这样的外形并不美观，也不清洁，会显得对交往对象不尊重。因此，男性最好坚持每天剃胡须，绝对不可以胡子拉碴地上班或会面。

第三章 举止礼仪：打造优雅的行为举止

举止是人际交往中礼仪的一种表现形式，更是个人态度的体现。良好的举止礼仪，带给他人赏心悦目的观感的同时，还提升了所在企业的整体形象。要想塑造良好的交际形象，不管在什么场合都一定要讲究礼节，注意自己的一言一行。

举止得体，展现个人魅力

一位哲人说过："行为举止是心灵的外衣，它不仅能反映一个人的外表，也可以反映一个人的品格和精神气质。"这是办公室一族必须烂熟于心的金科玉律。

在仪态美方面，举止文明、优美、得当是礼仪的基本原则。举止文明，要求人的仪态要合乎礼貌，显得富有教养；举止优美，要求人"秀外慧中"，使自己的心灵美通过仪态美自然而然地流露，使自己的仪态美观、大方、高雅、得当。

体现举止的礼貌意义的除了立、坐、行等体姿礼仪外，在商务活动和日常工作中,某些动作也具有特殊的礼貌意义。

一、举手

这是用于和对方远距离相遇或仓促擦身而过时打招呼的礼貌举止。它的用意在于表示自己认出了对方，但因条件限制而无法与对方交谈或站停施礼。此时,举手打招呼是表示敬意的比较合适的方式。

二、点头

这是与他人打招呼时的礼貌举止。用点头打招呼时,点头者应两眼看着对方,面带微笑,并把上体略向前倾15度左右。这种举止多用于迎送场合。当迎送者较多或距离较远时,可点头致意,接近时也可以和握手配合使用。

三、鼓掌

这是表示赞许或向别人表示祝贺的礼貌举止。在正式社交场合中,重要人物的出现、精彩讲演、商务签字仪式结束等时机,多用热烈鼓掌表示钦佩或祝贺。

四、起立

这是向尊者、长者表示敬意的礼貌举止。常用于集会时对报告人到场或重要来宾莅临时以示致敬。在其他较正式的场合，有重要人物到来或离去时,在场者一般也以起立表示敬意。

五、拥抱

这是表示感情亲密的礼貌举止。通常用于外事及迎来送往的场合,偶尔也用于久别重逢等难以用语言来表达强烈感情的特殊场合。但在同辈异性之间不要轻易使用。

六、注意个人和公共卫生

卫生是文明的标志。良好的卫生习惯是尊重自己、尊重他人、尊重社会和热爱生活的表现。不随地吐痰,不乱扔废弃物,注意保持地毯、地板的清洁,进入地面干净的室内,应先在门口踏擦鞋底或换拖鞋进入,等等,这些都是基本的保持卫生的行为习惯。

七、不抽烟或节制抽烟

现在一般的交际场合,均不"敬烟"。即使是吸自带的香烟,也应礼貌地征得旁人的允许,或自觉去指定吸烟场所。在禁止吸烟的场所,不要吸烟;在允许吸烟的场所,也要吸完后,把烟头完全熄灭,烟头烟灰要放进烟灰缸,不能随意乱扔烟蒂。

当然,礼貌举止不只是这些,在各种社交场合,每一个人都应该恰当地运用礼貌举止,充分体现出自己的教养和风度。

站要站得有气质

心理学家的研究成果证明:人际交往中的实际效果,只有约20%的部分由语言决定,而另外约80%的部分则是由人的举止、动作、姿势、体态等所决定的。

站姿,就是人们站立时的姿势与体态。在正式场合中,人的站姿,应当显得挺拔而庄重。具体而言,站立之时,身体站得正,腰部挺得直,挺胸而收腹,双腿并拢,双脚微分,双手交叉于身前,双肩平直,双目平视,头部端正。做到了以上几个要点,就肯定能站得漂亮了。当然要使站姿文明、优美、得当,就必须对与它们相关的一些具体标准,进行比较系统地学习和训练。

一、身体务必要在站立时,站得端,立得正

这样做会使人棱角分明,线条优雅,精神焕发。如果弓背、撅臀、凸腹、凹胸、歪头、斜肩、曲腿,头部、躯干、膝部同立正时的"中轴线"相去甚远,这样的人很难让人舒服。

二、站立时,应避免不文明、不礼貌的姿势

这主要是指趴、扶、拉、倚、靠等散漫的动作。以标准的立姿站得久了，难免疲劳。一旦累了，能坚持便坚持，不能坚持也可以调整一下姿势，或是坐下去，但是切勿以上述不文雅的举动来调整。找一个地方趴着，用手扶着或拉着一个物体，倚着或靠在桌边、墙角，这样会使人显得自由散漫、无精打采，它们都是应当力戒的举动。

三、站立时，双手应自然大方地置于身前，垂“手”而立

即自然下垂的双手搭在一起，贴放在腹部。讲究的话，双手搭放在腹前时，应遵循“男左女右”的规则，即男士左手搭在右手上，女士右手搭在左手上。不要把两手抱在胸前，或者显得做作地端在胸前；更不要在与别人站在一起时，故作深沉地将手背在身后；或是为了显得帅气，将双手或一只手插在口袋里，这样的动作会让你显得目中无人。此外，也不要手夹香烟，吞云吐雾，这些站立时的“手位”，都是让人有失优雅仪态的举止。

四、站立时，双腿应避免“分开”过大

不管有人无人，也不论是立正还是稍息，男士的双腿在站立时分开的宽度，应以不超过肩宽为宜，当然分开得越小，在别人眼中就越中看一些。对女士，尤其是穿裙装的女士来说，站立时双腿非得并拢“关紧”不可，不然会很难看。

五、站立时，双脚要规矩、老实

最好不要两脚分开站立，更不能站得像“平行线”一样；不要用脚踢来蹬去，或替自己挠痒痒、够东西；更不要把脚从鞋子里“解放”出来，让它踩在鞋帮上、踏在鞋面上，或蹬在桌腿、墙壁上“透气放风”。

坐下来也要仪态万千

在绝大多数情况下，人们在处理公务时，都是坐着的。同立与走相比，办

公室工作人员坐着的时间或许要长得多，所以坐姿是否文明、优雅，理当是办公人员最应注意的地方。对办公室一族坐姿的原则性要求，应当是坐得端正、文雅、得体、大方。具体来讲，对工作人员落座，坐定后的姿态以及离座时的问题，都有明确的规定。

在落座时，应以礼为先，切勿抢在来宾、上司、长辈、女士之前入座。坐下来的时候，不要"大起大落"，不要因此发出令人心烦的声音。

另外，一般不宜席地而坐。女士在落座时，需先大方地用手将裙子的后片向前拢一下，但不宜将裙子下摆东撩西扇，也不宜当众整理服饰；坐定之后，可慢慢调整一下自己的姿势。若非一人独处休息，就不要将椅面坐满，也不要仰靠在椅背上。在他人面前，不"满座"，是谦恭的表示；而不靠椅背，也是不想给别人"正在休息"的暗示。

坐的时候，上身应挺直，并目视交谈对象。上身不要佝偻"塌方"，眼睛不要四处漫游。不要一条腿上各放一只手，更不要将双手夹在大腿之间，或是以之抚弄小腿、鞋袜，甚至去挠痒痒。双手可十指交叉，平放在腿上、桌子上，也可以将一只手搭在另一只手的手背上，然后再将它们放在腿上或桌子上。不要将双臂端在胸前，或是抱在脑后；也不要故作"若有所思"状，时不时地以手指敲打桌面或椅子的扶手。坐在桌子后面会晤他人时，手应当放在桌上。手不要在桌下乱摸，不要插在衣袋里，或玩弄笔和纸；也不要十指交叉后，以双肘支在桌面上。面对异性时，不要双手托腮。

最影响他人对自己坐姿观感的，恐怕要算是人们坐下来之后的腿位和脚位。坐在他人对面，而且双方之间没有障碍物可以遮挡腿部时，女士们务必要双腿并拢，免得裙底的"风光"让人一览无余。具体来说，可以采取双腿垂直式、双腿斜放式、双腿叠放式、双腿前后式、双脚交叉式、双脚内收式等多种文雅、优美的坐姿。

例如，一位穿短裙的小姐在低矮的沙发上落座时，如采用双腿叠放式的坐姿，立刻就会显得优雅美观。其做法是，将一条腿靠近沙发，斜放，使之与地面形成45度角，然后将另一条腿脚尖朝地，搭在前一条腿上。男士坐在他人对面时，双腿可以分开稍许，但不要"开幅"过大，甚至呈八字形"开裂"。另外，将右腿架在左腿上，一般是可以的，只是不要架得太高。

坐定之后的脚位，一般与腿位有关。重要的是不要让它四处乱伸，东躲西藏，或是乱抖不止。

行路时切不可横冲直撞

在正式的商务社交场合，对走姿的具体要求是：行进的方向应保持相对稳定，不要复杂多变；行进的步伐不宜过大或过小，应尽量保持“匀速”前进；行进时不宜东张西望，应始终目视正前方；行进时腰部要放松，上身要挺拔，腿部要伸直；双脚距离不要过大，不要走成“八字步”。

如果从更高的境界来严格要求自己，还应掌握正步式与一字式的走姿。前者洒脱，有阳刚之美，适用于男士；后者贤淑，呈温柔之态，适用于女士。不论你在实践中选择何种走姿，都应避免产生下列问题。

1.行走之中忘却应当以礼待人

人们走动当然是要去办事，但再忙也不可失礼于人。行走时，不应与人抢道，不应因为自己着急而阻挡他人的行进；必要时，应“礼让三先”，让道于人；通过人行道、楼梯、走廊等时，不要抢行；当上司、贵宾、长辈、女士等在场时，最好不要从其面前通过，而应于其身后“绕行”。

2.行走带响

有人片面地强调追求速度，觉得应当“行似风”。但若是矫枉过正，走路发出过大的声响反而不好。若有急事，你可以快走，但不宜奔跑。鞋底钉有金属鞋跟、鞋钉的人，尤其要注意。否则噪声烦人，姿态难看，而且显得不够稳重。

3.行走时用心不专，左顾右盼

走路就要有走相，瞻前顾后，摆胯扭腰，摇头晃脑，东倒西歪等姿势都是不可取的。

4.行走之中突然俯身拾物

当自己前前后后都有人时，要想拾捡地上的东西，最好蹲或跪，切勿走着走着，突然来个“急刹车”。不仅有可能撞到人，而且前倾而使内衣“泄密”，后撅而以臀部示人，实在有伤大雅。

5.行走时过分“自由主义”

有人不管行至何处,都习惯于背手而行,如同散步;有人双手在行进中若不插入口袋,便晃动不止;有人稚气未脱,走到哪儿都像一只淘气的“小鸟”,连蹦带跳,或“方向不明”。

这些做法,都有损于你的形象。另外,也不要走得踢里踏拉,拖泥带水。

不雅行为会抹黑你自己

要树立良好的个人形象,应竭力避免以下行为。

尴尬一:

他西装笔挺、仪态不凡地走上主席台开始演讲。听,言论多精辟;看,神情多自如。可是演讲即将结束时,他不慎打了个嗝!于是,刚刚他还凭着雄辩的口才、极强的表达能力成为大家钦佩的偶像,这会儿却几乎成了大家的笑料!

解决尴尬的小秘方:

分散注意力,消除紧张情绪及不良反应。

喝开水,最好是喝稍热的开水,喝一大口,分数次咽下。

先深吸一口气,然后憋住,尽量憋长一些时间,然后呼出,反复进行几次。

尴尬二:

连着两天加班,中午刚吃完饭,又要开紧急会议。虽然你已经泡了一杯咖啡,可是倦意仍然爬上了面颊。你使劲掐了一下自己,集中精力听领导讲话,但是你的哈欠却出卖了你。倦意迅速在办公室蔓延,好几个人也忍不住哈欠连天,你注意到领导脸上的不悦,却又无可奈何。

解决尴尬的小秘方:

其实,打哈欠说明你确实是比较疲倦,那么有条件的话最好休息一下,比如进行午睡。

如果觉得打哈欠实在不合适,那就只有深呼吸几次,集中精力,振奋精神。

尴尬三：

他是你暗恋的帅哥，高大、威猛、英俊。虽然你还没敢对他发起进攻，可是却一直在悄悄地观察他。中午午休，他倒在办公室的沙发椅上睡着了，于是你母性大发，溜过去打算为他披件衣服。忍不住偷偷欣赏他可爱的睡相，可是，竟然发现他在流口水！好恶心！你立刻将他从暗恋名单中踢出！

解决尴尬的小秘方：

睡前不吃甜食，吃甜食必然会流口水。

注意口腔卫生，不要让口腔里有异物感或有异味。

尴尬四：

她花了1小时45分钟化妆，还穿上了从法国买回来的天价黑色礼服，鞋子、手提包、首饰、丝袜全部都是精挑细选，她得意地再次照照镜子，觉得自己无懈可击。她昂着头，优雅地滑入舞池，享受着万众瞩目的感觉，可是却不知道在明亮的灯光下，她的黑色礼服肩膀处的头屑已经无处可藏。

解决尴尬的小秘方：

避免使用脱脂力过强的洗发精，采取相应的方法减少头皮上的皮脂；注意饮食均衡，拒绝饮酒及刺激性食物；减轻工作压力，调节自律神经；避免睡眠不足、疲劳；小心胃肠障碍引起的营养不均衡，注意补充维生素A、维生素B6、维生素B2；注意季节转换时的身体调理。

既然无法逃避，那么我们就该更冷静地面对这些糗事。其实，这些不雅举止都是我们人类的正常生理现象，只要平时注意控制，还是能把它们“扼杀在摇篮里”的。

正确地使用手势

人们在交谈时，往往以手势配合谈话内容，达到表情达意的目的。如在谈话激动时，往往攥紧拳头；谈到高兴处，常常双手舞动等。如果观察细致，手势还能为我们了解对方提供线索。如日本许多负责接待和社会事务的人员发现，当服务人员倒满一杯热茶递给客人时，为人诚实忠厚、通情达理的人会并拢食指、中指，双手稳稳地接住；而精于社交、敏捷练达的人却用大拇指和食指轻轻地接住；神经过敏、自卑感较强的人则会小拇指跷起，其他手指合拢握住杯子。细心的服务人员就可以从接杯的姿势中推断出客人的性格，从而给予恰到好处的服务。

一、几种常见手势

1.请进

迎接客人时，应站立一旁，手臂向外侧横向摆动，指尖指向被引导或指示的方向。微笑友好地目视来宾，直到客人走过，再放下手臂。

2.引导

为客人引路时，应走在客人的左前方1~2步前，小臂指引，手跟小臂呈一条直线，五指并拢，掌心斜向上方45度，指示前方，眼睛应兼顾方向和来宾，直到来宾表示清楚了，再把手臂放下。

3.请坐

接待客人入座时，应将一只手摆动到腰位线上，使手和手臂向下形成一条斜线，表示请入座。

4.递接物品

递接物品时，应该用双手或右手，手掌向上，五指并拢，用力要均匀，做到轻而稳。注意：如果递送刀具或其他易于伤人的物品时，应将尖利的部分向内。

5.鼓掌

鼓掌是用以表示欢迎、祝贺、支持的一种手势，多用于会议、演出、比赛或迎接嘉宾。其做法是：右手掌心向下，以右手四指有节奏地拍击掌心向上的左手手掌部位。必要时，应起身站立。

6.夸奖

这种手势主要用以表扬他人。其做法是：伸出右手，翘起拇指，指尖向上，指腹面向被称道者。此种手势在不同的国家可能含义不同，因此，在涉外交往中要慎用。

7.道别

目视对方，右臂伸直，呈一条直线，向上抬至与肩同高或略高于肩的位置小幅晃动。手臂不可弯曲和摆动，掌心朝向对方，五指并拢，指尖朝向上方。

二、手势注意事项

1.注意区域性差异

不同国家、不同地区、不同民族，由于文化习俗的不同，手势的含义也有很多差别，甚至同一手势表达的含义完全相反。所以，只有了解手势在你所处的地区、文化中代表的含义，才不至于无事生非。

2.手势不宜过多，动作幅度不宜过大

在运用手势时，切忌“指手画脚”和“手舞足蹈”，这样会给人烦躁不安、心神不定的感觉，甚至让人觉得轻佻。在与人交谈时，如果反复摆弄自己的手指，比如活动关节，甚至发出“嘎、嘎”的声响，或者是手指动来动去等，都会让人觉得不舒服。

3.注意手势的速度和高度

手势过快，会给人带来紧张感；手势过高，超过了头顶，有失端庄大方的仪态，手势最高不能超过耳朵。

4.手势一定要自然、协调

手势使用不当，会让人觉得僵硬、做作，一定要做到自然、协调、美观。在工作中，若是将一只手或双手插放在口袋中，不论其姿势是否优雅，通常都是不允许的。正确的做法是双臂自然下垂，双手掌心向内轻贴大腿两侧。

5.用手示意时切忌用手指指向别人

在工作中，人们常会忽略手势礼仪，常常因一个小动作而失礼，暴露出自己礼仪修养的不足。其中最常用的举手示意手势常被不规范使用，显得对人有失敬意。

正确的示意手势应该是除拇指外四指合拢，伸出手掌用指尖所指的方向示意，而不能直接伸出食指进行指示，尤其是在相互介绍的场合，最忌讳用一个指头指着人向第三方介绍。而如果用手指直接指向对方就更加不礼貌了，甚至会引起对方的反感。

此外，一些人习惯性地用手中正在使用的笔指点对方或做示意，这也不符合礼仪规范。

6.手势指人要注意，不要掌心向下

指示他人，应该掌心水平向上，五指并拢，伸直。要记住，掌心向下指示的只能是宠物。

三、无意手势泄露心理

有的人在谈到某个问题时，一只手会调整戴在另一只手上的表带，或把玩另一只手腕上的衬衣纽扣，或拉拉衣襟，或摆弄附近的物件等，这些都表明此人内心紧张或在说谎，手的动作只是为了掩饰罢了。此时，可根据需要，或主动与之寒暄，或避开某个问题，用不着去关心他是否真的是表链坏了，纽扣未扣好或有其他什么困难。

假如留意观察，还会发现有人用手贴住嘴和鼻子，这往往是开始感到疲倦或对某件事、某个问题不予关心的表示；用手搔头挠腮通常是有难言之隐；用手心拍前额则可能是忘记了某事，但并没有为忘记此事感到惊慌；而如果是他用手掌拍颈背，则肯定是被别人指出他的失误或错误令他感到“如芒在背”。

得体地递接名片

名片是一个人身份的象征，现已成为人们社会交际的重要工具。名片虽小，但在与客户沟通过程中的作用却不容忽视。如果不注意名片礼仪，不但不会起到“自我延伸”的作用，反而会阻挡与客户的交流。因此，在使用名片的过程中一定要注意礼节。

一、携带名片

1.足量使用

携带的名片一定要数量充足，确保够用。

2.完好无损

名片要保持干净整洁,切不可出现折皱、污损、涂改的情况。

3.放置到位

名片应统一置于名片夹、公文包或上衣口袋内,在办公室时应放于名片架或办公桌内。切不可随便放在钱包、裤袋中。放置名片的位置要固定,以免需要名片时东找西寻,显得毫无准备。

二、名片的递送

熊刚是某公司的总经理,有一次,他参加了一场商品交易会,各地的企业家济济一堂。熊刚听说某大型企业的董事长也来了,于是想利用这个机会认识这位素未谋面又久仰大名的商界名人,也正好借机与这位名人洽谈一个合作项目。在午餐会上,熊刚见到了这位企业家,他彬彬有礼地走上前去,说道:"肖董事长,我叫熊刚,这是我的名片。"肖董事长正沉浸在与别人的谈话中,只是顺手接过名片,放在了一边的桌子上。熊刚在一旁等待了一会儿,也没见肖董事长回递名片,便失望地离开了。

在公司的活动和交往中,名片的使用范围很广,使用场合也很多。如在社交场合,初次会面、自我介绍时都可以递上自己的名片;如果对方询问你的姓名、地址时,也可以递上名片。名片的使用也有讲究,不按规则使用就会如熊刚那样得不到想要的效果,最后失望而归。

1.观察意愿

递送名片要在双方均有结识意愿并想保持联系的前提下进行,不要乱发名片,开头可以用"认识你很高兴"等一些谦语来体现你想要结识对方的意愿。如果在对方没有意愿的情况下递送名片,则有故意炫耀之嫌。

2.抓准时机

递送名片要把握适宜时机,一般选在初识之际或分别之时,切忌在用餐、运动、娱乐之时递送名片。

3.讲究顺序

名片一般是地位低的先递给地位高的,男士先递给女士。若同时向多人递送,应根据先尊后随、先上级后下级的原则,依次递送。切勿跳跃式地进行,否则会被对方误认为你区别对待、厚此薄彼。不过,假如是对方先拿出来,你也不必谦让,应该大方收下,然后用自己的名片回赠对方。

4.提前暗示

递上名片前,应当先向接受名片者打个招呼,令对方有所准备。打招呼时,既可先作一下自我介绍,也可以说声"对不起,打扰了"、"可否交换一下名片"之类的提示语。

5.递送有礼

递交名片时应起立向对方前倾,以显示对对方的尊重。以双手或右手持握名片,举至胸前,用拇指和食指执名片两角,让文字正面朝向对方。递交时双眼要注视对方,微笑致意,最好顺带一句"请多多关照"以示谦逊。如果能主动报出公司以及自己的姓名,就更加符合礼节了,一定能够给对方留下好印象。

三、名片的接收

1.态度谦和

当对方递送名片时,不论你有多忙,都应立即放下手中的事,并起身相迎,面含微笑,用双手接住名片的下方两角。

2.快速阅读

接过名片后,要先向对方致谢,然后花30秒左右的时间认真阅读名片内容。遇有显示对方荣耀的职务、头衔时可轻读出声,以示敬仰;有看不懂的地方,应当面讨教。

3.精心存放

接到他人的名片后,切勿将其随意丢放、胡乱揉折,而应将其谨慎地置于名片夹、公文包、办公桌或上衣口袋内,且应与本人名片区别放置。

4.有来有往

接受了他人的名片后,应礼貌回赠。若没有名片、名片用完了或者忘了带名片,应向对方作出合理解释并致以歉意,切莫毫无反应。

四、如何索要名片

1.交易法

这是一种很常见的方法, 即先把自己的名片递给对方, 可以说:"李先生，这是我的名片。”根据礼节上“有来有往”的原则，对方也会回递一张他的名片。

2.谦恭法

当对方与自己的地位有落差时，可以用激将法，但是一定要注意说话语气，要做到委婉、谦虚，你可以说：“尊敬的李先生，很高兴认识您，不知道是否有幸跟您交换一下名片。”为了礼貌，对方一般都不会拒绝。

3.联络法

联络法就是以保持联络为由，索要对方名片。“认识你很高兴，不知道怎么跟你联系比较方便？”对方听完这句话后应该就明白你的用意了，通常都会回递名片。

握手礼仪，有规可循

握手是大多数国家中人们相互见面和离别时的礼节，它可以说是世界上最通用的礼节。看似简单的握手，其中却蕴涵着复杂的礼仪细节，承载着丰富的交际信息。握手的力量、姿势与时间的长短能够表达出对对方不同的礼遇与态度，从而显露出自己的个性，给人留下不同的印象。人们也可通过握手了解对方的个性，由此赢得交际的主动，为以后的深入交往打下基础。因此，身在职场，掌握一些基本的握手礼仪是很必要的。

一、握手的场合

1.遇到较长时间没见面的熟人；

2.在比较正式的场合和认识的人道别；

3.在以本人作为东道主的社交场合，迎接或送别来访者时；

4.拜访他人，在见面和辞行的时候；

5.被介绍给陌生人时；

6.在社交场合，偶然遇上亲朋故友或上司的时候；

7.别人给予你一定的支持、鼓励或帮助时；

8.表示感谢、恭喜、祝贺时;

9.对别人表示理解、支持、肯定时;

10.得知别人患病、失恋、失业、降职,或遭受其他挫折时;

11.向别人赠送礼品或颁发奖品时。

二、握手礼仪

郑瑞是某单位的经理,有一天,他被邀请参加一场晚宴,此次晚宴规模巨大,聚集了职场上的众多成功人士。在宴会上,郑瑞被朋友介绍给一位曹女士认识。

为了表示自己的友好,他先把手伸了出去,可是那位曹女士居然没有反应,还在与身边的朋友说说笑笑。郑瑞觉得非常尴尬,但手又不能马上缩回去,撑了大概20多秒,那位女士还是不配合,后来他一着急说:"蚊子!"转手去打莫须有的蚊子。这种场面让周围的人都不禁捏了把冷汗,郑瑞也是满脸通红地离开了。

男士同女士握手时,应由女士先伸手,表示愿意与之握手时男士才能握,若女士没有反应,男士也不可主动伸手。郑瑞的尴尬主要是由于他对握手礼仪的不了解所造成的。

在社交场上,握手是最普遍的礼仪。职场上员工只有懂得握手的相关礼仪,才能充分显示自己的修养与对对方的尊重。

1.姿势

握手应用右手,四指并拢,手掌与地面垂直,拇指伸开,掌心向内,手的高度大致与对方腰部上方持平,彼此之间保持一步左右的距离,两足立正,上身略微前倾,注视对方,面带微笑,轻轻上下摇动3~4下。

2.时间

初次见面者,握手时间一般控制在3~5秒钟;老朋友见面时,时间可以稍长一点,但是不要超过20秒钟。

3.力度

握手力度要适中,可稍微使点劲,以表热情,过大或过小都不合适。力度过大,会给对方带来不适感;力度太小,会给人以高傲、冷淡的感觉。

三、握手忌讳

1.忌心不在焉

在握手时，千万不可表情呆板、不说话、眼神呆滞、心不在焉。

2.忌伸出左手

一定要记住：握手一般只用右手，没有右手者除外。

3.忌戴着手套

与对方握手时，一定要摘掉手套，以表尊敬，女士装饰性、与服装相配的手套除外。

4.忌交叉握手

在国际交往中，尤其是与西方人握手时，应力戒此举。它被视为不吉利的行为。

第四章 谈吐礼仪：言之有礼获得好人缘

语言是我们人类所拥有的最庞大、最广博的交际手段，是人们沟通交流、联络感情的桥梁。谈吐的礼仪礼节应当是各项礼仪中最基础的一种。遵守谈吐礼仪的目的是为了通过交谈，向他人传递平等、尊重、友好的信息。对于办公室一族而言，好的谈吐更能让别人从你的言行中感受到你独特的修养和魅力，从而使你的事业平步青云。

加强自我的声音修炼

踏入社交场所，我们首先要学习合理运用声音。为什么先学声音的运用呢？因为任何谈话、谈论、谈判等都是通过发声进行的。声音是很有讲究的，音调、语气、语速不同，表达的意思也不同。表达不对，就会造成误会。掌握好发声的各项要求，可以为我们的谈话开个好头，为个人形象增光添彩。

小赵是从农村考大学来到这个城市的。由于普通话不标准，毕业后一直没能找到合适的工作。为此,小赵很苦恼,曾下定决心要学好普通话,可是没有专业老师指导,学起来就很困难,于是就放弃了。

一日,他收到一家印刷企业寄来的面试通知,这让小赵很高兴。为了能面试成功,他特意买了身西装,打了领带,穿了皮鞋。在约定面试的时间,他来到这家公司,接待员告诉他在二楼202室面试。

小赵上了二楼正准备找202室,发现地上有只鞋,于是他捡了起来,大声问:"谁的孩儿(小赵老家说鞋是孩儿)掉了?"没人应他,他又挨门挨室地问:"你知道这是谁的孩儿吗?"这时接待员过来说:"不好意思,请把这只鞋给我吧。"小赵说:"以后细心点,孩儿掉了也不知道。"然后又问接待员:"在哪儿面试?"接待员回答他说:"您的面试已经结束了,请您等待我们的通知,谢谢!"小赵很奇怪:"我还没面试呢,怎么就结束了?"接待员说:"您请回吧,我们会尽快通知您结果的。"于是将小赵送走了。之后,小赵接到了这家公司的电话,通知他落选了。

小赵不明白为什么,便向公司提出了疑问。公司说,小赵在公司里捡到鞋,其实是公司安排的一个面试环节,主要是考察小赵的反应是否灵活。结果小赵没能达到要求,他除了普通话说得不好,捡到鞋时还在公司里大声说话,挨门挨室询问,影响到了其他人的工作。因此,面试失败是必然的。

声音的基础训练包括语音、音量、语速、语气四方面。下面,我们来一一学习。

一、语音方面

在语音方面,要重点强调一个问题,那就是普通话的使用。普通话是一套很科学、很严谨的语言体系,它优美、动听、有节奏感,是一套词汇量非常丰富的语言。说普通话是现代职场人员必须掌握的一门技巧,不会说或是说不好普通话,都很难顺利地完成交谈。

在学习普通话的过程中,要确保每个字的读音都要准确。比如,有些方言中,对平翘舌不分;有些地方,对前后鼻音分得不是特别清楚;还有些区域,某些字的读音与普通话读音是完全不一样的。这就需要我们根据自己的语言习惯,有针对性、抓重点地学习普通话。在语音方面还要注意,谈话时要发音准确、吐字清楚,不要出现吃字、丢字等情况。

二、音量方面

音量主要是指人在说话时,声音的强弱和大小。很多人在同别人谈话时,会出现把握不好自己说话音量的情况。有的人声音很大,他却以“天生嗓门大”为理由;有的人声音很小,“处事谨慎小心”便成了他的借口,其实这都不对。说话的音量是有讲究的、是可控制的。它的大小要根据你的谈话对象、谈话内容、谈话场所等各方面因素来决定。有几方面在训练时要注意:

1.不管什么场合,音量都应适中,不要太大或太小。

2.在训练时,要根据谈话内容来决定音量的大小。如果内容较短,且是比较轻松愉快的话题,声音可稍大些;如果内容较长,或比较严肃,则不可太大,以免谈的时间长了,不仅嗓子受累,还有可能引起一些不必要的误会。

3.要根据谈话对象来确定声音的大小。人数较多时,可适当地大声一些;人数较少时,将声音维持在在场的人都能听到即可。

三、语速方面

语速是指一个人说话的节奏、快慢等方面。在谈话时,要根据谈话的内容、对象、场合来决定语速的快慢。在职场中,一般情况下,语速都不能太快,尤其是在一些决定性的会议、商务谈判等场合,语速要保持在大家都能听懂、能跟上的水平。在一些娱乐场合中,比如茶话会、庆典、宴会中,则可灵活调整语速。

四、语气方面

语气体现了一个人的态度、立场、性格、心思。不同的语气代表着不同的意思。使用恰到好处的语气,能够使我们的谈话变得生动、准确。下面,我们来看一些语气方面的例子:

我明天要去北京出差。(这是一个陈述句,要用平铺直叙的语气)

你上班怎么迟到了?(这是疑问句,要用疑惑、发问的语气)

我终于见到妈妈了!(这是感叹句,要用表达真情实感的感叹语气)

不许动,把手举起来。(这是祈使句,要用命令的语气)

在训练语气时，要注意语气表达的准确性。在职场中，我们要少用反问、质问、命令等语气。

与人交谈，礼貌用语不可忘

礼貌用语是一个人最基本的素质和良好习惯的体现，人们在工作和生活中会不断使用礼貌用语。礼貌用语很多，我们在日常工作中首先应掌握好一些最基本的礼貌用语，如：您好，请，对不起，谢谢，再见。

小瑞今天的工作是到客户公司里，和客户谈下个月的合作计划。她来到客户公司后，走到前台接待处，很不客气地说："喂，你们张总在不在？"接待员看了她一眼，说："请稍等，我联系一下。"小瑞显得很不耐烦："能不能快点，我还有别的客户要谈呢！"接待员还是很礼貌地说："很抱歉，张总现在有客人，请您稍等一会，好吗？"小瑞不客气地抱怨道："真麻烦。"接待员依然微笑地说很抱歉。

小瑞只好在前台沙发上坐下等待。过了一会，张总送客人出来了，小瑞赶紧跑过去说："张总，您真是难请啊。"张总看了她一眼，没理她，将客人送出门外，返回后对小瑞说："你回去吧，合作的事情，我会找你们老总谈。"小瑞说："张总，你这是什么意思呀，我都在这儿等你半天了。"

张总看了看她，径直往楼上走去，不再理她。她正想追过去时，接待员拦住了她，她只好很生气地离开了。回到单位后，小瑞把在客户公司发生的事告诉了领导，领导听完后，告诉她以后和客户洽谈的工作不用她负责了。小瑞不明白，究竟什么原因让领导对她不满。领导对她说，在与客户交往的过程中，最基本的一点就是要礼貌、谦虚，像她这样的做法，只会招致客户的反感，影响公司的业务。

在使用礼貌用语过程中，我们要注意以下一些问题：

1.首先要注意分寸

这是谈话得体、有礼貌的最基本要素。要做到有分寸,就需要知己知彼,对谈话对象的背景、身份,谈话的目的等要了若指掌。在选择好谈话方式的同时,还要注意言语、动作的恰当表现。

2.我们常说的语言的礼节就是寒暄

我们有惯用的礼貌用语的格式,它们体现了人们生活和交际中的问候、致谢、致歉、告别、回敬这五种礼貌,分别是:问候是“您好”,告别是“再见”,致谢是“谢谢”,致歉是“对不起”,回敬主要是对致谢、致歉的回答,如“没关系”、“不客气”等。

3.谈话要有修养

在谈话时有分寸、讲礼貌、用语得体、言辞准确等是有修养的表现。谈话时讲究修养,体现的是对别人的尊重和宽容。尊重别人,就要尊重他的信仰、生活理念、个性、爱好、隐私,谈话中若有冲突,要懂得宽容别人,不要得理不让人。

4.谈话要有学识

现在是高度文明、讲求知识的社会,在这个社会中生存,必须重视并掌握很多知识。有学识、有礼貌的人将会受到社会和他人的尊重,而不学无术、不懂礼貌、经常使用粗俗语言的人则容易受到他人的轻视。

善用客套用语

语言是双方沟通信息的桥梁,是交流思想感情的渠道。语言在人际交往中占据着最基本、最重要的位置。客套用语则是尊重他人的具体表现,是友好关系的敲门砖。多说客气话不仅是尊重别人的表现,也是自身有修养的体现;多用客套用语,不仅有利于双方气氛融洽,而且有益于建立良好的社会交际关系。

一般来说,礼貌用语可以分为三大类:一般性的礼貌用语、敬语、谦语。

一、一般性的四大礼貌用语

1."你好"

"你好"是一句表示问候的礼貌用语。遇到相识者或是陌生人,不论是深入交谈,还是打个招呼,都应先向对方说声"你好"。不管是要请别人帮忙,还是有事情交代,以"你好"开头,会给别人彬彬有礼的感觉,下面要说的话别人也会更愿意听。它已成为人际交往中,既简单又有效的通行语。

2."谢谢"

正确地运用"谢谢"一词,会使你的语言充满魅力,使对方备感温暖。当对方给予你帮助时,一定要说"谢谢"。对他人的道谢也要答谢,答谢可以用"没什么,别客气"、"我很乐意帮忙"、"应该的"等来回答。

3."对不起"

在社交场合上学会向人道歉,是缓和双方可能产生的紧张关系的良药。道歉时最重要的是有诚意,切忌道歉时先辩解,好似推脱责任;同时要注意及时道歉,犹豫不决会失去道歉的良机。在涉外场合需要别人帮忙时,说句"对不起,你能替我把文件递过来吗",则能体现一个人的谦和及修养。

4."请"

在与别人相处时,要把"请"字挂在嘴边,如"请问"、"请原谅"、"请留步"、"请稍候"、"请关照",等等。频繁使用"请"字,会使话语变得委婉而礼貌,是比较自然地把自己的位置降低,将对方的位置抬高的最好办法。

二、敬语

敬语,亦称"敬辞",它与"谦语"相对,是表示尊敬礼貌的用语。除了必要的礼貌,多使用敬语,还可体现一个人的文化修养。

1.敬语的运用场合

使用敬语的主要场合有:比较正规的社交场合;与师长或身份、地位较高的人交谈时;与人初次打交道或会见不太熟悉的人时;会议、谈判等公务场合等。

2.常用敬语

"请"、"您"、"阁下"、"尊夫人"、"贵方"等,都是常用敬语。

三、谦语

谦语亦称“谦辞”,是向人表示谦恭和自谦的一种用语。谦语与敬语是一个问题的两个方面,前者对内,后者对外,内谦外敬,礼仪自行。谦语最常用于在别人面前谦称自己和自己的亲属。例如,称自己为“愚”、“在下”、“鄙人”等,称家人为“家严”、“家慈”、“家兄”、“家嫂”等。

自谦和敬人,是一个不可分割的统一体。尽管日常生活中谦语使用不多,但其精神无处不在。只要你在日常用语中表现出你的谦虚和恳切,别人自然会尊重你。

四、雅语

雅语是指一些比较文雅的用语,它常常在一些正规的场合以及一些有长辈和女性在场的情况下,被用来替代那些比较随便,甚至粗俗的话语。只有你的言谈举止彬彬有礼,人们才会对你的个人修养留下较深刻的印象。

在称谓上,雅语的使用已经很普遍了,比如:把痴呆人叫“智力障碍者”,把保姆叫“家政服务员”,把服务员叫“储备干部”,等等。

在行为举止上,把吃饭叫“用餐”,把上厕所叫“方便”,把洗澡叫“沐浴”,把倒酒叫“斟酒”,等等。

在待人接物中,要是你正在招待客人,在端茶时,你应该说:“请用茶。”假如你先于别人结束用餐,你应该向其他人打招呼说:“请大家慢用。”

多使用雅语,不仅会让自己显得文明,还能体现一个人的文化素养以及尊重他人的个人素质。

赞美、恭维要恰如其分

赞美是一项最能体现个人修养的语言运用技巧,对于赞美者和被赞美的人来说,发自内心的赞美会让人觉得心情愉悦,在某种程度上可以提高工作效率。但是赞美也要有度,过分的赞美会演变成溜须拍马,效果也可能适得其反。

小美在公司有“小甜心”的美称，原因是她不仅长相甜美，声音好听，一张嘴更是能说会道，尤其会说好听的话。一天，部门主管告诉大家，公司在日本的大老板和夫人要来视察工作，让大家都做好各项接待工作的准备。当老板和夫人走进公司时，小美她们一帮小姑娘都愣住了，心里都在想：“我的天哪，这老板也太委屈自己了吧！”

原来，老板的夫人身材有些发福，而且看上去比实际年龄要老一些。其实她之所以能成为大老板的夫人，是因为她的身份背景，他们二人的婚姻是属于商界联姻。夫人走到小美跟前，查看她的工作业绩表，小美连忙点头哈腰地说：“夫人，您的气质真好！您好漂亮呀！”小美本想会得到表扬，却没想到夫人理也不理她，用生硬的普通话跟部门经理说：“这个员工，虚伪，不好。”小美愣住了，其他人也都没想到平时有名的“小甜心”竟然没能得到大老板夫人的喜欢，真是奇怪。

小美没有弄明白的事情，其实很简单。恰如其分的赞美能拉近自己与陌生人的距离，提升自己与他人的感情，但是，不切实际的赞美就有轻浮、奉承之嫌。过度的赞美让人觉得不够真诚，也容易让人认为说话者另有所图。因此，赞美是需要技巧的。

1.要体现诚意

虚伪的赞美很容易被对方识破，并会影响对方对你的信任。所以，如果在对待某个问题上，某个人做得很失败，此时不应批评他如何不对，而应多赞美他对这个问题的解决所付出的努力，同时鼓励他寻找改进的方法，再遇上同样的问题该如何解决。

2.要赞美具体的内容

比如我们赞美一个厨师的手艺，不是说“你是一个很棒的厨师”，而要说“这道鱼香肉丝真的是太好吃了”。

3.不要和别人进行比较

如果我们要赞美一个人，应该赞美他自身的优点，而不是将他和其他人进行比较。在赞美时，既要顾及场合，也要考虑赞美者和赞美对象的关系。如果他是你的老板，除非你们相处很久且关系非常好，否则，在多数情况下，最好不要赞美老板，会有拍马屁的嫌疑。

4.对别人的赞美表示感谢时,可以说:“您过奖了!”而不要说“这没什么大不了的。”因为,这样会显得特别高傲、不亲切。

5.不要对发表赞美的人提出质疑或进行辩解,这对赞美者来说,是一种不礼貌的行为。正确的方法应该是微笑,并在合适的时候,将经验与他们分享。

人在职场,不要等着别人来赞美你,相反,你要主动出击,学着去恭维别人,这样才能在工作中有良好的人际关系。恭维与阿谀逢迎,溜须拍马有着本质的不同。恭维是处理人际关系的一种本领、一种方法,它可以有力地赢得别人的信任和好感。把握恭维的要诀,就需要掌握恭维的度,绝不可夸大其词。

美国前国务卿基辛格是个擅长恭维的外交谈判高手, 他说:“你必须十分敏锐,因为大部分国家领导人都是非常敏锐的,他们不容易被人操纵,却能操纵别人。你得运用你的智慧,去对付一个高智慧的人,还要使他马上感到你的诚意和认真。最后,必须增加他的信心。”因此,在基辛格眼里,所谓恭维,是使别人相信他能解决问题的一种方法。

当我们想邀女性约会时,可以适当地恭维她:“小姐,我觉得你不仅长得美,工作能力也不在话下,如果我能跟你这样漂亮能干的小姐做朋友,真是我无上的荣幸!”也许当时并没有征得她的同意,但有一点可以肯定,这位小姐的内心肯定洋溢着喜悦之情,并且会拥有一整天的好心情,如果再适当地努力几次,肯定会成功。

恭维也可用间接的方式进行, 比如某职工到公司对他的一位同事说:“我听说,你这个人人缘好,爱交际,别人都喜欢你,我们做个朋友吧?”这种方式往往效果更好。

俗话说:对症下药,量体裁衣。恭维也要“因人而异”。对象是商业人员时,如果说他学问好,品德高,博闻强识,清廉高洁,他不一定喜欢;而如果说他才能出众,手腕灵活,现在满面红光,印堂发亮,发财在即,他一定会很高兴。对象是教授、教师时,为人师表、学问渊博、思想深远、妙笔生花之类的赞美之言,他一定爱听。

对不同职业的人,要说不同的恭维话,有道是“上山打柴,过河脱鞋”,不要弄得“牛头不对马嘴”,免得好意恭维人家一番,人家还觉得这是“乱弹琴”。

掌握拒绝的艺术

在职场里工作，经常会出现这种情况：同事或朋友想让我们利用工作之便办点事情，若是答应，则有违公司的制度和做人的原则；若是拒绝，则有可能破坏多年的情谊。最后还是怕朋友说我们目中无人，于是就睁一只眼闭一只眼地帮他们做了一些犯错误的事情。在这里，我们就要学习如何拒绝朋友和同事不合理的要求，委婉地说“不”。

小林是一位心地善良的人，工作多年，一直奉行一个原则，那就是“能者多劳”。但凡同事或朋友开口要求她办些事情，她都会热情、积极地办完、办好。因此，大家都叫她“老好人”。

随着工作经验的不断累积，小林被提升为部门主管，找她办事的人也就更多了。有一次，她手下的一位员工工作业绩不佳，还私自把客户的资料交给别的公司，这是行业中的大忌。小林按照规章制度来处理，要辞退这名员工。该员工得知后，来到小林的办公室，在她面前说尽好话，保证以后不会再犯这种错误，并声泪俱下地诉说这份工作对自己的重要性。小林本就善良，经不住她苦苦求情，于是答应不辞退他。

很快，这件事情传到了老板的耳朵里。老板把小林叫到办公室，对她说：“人不能因为一时的心软，就做出违背原则和公司规章制度的事。制度就是用来约束人的行为的，如果起不到这个作用，那就不要制定了。小林，你要学会拒绝别人，坚持原则，否则，将来你会遇到很多的麻烦。这次你对这位员工心软，如果以后其他人出现同样的情况，是不是找你哭诉一下就没事了？”小林听后，恍然大悟，她明白了善良也要坚持原则，该拒绝的时候就要拒绝。

通过案例，我们可以看出，不是所有的事情我们都得接受，要在坚持原则的情况下委婉地说“不”。那我们来看一下委婉说“不”的几点建议：

1.帮忙分析

如果朋友给我们提的要求是违背原则、不能答应的，我们要向对方分析拒绝他的理由，包括公司的规定、目前的形势等。直接说明这些，对方会比较能理解你的苦衷，从而自动放弃说服你，而不会因此和你断绝多年的友情。

2.灵活转移

如果我们不好意思直接拒绝，那可以采取转移话题的方法。比如，先向对方表达我们的同情心，或对他的处境表示理解，然后再说出拒绝的理由，委婉地拒绝。由于之前已表达了我们的态度，对方在心理上会因为你的同情而使关系融洽一些，所以对于你的拒绝也会比较容易接受。

3.肢体拒绝

我们往往认为拒绝对方是很难开口的事，在心里练了无数遍的拒绝话语，到最后却一句也说不出来。这个时候，我们可以借助肢体语言来表达我们的立场。最普通的动作就是摇头，摇头代表否定，别人一看见你摇头就会明白你的意思了。另外，中断微笑也是一种委婉的暗示，当我们正和对方面带微笑地谈话时，如果对方提的要求我们无法答应，可以中断笑容，将我们的拒绝暗示给对方。但是不可以使用这些肢体语言，包括：身体倾斜、目光游离、频频看手机、心不在焉等，这样会伤害对方的自尊心。

4.适当拖延

这里说的适当拖延是指在还没有给对方任何承诺时，可采取这种方法，还得再考虑考虑、得等领导同意等都可以成为你拖延的借口。但如果已经答应了对方，就一定要做到，不可一拖再拖。不管怎样，别人有求于你的时候，你一定要保持谦虚的态度，别急着拒绝对方，认真、仔细地听对方说完要求，如果真的无能为力，也一定要和对方说声“非常抱歉”。因为对方既然向你提出请求，表明了他对你的信任，即使我们帮不上忙，该有的礼貌却是不能少的。

不贸然打断对方的谈话

关于谈话的各项要点，我们说了很多，在谈话时，我们除了要说以外，还要特别重视一点，那就是聆听。聆听，不只是听这么简单，要用心来听。认真、用心地聆听可以得到许多意想不到的惊喜，可以确定对方是否有合作诚意，可以判断出对方的心意等。所以，交谈过程中的聆听很重要。

小兰陪妈妈去百货商场买衣服，转来转去也没看见合适的。小兰妈妈表示没有合适的就算了，反正也不着急穿。小兰不答应，一定要买一件。于是，她们来到一家中老年服饰柜台前。小兰向柜台后的售货员询问有没有适合她妈妈穿的衣服，让她推荐几款，售货员仔细挑了挑，拿了一件上衣给小兰。

小兰妈妈穿上正合适，小兰便将这件衣服买了下来。等小兰拿上票和找零的钱时，发现收银员多给了她52元钱。她赶紧回到收银台那儿，对收银员说："姑娘，你刚才把这件衣服的钱，算错了52块……"收银员不等小兰说完，就抢着说道："我们这里规定结账时钱款当面点清，过后概不负责！"小兰说："不是，这是你……"收银员不耐烦地说："不是跟你说了嘛，你怎么听不懂呢？"小兰无奈地摇摇头，转身走了。

大家觉得，这位收银员存在什么问题呢？她的做法符合礼仪要求吗？

很显然，这位收银员还没有听完小兰的话，就抢着说，是非常不礼貌的，而且这样的情况还出现了两次。我们接下来讨论一下，在社交活动中聆听的重要性。

谈话中我们不可能总是在"说"，只有善于聆听，才能和对方做到真正有效的沟通交流。在听别人谈话时，注意力一定要集中，不要东张西望、左顾右盼，或显露出不耐烦的表情。要对他人的谈话内容感兴趣，而不是过分关注一些外在的因素，比如对方的穿着如何俗套、普通话如何不标准等。

听别人说话时不要随意插话。当对方讲得正起劲的时候，我们不要突然去打断对方，这是非常不礼貌，缺乏修养的行为。即便你对他人的言论有不一样的意见，也应等对方讲完再提出来。有的人喜欢抢别人的话，在别人刚准备张嘴的时候，他就先说起来，还经常挑剔对方的说话内容，其实他还没弄清楚别人究竟要说什么。更有甚者专门和对方唱反调，句句都在跟对方较劲，表现得非常肤浅。

在聆听过程中，我们要给予说话人积极的反馈。比如适当地点头、微笑，或者轻轻地说"嗯、对、是的"等肯定话语，必要的时候总结一下对方谈话的重点，这样，谈话过程就会变得非常和谐、愉快，如果再加以适当的赞美，那这次交谈就完美了。

当我们看到有部分人正在谈话时，如果我们想参加他们的谈话，应该先取得他们的同意，不要悄悄地凑过去偷听；如果你有事要找正在说话的那个人，不要直接过去或者很大声地叫他，而应该站在一旁，等他讲完后再叫；如果情况非常紧急的话，可以先用手或其他动作暗示一下对方。

学会幽默的表达方式

幽默是人类创造出的一种文化，有的专家就是专门研究幽默文化的。恰到好处的幽默，不仅可以表达人的真诚、善良、亲切，还可以拉近人与人之间的距离。

一次，有位主管因为事情比较着急，所以就急急忙忙地跑到下属的办公室门前，没有敲门就冲了进去，没想到这位下属由于工作强度大，身体过于疲劳，居然在办公桌上睡着了，还打起了呼噜。主管看到后，急忙说："对不起，我打扰了你的工作习惯。"随后把门关上走了。

一句略带麻辣味的幽默，其背后的潜台词是什么？我认为是这位主管相信下属有自己的工作规律和节奏。这位主管并不在乎他们在上班期间是在工作还是在喝茶休息，只要能把负责的工作做完就可以。

幽默的表现形式多种多样，有童心般的幽默、黑色幽默、红色幽默、麻辣幽默等。我们如何能成为一个有幽默感的人呢？其实，人并不是天生就具有幽默感，这是需要通过后天的努力的。随着社会经验、阅历、知识的不断累积和运用，每个人都能成为幽默大师。

幽默也是有技巧可言的。在表达幽默的时候，要注意以下几点，否则会因为幽默的使用不当，造成他人的反感、厌恶情绪，使事情适得其反。

1.要努力练习幽默风趣

幽默风趣能给人带来愉快的享受，只要我们坚持不懈，积极、努力地拓宽知识面，增强我们的爱心，训练我们的才智，幽默感就不会那么遥不可及。有一次，部门主管对迟到的员工开玩笑地说："迟到1次，10块；2次，20块；3次，30块钱，以此类推。"这位员工笑着回应说："主管，能不能来个包月呀？"其实很简单的几句话就蕴含着幽默的内容。

2.不懂幽默就不要故作幽默

如果我们还没有掌握幽默的技巧，那就千万不要为了幽默而幽默。故作幽默不但达不到我们想要的结果，往往会弄巧成拙。

3.幽默也要分场合、分对象

不分场合的幽默是万万不能讲的，同时在运用幽默技巧的时候，要注意分寸，点到为止。如果我们和几个朋友一起游玩，以缓解工作压力，这时就不要谈工作上的一些自认为幽默的事。另外还要注意幽默的对象，比如对方最近可能感情不顺利，那就不要说一些感情上的幽默笑话，以免惹来不快。此外，不同的国家、不同的地区有自己特有的风俗习惯，这也是我们在运用幽默时需要注意的地方。

4.幽默不是用来讽刺、挖苦他人的

讽刺性质的幽默那是用来对待敌人或者是非常可恶的人的。在我们谈话的过程中，有时并不是故意对智障、穷人或身体有残疾的人进行嘲笑，但是不经意间就会流露出这样的意思，用别人的短处当作笑话来体现自己的幽默，这种情况是一定要避免的。

距离远近有讲究

有人说，人就像冬天的刺猬，太近了会刺伤对方，远了又觉得孤独和寒冷。也就是说，人与人之间应该保持一定的距离。总结起来，人在交往中无非就有以下几种不同的距离，即亲密距离、个人距离、社交距离和公众距离。

一、亲密距离

这是人际交往中的最小间隔或无间隔,即我们常说的“亲密无间”,其距离范围近约15厘米之内,彼此间可能肌肤相触、耳鬓厮磨,以至于相互能感受到对方的体温、气味和气息。远约15~44厘米之间,是关系比较密切的同伴之间的距离,此时,身体上的接触可能表现为挽臂执手,或促膝谈心。44厘米以内,在异性中,只限于恋人、夫妻之间,在同性之间,往往只限于贴心朋友。

二、个人距离

个人距离的范围是50~100厘米之间,人们可以在这个范围内亲切交谈,又不致触犯对方的近身空间。这是人际间隔上稍有分寸感的距离,身体的直接接触较少。美国人还十分讲究“个人空间”。和美国人谈话时,不可站得太近,一般以保持在50厘米以外为宜。平时无论到饭店还是图书馆,也要尽量同他人保持一定距离;不得已与别人同坐一桌或紧挨着别人坐时,最好打个招呼,问一声“我可以坐在这里吗?”得到允许后再坐下。

三、社交距离

社交距离的范围比较灵活,近可1米左右,远可3米以上。这不同于关系亲密或熟悉的人之间的人际关系,而是一种公事上或礼节上的较正式关系。其中1~2米之间是人们在社会交往中处理私人事务的距离,例如银行储蓄口、机场检票口,都设立了“一米线”,用距离把人群间隔开,以保障人们的隐私和安全;2~3.5米是远一些的社交距离。在屏幕上,电视节目主持人大多是中近景,这是为了缩短与观众的距离,在两米左右的距离能得到最好的视觉效果。如果你到办公室找领导办事,最佳的空间距离为122~213厘米。小于该距离,领导会误认为你强人所难;大于这个距离,领导又会认为你没有真心实意。

四、公众距离

这是公开演说时,演说者与听众所保持的距离。其近范围为3.7~7.6米,超过这个距离,人们就无法以正常的音量进行语言交流了。在这个距离内,人们完全可以对处于同一空间的其他人“视而不见”,不予理睬,因为相互之间未必会发生一定的联系。因此,这个空间的交往,大多是当众演讲之类,当演讲者试图与一个特定的听众谈话时，他必须走下讲台，使两个人的距离缩短为个人距离或社交距离，才能够实现有效沟通。

要想树立良好的形象，就不能不注意人与人之间的距离。靠太近了，彼此没有秘密，既容易相互厌倦，也容易相互摩擦，产生矛盾；但相互离得太远了，又容易相互淡忘，变得生疏。现代社会的发展，带来了个性化的发展，人对距离的要求，对空间的要求，也就越来越强烈。人们都喜欢有个属于自己的空间，不被他人随意入侵。距离产生美，合理运用你和他人的空间，会为你赢得文明有礼的好形象。

说话常以“请”字为先

在古代，求人办事说“劳驾”、“拜托”；向人询问说“请问”；请人协助说“费心”；请人解答说“请教”；求人方便说“借光”；请改文章说“斧正”；求人指点说“赐教”。现在，随着语言的发展，有些口头语已经逐渐淡出了人们的日常生活，但是古人所留下的绝大多数词语还在被广泛地使用着。

现在，人需要帮助时，可说：“请您帮个忙好吗”、“麻烦您帮一下忙，好吗”、“请借借光”、“请问，去中山纪念堂怎么走”、“打扰一下”、“请递给我”、“劳驾，请传过去”，等等。总结一下，“请”字应该是生活中使用频率最高的词汇。

无论是国外，还是国内，日常生活中“请”字不绝于耳。在美国，即使在自己家里，人们也十分客气。在美国，孩子出生以后，从咿呀学语开始，父母就向其灌输“请”字的重要性。当孩子向父母提出某个要求时，常以“请”字开路；若是忘记说“请”，父母肯定会提醒他们说“please”。

丈夫无论做什么，都得先对妻子说：“请允许我这样做。”而妻子总是很认真地回答：“请你自便。”

此外，美国人说话、写信、打电话都少不了“请(please)”字。“请坐”、“请转告”、“请您先走”、“请多费心”、“请及早回复”，等等。打电报时，他们宁可多付电报费，也不会省掉“请”字。据说，美国电信总局每年从这个“请”字上就可多收一千多万美元。

在国内,人们也常以“请”字当先。当要从拥挤的车厢内穿过时,要说“请让一下”;当坐汽车感到十分闷热时,要说“请把窗户开一下”;当在家待客端上点心或茶水时,要说“请慢用”;当餐桌上酒、菜准备好后,应该向客人打招呼说:“请大家慢用。”

日常生活是这样,工作场合更是如此。你可能会发现,当你到达火车站的出口时,乘务员会对你说:“请出示您的车票。”在机场,海关人员会对你说:“请出示您的护照。”在饭店,服务员常对你说:“请稍等”,“请慢用”。在商店,营业员会对顾客说:“请走好,欢迎再次光临。”

这些话中的“请”字不是多余的,多含有谦虚、尊重对方的意思,或使语气委婉一些。万一需要使用祈使句时,加上一个“请”字,也会使命令的语气缓和许多,显得有礼貌、不生硬,有很好的语气调节作用。

为此,交谈中要有意识地多使用“请”字,这是文明人应当具备的基本素养,也是一种尊重他人的基本方式。无论何时何地,不管何人何事,只要你需要别人帮忙时,就必须先说“请”。多说“请”,不仅代表了个人的内心修养,还表现了对别人的尊重;多用礼貌用语,不仅有利于双方气氛融洽,而且有益于交际。可以说“请”是一种人际关系的润滑剂,只要你的言谈举止彬彬有礼,人们就会对你良好的个人修养留下深刻的印象。

得体的称呼是沟通第一步

一名超市的保安,在得知一个顾客结完账后忘了拿一瓶酱油后,急忙跑出门去,在人群中发现了结账员所描述的那个人,可张了几次嘴,却不知道该怎么称呼。“小姐”这个称呼如今被注入了新的内容,若是这么称呼她,她可能会很生气;叫“小姑娘”,也不行,对方跟自己年龄相仿;叫“同志”,又有些过时。正在他左思右想之际,那个人已越走越远,眼看就要消失在人群中,这个保安情急之下迅速跑到她面前,说了一声:“喂……”

虽然很没创意，但也无可奈何。称呼的尴尬在今时今日显得无比突出。例如，称呼一个叫张志刚的处长为“张志刚处长”、“张志刚同志”，语气郑重，更能体现对对方的尊重，可是却缺乏亲切感；若是直呼其名，或叫其“老张”、“小张”，亲切感是有了，又不太郑重。还有一些特殊情况，例如曾经的同事升迁了，成了你的上司，见面时你如何称呼他？

在人际交往中，对他人的称呼必须得体，方才合乎礼节。要想得体，就不要做作，不要让对方感觉很虚假、很不舒服。除了要把握对方的年龄和心理特点外，还要注意场合、身份、职业和习俗，同时又要兼顾彼此之间的关系。

1.一般性称呼，如同志、同学、朋友等，主要用于陌生人之间。对于较为陌生的人，我们并不清楚他的身份地位，所以只能使用这类概括性的称呼。如果是工作上的人，我们可以以同志或朋友相称；如果在校园里，可以称呼其为同学。

2.与职务相关的称呼，比如王董事长、张经理、李主管等，这是根据对方所任的职务来称呼的。如果不确定哪位领导任的什么职务，可以统称为领导，但随后一定要掌握公司领导的相关信息。

3.与职称相关的称呼，比如赵局长、金教授、段少校等，一般用于国家机关部门或部队。这样称呼，可体现他的身份、级别。

4.与职业相关的称呼，比如王工程师、段老师、郭医生等，这样的称呼可以区分对方的职业特点。

5.直接用姓名称呼，对于同龄人或者同岗、同级别的同事，可以直接以姓名称呼。建议在称呼时，最好是称呼他不包含姓氏的名字，这样显得比较亲切。

开玩笑也要把握尺度

不是什么事、什么人都可以开玩笑的，开玩笑本是人与人之间交往的润滑剂，玩笑开得恰当、得体、幽默、风趣，会为周围的人带来欢愉；但如果开得不得体，则会弄巧成拙，尤其是在办公室，每天面对面，很容易因为玩笑开得出格而导致同事反目,甚至发生冲突。可见,开玩笑也要把握尺度,讲究礼仪。

1.不要拿人做笑柄

总开重复的玩笑,对方会认为你是在跟他过不去,从而心中忌恨,甚至与你反目成仇。

2.不开庸俗无礼的玩笑

拿一些下流或私生活上的事作为笑料,既显得自己没素质,又会让对方下不了台。

3.不要揭他人短处

将对方生理缺陷、生活污点等鲜为人知的短处当做笑料一一抖出,会严重伤害对方的自尊心。

4.不要怀着讥讽的心态开玩笑

如果开玩笑的出发点是为了贬低对方, 指桑骂槐, 达到抬高自己的目的,那就大错特错了。

5.不带着污言秽语说话

出口污秽,自以为豪迈,其实不仅自降人格,还会惹得对方心中不快,周围听众也会避而远之。

6.不涉及他人隐私

开玩笑常常会无意中涉及对方生活、工作上的隐私,如此时恰逢对方的恋人、亲人尤其是上级在场,很容易造成言者无心,听者有意的状况,破坏对方的“好事”。

7.不把人逼进死胡同

“将军”是象棋中的一句术语,是把对方逼到绝境的意思。如把一些力所不能及的事当成笑料,并再“将对方的军”,让对方去做,而对方又正是一个要面子的人,众目睽睽之下,只好勉强为之,结果可能发生意外,以悲剧收场。

8.不要板着脸开玩笑

在生活中不要板着面孔和人家开玩笑,免得引起不必要的误会。

9.不要刨根问底

将一些流言蜚语作为玩笑的内容,并步步紧逼、刨根问底,这样会惹得对方反感至极。

10.不捉弄他人

搞恶作剧，用不幸或惊喜之事哄骗对方，待水落石出后，幸灾乐祸于对方被捉弄的惨相，这种做法是要不得的。

11.不要开上司的玩笑

即使与上司以前是同学或是好朋友，也不要自恃过去的交情与上司开玩笑，特别是在有别人在场的情况下，更应格外注意。

12.不要总和同事开玩笑

开玩笑要掌握尺度，不要大大咧咧地总是在开玩笑。这样时间久了，在同事面前就显得不够庄重，同事们就不会尊重你；在领导面前，你会显得不够成熟，不够踏实，领导也不会再信任你，不会对你委以重任。

13.不要和异性同事开过分的玩笑

有时候，在办公室开个玩笑可以调节紧张的工作气氛，异性之间开玩笑亦能拉近彼此距离。但切记异性之间开玩笑不可过分，尤其是不能在异性面前说黄色笑话。

谈话禁忌早知道

谈话的成功，对于打开人际关系的“大门”至关重要。谈话应慎重，不能误入言谈的“雷区”，否则，会引起别人的反感。因此，掌握交谈的礼仪，懂得交谈的禁忌十分重要。

一、不要恶语伤人

“良言一句三冬暖，恶语伤人六月寒。”在社交活动中，要努力使自己的素质得到提高，以防口不择言，伤及别人的思想感情。及时沟通，才能调解彼此之间的矛盾。

二、不要飞短流长

在人际交往中,面对别人的私生活和隐私权,理应尊重和保护。对于一些私人话题,不要主观臆断,妄下结论,更不能不负责任地传播小道消息。

三、不要高高在上

不管你身份多高、背景多硬、资历多深,都应放下架子,平等地与人交谈,切不可给人以高高在上、目中无人的感觉。

四、不要言而无信

与朋友的交往要坦诚,在关键时刻要主动帮朋友一把,这样才能建立真正的友谊。在与人交往的过程中,不要轻易向别人许诺,但是如果答应了别人就一定要办到,坚守信用,对自己的话负责。

五、不要嘲弄对方

别人在谈话时出现了错误或不妥,不应嘲笑对方,在人多的场合尤其不可如此,否则会伤害对方的自尊心。

六、不要心不在焉

当你听别人讲话时,思想要集中,不要左顾右盼、心不在焉,或面带倦容、连打呵欠。这会让人觉得你对他的谈话不感兴趣,也有不被尊重的感觉。

七、不要有过多的小动作

与人交谈时,姿态要自然得体,手势要恰如其分。切不可指指点点,挤眉弄眼,给人以轻浮或缺乏修养的印象。

第五章 工作礼仪：潇洒练达玩转职业场

工作礼仪指的是人们在工作中应该遵循的习俗规范。工作礼仪与日常礼仪有相通之处，但也有自身的特点和要求。不论是按时上下班还是工作中的待人接物，或者是其他的小细节，我们都能从中看出一个人的良好涵养。遵守工作礼仪，有利于创造和谐融洽的工作环境，提高工作效率，树立良好的企业形象。

进了电梯就等于进了工作场所

电梯是每一个职场人士都离不开的服务设施。“细节见证品质”，电梯礼仪是个人形象的缩影，你在电梯里的一举一动、一言一行能直接反映出你的素质和涵养。

一个刚进某公司不久的员工被经理叫到办公室内。经理委婉地询问了她的生活现状，又试探性地问她是否结婚。这位员工感到莫名其妙，不知经理这么问有何用意，就直截了当地说自己刚结婚不久。经理见她仍不解其意,就对她说了实情。原来,经理刚到物业办事,被询问招来的新人中是否有正处于热恋或是刚完婚的。因为通过电梯的摄像头,他们发现最近有一对情侣每天乘电梯时总是搂搂抱抱的。

这位员工听完后面红耳赤,她的老公经常来接她下班,每次他们在乘电梯时都会有些亲昵的小动作。不曾想,这些属于个人隐私的东西,却被安装在电梯里的摄像头记录了下来,更为那些闲来无事的人提供了谈资。

电梯就是这么一个奇怪的地方,让人无法判断其是私密空间还是公众场合。也许正因如此,才有许多人在这个狭小、封闭、运动的空间里,习惯正襟危“站”,沉默是金。

但是,依然有很多人将电梯当成自己的谈笑地。他们自以为门一关,电梯就成了一个小世界。因为隐蔽性较好,它也成了某些人以小道消息强化友谊的阵地。很多话在办公室里不好说,乘电梯时四下无人,正好互通有无。

殊不知,这样大大有损自己的形象。电梯里安装了监控设备,这是众所周知的,即使他人通过录像听不到你所说的事情,但也可从你的表情中略知一二,起码可窥探出是较为神秘抑或可笑的事情。这样一来,你的形象必定大打折扣,而你却对此浑然不觉。

此外,与你一同乘坐电梯的人又会怎么看你呢?他们会不会觉得你很多事,或是幼稚?

可以说,电梯虽是一个较私密的空间,但在电梯里的举手投足也渗透着一个人的礼仪风貌,同时还会影响他人对你的评价。

以下几点是乘坐电梯应注意的礼仪习惯,若是按此严格要求自己,便可提升自身形象,让他人对你赞赏有加。

1.在电梯里面不要大声谈论有争议的问题或有关个人的话题。

2. 电梯内可视实际情况决定是否寒暄,例如没有其他人员时可略作寒暄,有外人或其他同事在时,可斟酌是否有必要寒暄。

3.与不相识者同乘电梯,进入时要讲先来后到,出来时则应由外到内依次而出,不可争先恐后。与熟人同乘电梯,尤其是与尊长、女士、客人同乘电梯时,则应视电梯类别而定:进入有人管理的电梯时,应主动后进后出;进入无人管理的电梯时,则应当先进去,后出来,以便控制电梯,为他人服务。

4.电梯内尽量侧身面对客人。到达目的楼层，要一手按住开门按钮，另一手做出请出的动作。客人走出电梯后，自己要立刻步出电梯，并热情引导行进的方向。

5.上下班时，电梯里面人非常多，先上来的人，要主动往里走，为后面上来的人腾出地方；后上的人，要视电梯内人的多少而行，当超载铃声响起，最后上来的人应主动下来等下一趟。如果最后的人比较年长，新人们要自己主动下电梯。

6.电梯到达时，熟人之间也不要太过客气，你推我让，以致耽搁时间，引起等候在电梯门前的乘客的不满。

总之，电梯虽然小，但是里面蕴含的学问可不浅，其中充满着为人处世的礼仪。电梯的微妙之处，在于其在私密与公众之间的自主转换。因此，要检点自己的言行，以免落人笑柄，更要熟知其中礼数，留与人良好的印象。

准时上下班，做个有效率的员工

人在职场，准时上下班是最基本的要求。或许你有很多困难，可以为自己的迟到、早退找出种种理由，但只要迟到了，就不要为自己找任何借口，更不要奢望单位的规章制度会因为你而有所改变，

曾经有一篇流行的文章叫《报告长官，没有任何借口》，讲的是在西点军校，学员应对长官问话的回答永远是四句话："报告长官，是"；"报告长官，不是"；"报告长官，不知道"；"报告长官，没有任何借口"。除此以外，不多讲一个字。因为军官要的只是结果，而不是喋喋不休、长篇大论的辩解。听起来，好像冷漠得不近人情，可是仔细想一想，如果凡事都找借口，后果将会怎样不堪。一个单位，如果连准时上下班这样最基本的规定都无法有效执行，又何来工作效率？员工的士气又会如何？长此以往，它还如何运转下去？

实际上，任何借口都于事无补，与其把时间花在寻找借口上，还不如用来检讨自己的不足之处，想办法改进。如果你认真对待准时上下班这样的细节，把它看成是检验自己工作态度和敬业精神的标尺，看成是处理个人和单

位关系的基本规则,相信你一定有办法挤出时间,早几分钟走进自己的办公室。

吴小军上班的公司地处市中心。公司规定8点半上班,但老总发现迟到的人很多,考虑到很多员工住得比较远,上班高峰期塞车严重,便把上班时间调整到9点,可迟到的人还是不少。老总觉得自己已经很体谅大家的难处了,但有些人得寸进尺,仍然不自觉,索性下令将迟到5分钟以上的人记录在案,每周在例会上通报。

一周下来,被点名的人不在少数,员工们怨声载道,议论纷纷:老总自己住着市中心的大宅,走路到公司也不过10分钟,员工多数都住在城区边上,甚至是郊区,早上一路颠簸,等车、转车,再加上塞车,迟到几分钟情有可原。虽然大家有意见,但老总觉得自己只是对迟到的人点名批评,比起直接扣工资、奖金的老板要宽容多了。

这时大家才注意到,住得最远的吴小军从来不迟到,而且每天都会提前一刻钟到办公室,打水,打扫卫生。一问才知道,他每天5点半就出门了,自然比别人早到。有同事暗示吴小军:既然住得远,自己工作能力又强,深得老板赏识,不如让老板破个例,允许自己晚到。对于这个问题,吴小军坦然地回答道:“住得远是我自己的事,跟公司没关系。员工出业绩,老板发工资,除此之外,期望任何额外的关照都是过分的。”吴小军说到做到,最终凭自己的能力晋升到了公司的高管之列。

上下班都是有规定时间的。上班要准时,最好提前几分钟;下班也要注意,不能提前离岗。尤其是在下班前的最后一点时间里,一定要管好自己,不要表现出一副“胜利大逃亡”的姿态,要么是忙着收拾自己的零碎物品,急不可待;要么是东张西望,来回打转,焦躁不安;甚至串办公室找人闲聊,把自己的情绪传染给其他人。其实,我们可以利用下班之前的一点时间为自己这一天的工作作一个总结,已完成的工作和未完成的工作都做到心中有数,同时做好第二天的工作计划,以便次日上班后有条不紊地开展工作。

最后,把自己的办公桌整理干净。做完了这些,才意味着自己一天的工作完成了,此时你可以迈着轻松的步伐下班了。

与同事相处的法则

同事是与自己每天一同工作、一同进餐，偶尔一同娱乐的人。与同事相处的如何，直接关系到自己的工作、事业的进步和身体的健康。所以，与同事的相处是不能忽视的一门学问。与同事相处时要把握好双方之间的距离尺度，距离太远了当然不好，别人会认为你不合群、孤僻、不易交往或者自视清高；太近了也不行，容易让别人说闲话，而且也容易令上司误解，认为你是在搞小圈子。因此，掌握与同事相处的礼仪是很重要的。

一、互相尊重

同事关系不同于亲友关系，它是不以亲情为纽带的社会关系。亲友之间一时的失礼，可以用亲情来弥补；而同事之间的关系是以工作为纽带的，一旦失礼，创伤难以愈合。

二、主动帮忙

同事遇到困难，通常首先会选择求助于亲朋，但作为同事，应主动了解同事的难处，对力所能及的事应尽力帮忙。这样，有利于增进双方之间的感情，使关系更加融洽。

三、有好事要通报

单位里发物品、领奖金等，你提前知晓，或者已经领了，不要一声不响地坐在那里，应该向大家通报一下；有些东西可以代领的，也应帮人领一下。这样几次下来，别人就会对你有更好的印象，觉得你有共同意识和协作精神。以后他们提前得到了消息，或有东西先领了，也会告诉你或帮你代领。

四、外出要互相告知

你有事要外出一会儿，或者请假不上班，虽然批准请假的是领导，但你最好还是和同事说一声。即使你只是临时出去半个小时,也要与同事打个招呼。这样,倘若领导或熟人来找,也可以让同事有个交代。互相告知,既是共同工作的需要,也是联络感情的需要,它体现了双方互有的尊重与信任。

五、热情地帮同事传话

同事出差了,或者临时出去一会,这时正好有人或有电话找他,即使同事走时没告诉你,但你知道,你不妨告诉他们;如果你确实不知,那不妨问问别人,然后再告诉对方,以显示自己的热情;明明知道,而你却说不知道,一旦被人知晓,那彼此的关系势必会受到影响。

外人来找同事,不管情况怎样,你都要表现得真诚、热情,这样,即使没有起实际作用,别人也会觉得你们的同事关系很好。

六、接受同事的小吃

同事带点水果、瓜子、糖之类的零食到办公室,休息时分吃,你不应推辞,不要因难为情而一概拒绝。他人热情分送,你却每每冷漠拒绝,时间一长,大家就会认为你清高、傲慢、难以相处。

七、对每一个人都保持平衡

办公室有很多同事,你对每一个人都要尽量处于不即不离的状态,保持关系的平衡,也就是说,不要对某一个特别亲近或特别疏远。在平时,不要总是和同一个人说悄悄话,进进出出也不要总和一个人一起。否则,你们两个也许亲近了,但与你疏远的同事可能会更多。

八、掌握与同事谈话的分寸

在办公室里,与同事相处的时间很长,谈话可能涉及工作以外的各种事情,“讲错话”常常会给你带来不必要的麻烦。如何掌握与同事谈话的分寸,就成了人际沟通中不可忽视的一环。

不能在办公室做的事

在漫长的职业生涯中，你不得不与形形色色的人打交道。若想有一个和睦的工作环境，和同事愉快地相处，就要了解办公室里忌讳的事情，懂得和同事相处的礼仪。

一、不在办公室里打私人电话

很多人有占小便宜的心理，常常在工作时间利用公司的电话给亲朋好友打长途。这样做不仅占用了工作的时间，影响了工作效率，浪费了公司的资源，还会大大影响其他同事对你的印象。万一传到老板的耳朵里，因此而丢了工作，就得不偿失了。

二、不在办公期间化妆、打扮

有些女同事在办公期间非常注重自己的形象，经常拿起化妆盒补妆。其实，这样做不仅不能维护好自己的形象，反而会让别人产生不好的印象。认为你只知道注重打扮，而不用心工作。

三、不向同事倾吐苦水

有许多爱说话、性子直的人，喜欢向同事倾吐苦水。虽然这样的交谈富有人情味，能使你们之间的关系更为友善亲密，但是研究调查指出，只有不到1%的人能够严守秘密。所以，当你的个人危机发生时，你最好不要到处诉苦，不要把同事的“友善”和“友谊”混为一谈，以免成为办公室注目的焦点，给老板造成“问题员工”的印象。

四、不要在办公室里辩论

有些人喜欢争论，一定要胜过别人才肯罢休。即使你非常爱好并擅长辩论，也不要在办公室里发挥这项才华，否则，即使你在口头上胜过了对方，同时也造成了你们之间的间隙，他会认为你损害了他的尊严，可能从此就记恨在心。

五、不做办公室里的“包打听”

包打听,也就是所谓的“消息灵通人士”,总是喜欢在背后打探别人的信息,而且他们总是很“乐于”同别人分享自己的成果。只要人多的地方,就会有闲言碎语。有时,你可能不小心成为“放话”的人;有时,你也会变成别人“攻击”的对象。比如领导喜欢谁、谁最吃得开、谁又有绯闻等飞短流长,就像噪声一样,影响人的工作情绪。聪明的你,要懂得说话的分寸,该说的就勇敢地说,不该说的就绝对不要乱说。

六、不做讲大话的吹嘘者

有些人喜欢与人共享快乐,但若涉及你工作上的信息,譬如,即将争取到一位重要的客户,老板暗地里给你发了奖金等,最好不要拿出来向别人炫耀。只怕你在得意忘形中,看不到周遭嫉妒的目光。

正确使用办公室设备

王浩刚刚大学毕业,进入了一家私企,以他随和的性格,很快就和公司里的员工打成了一片。上司对他的印象也非常好,准备让他锻炼一段时间后给予提拔。

一天,上司出差回来,刚进公司,就看见办公室里的人都在紧张有序地工作,而王浩则正一边悠闲地聊着电话,一边在公司的电脑上玩着网络游戏。这哪里是在工作?平时温和的上司,看到这一场景顿时火冒三丈,想提拔王浩的念头也消失了。

办公设备是公用的,私人的各种事务请不要随意在公用设备上进行。虽然说现代社会是一个讲求自由的社会,可是公私分明的原则却不能丢。这也充分显示了一个人的个人自觉性问题。

一、使用电脑的注意事项

不要在工作期间玩电脑游戏；学会正确使用电脑，有不清楚的地方要向别人请教，但要看一看别人是否有空；注意保养电脑，每次使用公用电脑之前，若有时间，可将电脑进行杀毒，使大家都有一个安全的使用环境；注意文件的保密，不要偷看别人的文件，不要占用他人的存储空间或硬盘文件夹。

二、使用会议室的注意事项

桌面或地下如有污损或脏乱，离开时应随手以抹布或吸尘器清理，以保持会议室的清洁；会议室的文具或其他用品使用完毕之后，应立刻归还原位；饮料纸杯应放入垃圾桶；个人的外套或衣服、手提包等在会议室中应放置整齐，勿置于桌面上；下雨天的雨伞应放置于会议室外。

三、使用复印机的注意事项

复印机是公司里使用频率较高的公共设备，同事容易在使用时间上发生冲突。一般来说，应遵循先来后到的原则，但是如果后来的人印的数量比较少，可让他先印；若先来的人已花费了不少时间做准备工作，那后来者可等一会儿再来；在公司里一般不要复印私人的资料；如果碰到需要更换碳粉或处理卡纸等问题，不知道如何处理时，可请别人来帮忙。

如果复印机纸用完，谨记添加，不要悄悄走掉，把问题留给下一个同事，让人觉得你不为别人着想；使用完毕后，不要忘记将你的原件拿走，丢失原稿，或走漏信息，会给自己带来不便；使用完后，要将复印机设定在节能待机状态。

汇报工作有礼节

对于从事办公室工作的人来说，上下级之间汇报工作和听取汇报是常有的事。在汇报工作的过程中有些礼节问题要注意，这会对汇报的效果和上下级之间的评价产生直接影响。

下级向上级汇报工作时应当注意以下几点:

1.遵守时间,不可失约。应树立极强的恪守时间的观念,不要过早抵达,使上级来不及准备而感到难堪;也不要迟到,让上级等候过久。

2.轻轻敲门,经允许后才能进门。不可大大咧咧,破门穿堂,即使门开着,也要敲门询问上级是否可以进入,以便上级及时调整体态、心理;汇报时,要注意仪表、姿态,站有站相,坐有坐相,文雅大方,彬彬有礼;如果上级礼貌不周,对下属有所怠慢,作为下属也不可表现出不满,仍然要坚持以礼相待。

3.汇报内容要实事求是,汇报时要吐字清晰,语调、声音要大小适中。有喜报喜,有忧报忧,语言精练,条理清楚,不可"察言观色",投其所好,歪曲或隐瞒事实真相。

4.汇报结束后,上级如果谈兴犹在,不可有不耐烦的体态语言产生,应等到上级表示结束时才可以告辞。告辞时,要整理好自己的材料、衣着,与茶具、坐椅,上级送别时要主动说"谢谢"或"请留步"。

上级听取下级的工作汇报时应当注意以下问题:

1.应守时。如果已约定时间,应准时等候,如有可能可稍作提前,并作好谈话要点的准备等。

2.应及时招呼汇报者进门入座。不可居高临下,盛气凌人,大摆架子。要善于听。当下级汇报时,可与之目光交流,配之以点头等表示自己认真倾听的体态动作。对汇报中不甚清楚的问题可及时提出来,要求汇报者重复、解释,也可以适当提问,但要注意所提的问题不能打消对方汇报的兴致。

3.不要随意批评、拍板,要先思而后言。听取汇报时不要有频繁看表或打哈欠、做其他事情等不耐烦的表现。

4.要求下级结束汇报时,可以通过合适的体态语言或委婉的语气告诉对方,不能粗暴打断。当下级告辞时,应站起来相送。如果联系不多的下级来汇报时,还应送至门口,并亲切道别。

公文包的使用礼仪

在现代生活中，挎包是一种时尚，背包是一种休闲，唯独公文包不受人们喜爱。因为它意味着枯燥乏味，没完没了的工作。但是尽管心中有再多不愿，公文包在工作中仍然是必不可少的。且为了树立良好的职场印象，我们不仅不能逃避公文包，更要了解公文包的一些使用细节。

公文包在具体使用时，还有如下四点要求：

1.用包不宜多

出外办事，除非是特别需要，一般应以一只为限。

2.用包不张扬

使用公文包前，须先行拆去所附的真皮标志。切勿向别人显示自己所用的公文包如何名贵高档，以免给人以张扬之感。

3.包里的东西要放置得有条理

外出之前，随身携带之物均应尽量装在公文包里的既定之处。这样用时方便，触手可得，否则到处翻找容易给人无准备、无条理之感。

4.用包不乱放

进入受访者室内后，切勿将其乱放在桌、椅之上，应放在主人指定之处。

选用公文包以深色、单色为宜；浅色、多色甚至艳色的公文包，均不适用于商务人士。在常规情况下，黑色、棕色的公文包是最正统的选择。从色彩搭配的角度来说，公文包的色彩若与皮鞋的色彩一致，看上去就会十分完美而和谐了。

不宜在办公室里说的话

办公室就是一个小社会，同事之间的交流讨论是避免不了的，哪些话题不可说，本节内容会告诉你：

一、薪水问题需回避

很多公司不喜欢职员之间互相打听薪水，因为同事之间工资往往有不小的差别,所以发薪时老板有意单线联系,不公开数额,并叮嘱不让他人知道。同工不同酬是老板常用的手段,用好了,是奖优罚劣的一大法宝;但它是把双刃剑,用不好,就容易促发员工之间的矛盾,而且最后的矛头都会直指老板,这当然不是他所乐见的,所以对“包打听”之类的人总是格外防备。

有的人向别人打探时喜欢先亮出自己的底牌（其实这样的人亮出来的价值也不大,主动亮出的牌往往不是什么好牌),比如先说“我这月工资……奖金……你呢?”如果他比你多,他面上会露出同情的神色,心里却在暗自得意;如果他没你多,表面上可能是一脸羡慕,心里却不平衡了,这时你就该小心某些人的小动作了。

当你碰上这样的同事,最好早做打算。当他把话题往工资上引时,你要尽早打断他,说公司有纪律不谈薪水;如果他的语速很快,你没拦住,也不要紧,可以用外交辞令冷处理:“对不起,我不想谈这个问题。”有来无回一次,就不会有下次了。

二、不谈公司里的人和事

即便你公司的老板和秘书之间的暧昧关系是公开的秘密，你也不要随意对此发表意见,无论别人怎么议论,你最好置身事外。公司里的人事关系是很微妙的,有人升迁,也有人被炒。你不是老板,无论你是否知道原委,最好都保持沉默。至于谁是老板的亲戚自己知道就可以了,犯不上传扬或跟人背后嘀咕。

同样,一些类似“公司福利不好”、“公司老让加班,不给加班费”的话,在同事之间说多了不仅不会改变现状,反而有可能给自己带来麻烦。

三、家庭财产之类的私人秘密不必张扬

坦率是要分人、分事的,从来就没有不分原则的坦率,什么该说什么不该说,心里必须有分寸。

就算你刚刚新买了别墅或利用假期去欧洲玩了一趟，也没必要拿到办

公室来炫耀，有些快乐，分享的圈子越小越好。被人妒忌也就意味着容易招人算计，保持低调才是办公室的生存之道。

无论露富还是哭穷，在办公室里都显得做作，与其讨人嫌，不如知趣一点，不该说的话不说。

四、在办公室不谈私人生活

无论是失恋还是热恋，别把情绪带到工作中来，更别把故事带进来。办公室里很有聊天的气氛，大家你一言我一语，说起来只图痛快，不看对象，事后往往懊悔不迭。可惜说出口的话是泼出去的水，再也收不回来了。

把同事当知己的害处有很多，职场是竞技场，每个人都可能成为你的对手，即便是合作很好的搭档，也可能突然变脸，他了解你越多越容易攻击你，你暴露得越多越容易被击中。

职场上风云变幻，环境险恶，害人之心不可有，但防人之心也不可无。把自己的私域圈起来当成办公室话题的禁区，轻易不让公域场上的人涉足，其实是非常明智的一招，是竞争压力下的自我保护。“己所不欲，勿施于人”，如果你不先开口打听别人的私事，自己的秘密也不易被打听。

千万别聊私人问题，也别议论公司里的是非短长。此时你在议论着别人，但也许下一个被说长道短的就是你，不愿引火烧身，就最好懂得明哲保身。

五、别拿现单位和原单位比

无论比出个什么样的高下，老板都不爱听。如果你说“我原来的公司是名企，那里的管理水平高，工作环境比这儿好，效率也比这里高……”老板肯定会立即拉下脸，扔下一句“那么好你就回去吧”。即使老板不在场，同事其实也不爱听你回忆昔日荣光，每个员工对自己供职的公司多少都会有心理归属感，贬损公司，同事很容易会认为你也在看低他。

就算你说的都是事实，原来的公司确实不错，但你现在端的毕竟是新东家的饭碗，这么不忘旧好总显得不近人情。但也别以为喜新厌旧就好，如果你在现任老板面前大谈原先老板的不是，情况只会更糟。他会觉得你今天能这么贬损原先的单位，下次就会这么说现在的单位。

六、野心可以有但不可露

在办公室里大谈人生理想是很滑稽的，工作的时候就应安心工作，雄心壮志可以留与家人、朋友倾诉。在公司里，你若是整天念叨着“我要当老板，自己置办产业”，很容易会成为老板眼中的敌人、同事心中的异己。如果你说“在公司我的水平至少够副总”或者“35岁时我必须干到部门经理”之类的话，那你就把自己放在了同事的对立面上。

因为野心人人都有，但是实现野心的职位有限。你公开自己的进取心，就等于公开挑战公司的同僚。僧多粥少，树大招风，何苦要逞一时口舌之快而被人处处提防，被同事或上司看成威胁。低姿态做人是自我保护的好方法。你的价值体现在做多少事上，在该表现时表现，不该表现时就算韬晦一点也没什么不好，真正的才能表现在做大事上，而不是说大话。

不乱说话不等于不说话，要根据场合掌握自己说话的分寸。谈公司里的事情最好在比较适合、公开的场所，比如部门主管征询意见时，你不说就不妥，或者开讨论会时，该发言就不能一直沉默。总不说话老板会以为你没主意，而私底下少说闲话，就少点麻烦。

办公室是闲话的滋生地，工作间歇，大家很愿意找些话题来放松一会儿，为了不让闲聊入侵私域，最好有意将话题围绕在新闻、热点、影视作品等方面，避开了个人问题，大家聊天时放得开，同时又不会伤害到他人和自己。

工作交接有规矩

在工作中，我们会经常和他人进行工作的交接，在交接时，不是一句话就能完事了，涉及工作的方方面面都要交接清楚，这样才能避免因为交接不清楚，而导致工作上的失误。

小阳是一家通信公司的客服人员，从事值班经理的工作。由于该工作采取的是倒班制的作息时间，所以他和另一位值班经理每天都是轮着上班，并且，每天都要做一个很重要的工作，那就是交接班。工作半年下来，两个值班经理配合得相当默契。

然而，有一天，却发生了一件让小阳特别后悔的事。小阳那天是中午12点到下午18点的班，在下午15点左右的时候，某一地区发生了网络故障，网络全部中断，当地的用户无法正常通话。小阳接到通知后，立刻与客服部负责投诉处理的人员一起制定了应急预案，并通知所有客服人员对用户做好解释工作。随着被影响的范围逐渐扩大，用户的电话也是一个接一个。整个下午小阳都在处理这件事情，到了17点左右，网络终于恢复正常，小阳也快要下班了。

小阳忙了一个下午，觉得特别累，一看到那位值班经理过来，他就准备下班，跟他说忙了一个下午，累得不行，要回家休息。就这样，小阳下班走了，关于下午出现的网络问题也没有进行交接。晚上，很多用户针对这个问题打进客服，要投诉并要求赔偿，那位值班经理给小阳打电话询问具体细节问题，可小阳的电话一直关机，怎么也打不通。原来小阳忙了一个下午，手机不停地通话，最后没电就自动关机了，而他由于太累没有发现这个问题。最后那位值班经理没有办法，只能将用户的要求及事件的情况上报给领导征求处理意见。领导对小阳没有进行交接班非常不满意，对他做出了相应的处分。

通过上面这个案例，我们可以考虑一下，交接班是不是特别重要？如何来做好交接班工作呢？我们来具体看一下。

一、工作交接的内容

1.涉及工作交接的情况主要有这样几种：人事调动、离职、请长假、倒班制工作等。

2.交接内容一般包括：业务事项和公司物品。如果是人事调动、离职或请长假等需要进行工作交接：所在岗位的岗位职责和职责要求的分工工作；各类文档、资料的纸质版和电子文档；所在岗位各项工作的流程及制度；与其他部门或客户的详细资料等内容；还有就是目前未处理的工作，未处理的工作要说清楚详细的工作要求及要达到效果。如果是倒班制工作交接，则要交接清楚当班过程中各项事件及后续的工作，同时对于下个班次要求完成的工作要做详细的说明。

3.公司物品主要包括：公司分配给个人的办公用品、备用资金、工具、设备等物品。比如笔记本电脑、移动硬盘等数码产品，周转的备用资金，相应的生产工具及设备，还包括相关的证件，比如工作证、借阅证、餐卡等。

二、工作交接的要求

1.要提前作好交接工作的准备，避免出现手忙脚乱、丢东落西的情况。

2.在交接时，要注意个人的态度及礼貌。如果是人事调动，调到高一级别的部门，不要表现得高不可攀，轻视他人；如果是离职，不要存私心不做好交接工作。

3.按照各公司的规定程序进行交接。

手机使用也要讲礼仪

手机，现在已成为人们日常生活中必不可少的通信工具。走在大街上，到处都是用手机通话的人。但我们有一点不能忽视，即无论是在社交场所还是工作场合，放肆地使用手机，已经成为礼仪的最大威胁之一，手机礼仪也越来越受到关注。在国外，如澳大利亚电讯的各营业厅就采取了向顾客提供“手机礼节”宣传册的方式，宣传手机礼仪。

那么在使用手机的时候应该注意些什么，什么时候才能拨打对方的手机？

1.在一切公共场合，手机在没有使用时，都要放在合乎礼仪的常规位置。不要在没使用时拿在手上或是放在上衣口袋里。放手机的常规位置有：一是随身携带的公文包里，这种位置最正规；二是上衣的内袋里；有时候，还可以将手机暂放在腰带上，也可以放在不起眼的地方，如手边、背后、手袋里，但不要放在桌子上，特别是不要对着对面正在聊天的客户。

2.在会议中或和别人洽谈时，最好还是关掉手机，至少也要调到静音或震动状态。这样既能显示出对别人的尊重,又不会打断发话者的思路。

3.注意手机使用礼仪的人,不会在公共场合、开车中、飞机上、剧场里、图书馆和医院里接打手机,就是在公交车上大声地接打电话也是有失礼仪的。

4.给对方打手机时,尤其当知道对方是身居要职的忙人时,首先想到的是,这个时间他(她)方便接听吗?并且要有对方不方便接听的准备。在给对方打手机时,注意从听筒里听到的回音来鉴别对方所处的环境。如果很静,应想到对方在会议室,有时大的会场能感到一种空阔的回声;若听到噪音,对方就很可能在室外,开车时的隆隆声也是可以听出来的。有了初步的鉴别,对能否顺利通话就有了准备。但不论在什么情况下,是否通话还是由对方决定为好,所以“现在通话方便吗?”通常是拨打手机的第一句问话。其实,在没有事先约定和不熟悉对方的前提下, 我们很难知道对方什么时候方便接听电话。所以,在有其他联络方式时,还是尽量不打对方的手机为好。

5.公共场合特别是楼梯、电梯、路口、人行道等地方,不可以旁若无人地使用手机,应该把自己的声音尽可能地压低一些。

6.在一些场合,如电影院或剧院,打手机是极其不合适的,如果非得回话,可以发送手机短信,还要注意把手机调成静音或震动。

7.在餐桌上,关掉手机或是把手机调到静音或震动状态还是很必要的。这样可以避免正吃到兴头上的时候,被一阵烦人的铃声打断。

8.不要在别人能注视到你的时候查看短信。一边和别人说话,一边查看手机短信,是对别人的不尊重。

9.在短信的内容选择和编辑上,应该和通话文明一样重视。因为你发的短信不仅意味着你赞同至少不否认短信的内容, 同时也反映了你的品味和水准。所以,不要编辑或转发不健康的短信,特别是一些讽刺伟人、名人,甚至是革命烈士的短信,更不应该转发。

10.当与朋友面对面聊天时,不要正对着朋友播打手机,避免发射信号时高频率电流对他产生辐射,让对方心中不愉快。

电子邮件用词要礼貌

现在是电子化的信息时代，在环保绿色的理念响应下，电子邮件已成为越来越多的职场人士汇报工作、慰问亲朋、联系感情的渠道。在职场上使用电子邮件，也必须讲究礼仪规范，那么下面我们来看看使用电子邮件时需要注意些什么。

小段是公司经理的秘书，初来乍到的她，还不太了解领导的脾性和爱好。也许是刚走出学校这座象牙塔，缺乏社会阅历，人还不是特别成熟。从她平时的穿着打扮、说话的语气，以及待人接物上都能看出她的稚嫩，但是她文笔很好，而且又是秘书专业毕业，所以她竞争到了这个工作。经理对这个新来的秘书提出了几点要求，其中一项，就是在每天下班前，将第二天的行程及安排，以电子邮件的形式发给他。小段在编写电子邮件时，直接将内容放在邮件内容里，还在最后加了她的落款和一句话：祝您好运哦！领导第二天到了单位后，很生气地对小段说，以后不许那样发邮件，他不太明白最后小段说的那句话是什么意思，害他想了一晚上，觉也没睡好。

小段的电子邮件存在什么问题呢？领导为什么会想了一晚上呢？其实，是小段最后那句话发得不合适，让经理想多了，同时还有一点，小段在电子邮件中没有注意格式的问题，显得很不专业。那我们来具体看一下。

1.撰写电子邮件时应当认真、仔细地推敲。在写电子邮件时，一定要认真构思，精心编写。如果只是随便想随便写，既不尊重他人，也不尊重自己。在编写电子邮件时要注意，主题一定要明确，让收件人一看就非常清楚要说什么事。

语言要通顺、流畅。不要写一些别人看不懂的句子或不认识的字。如今的年轻人很流行使用汉语中夹杂着英文的写法，这在职场中是一定不能用的。

内容要简短明了。电子邮件内容不必长篇大论，越简单越好，当然也不能过分简单而让别人不明白你的意思。

2.不要发一些无聊的电子邮件。现在涉及电子方面的无聊内容很多,像垃圾邮件、垃圾短信等,所以不要给别人发一些无聊的邮件,以免影响他人的生活。

3.向国外的华人发送电子邮件时,要注意告诉对方,我们的邮件所使用的中文编码系统是什么,因为国外的中文编码系统和国内的不一样,如果不清楚的话,对方收到的邮件将是一堆乱码,无法打开。

4.现在很多网站运营商都推出了自己域名注册的邮箱,它们各有各的特点和优势,大家在选择时要注意选择比较权威、大品牌的运营商,以免自己的个人信息被泄露。

商务书信来往礼数多

在商务活动中,商务书信的往来是非常重要的一项内容,它会直接影响到很多企业的形象。很多企业专门聘请了专业写作的人来写商务书信,可见其重要性。那我们这节就来学习一下商务书信的基本礼仪规范。

这是一封邀请信,是关于视察访问的。

尊敬的公司:

你公司在制造行业里取得的骄人成绩,让我们非常佩服;你公司在高速发展中积累的经验,是我们要努力学习的方向。作为一家致力于创建一流品牌的制造企业,我们一直非常希望能与你公司合作,以实现共同繁荣、共同进步的目标。为了使我们和你公司能够更进一步地沟通、了解,我们诚挚地邀请你公司前来视察。

如你愿意,请告知来访日期,到时,我将在机场专程迎候。非常期待你的光临。电话:×××××××。

当被邀请的公司看到这样一封邀请信时,他们绝对不会去这家公司视察,因为他们太不专业,而且不尊重别人。那么,在这封邀请信中,发出邀请的公司犯了哪些错误呢?首先,称呼方面有问题。在商务书信中,为体现诚意，都要使用尊称，称呼对方可以用“贵公司”，而不能用“你公司”，要说“您”而不是“你”。其次，格式不正确。他没有落款，只留了电话是非常不礼貌的行为。我们来了解一下具体要求：

1.要了解商务书信的格式，常用的商务书信类型有邀请函、往来函、答谢函、请求拜访函、商调函、慰问信等多种。书信类型不同，写作要求也不同，但都有一个最基本的格式：(以慰问函为例)

尊敬的先生/女士：

再过一周就是中国的传统节日端午节了，我恭祝您全家幸福、合家欢乐。

一年前，通过您的努力，贵公司/单位与晟通建立了真诚合作的关系，我谨代表公司向您表示感谢。一年来，在我们双方的共同努力下，贵我公司之间的合作非常愉快，并且取得了较好的成果，为业界所广泛称道，这首先是因为我们都是负责任的公司，都立志于成就一番行业的事业。我相信，共同的理想和一致的价值观，将使我们合作的道路越发宽广。

在此，我谨向您致以衷心的问候，祝您身体健康，事业顺利！

公司

(手写签名)

部门/职位/联系方式

年 月 日

2.书写原则。要注意时效性：最好是在事件发生当天或第二天就发出去，延误就没有任何意义了。要注意内容的准确性：内容一定要准确、精练，要符合对方的身份，贴近对方的性格。要注意美观性：整个版面要看上去很舒服，在讲究美观的同时，也要注意严谨性，排版、字体、落款都要清晰。发送信件时要有所讲究：如果是当面呈送，不得将纸张弯折，一定要双手呈送；如果采用邮寄的形式，最好选用公司专用的信封，并在信封上签上名字。

如何恰当地称呼上司和同事

走入职场，称呼礼节是第一课。冒冒失失、没大没小的职员，在职场上是不会受欢迎的。职场上，尤其是在工作场合，你对别人的称呼，能表达出你心里是否尊重他人。人们很在意你对他的看法，而称呼能表明你的内心及态度。

同事和上司是职场环境的重要组成部分，而不同的职场称呼可以反映出职场关系的亲疏、职场环境的优劣，甚至可以从中大致了解一家公司的企业文化和人际关系现状。在政府机关、事业单位中，等级比较分明，如何艺术地显示对方的职位等级非常重要；而在民营企业中，若刻板地叫对方某某“总”，在报社尊称对方某某“编”则会让对方感觉不够亲密，或太过讥诮。

小马是一位新聘用的公务员，刚进入机关单位，处处都表现得谨慎、小心，生怕出一丁点差错。但是，他最近很烦恼，因为在基层工作的他没有太多机会见到高层的领导，所以到现在他一个领导也不认识。小马生怕哪天上级会交给他找某位领导的工作。然而，事与愿违的是，小马最担心的事偏偏就发生了。

星期一的早晨，王科长叫小马拿着一份刚起草好的节能减排计划表去找付局长签字，同时还交代：“小马，让付局长签字后复印一份留底啊！”小马不好拒绝，只能答应。他来到副局长的办公室，敲门进去，把文件交给副局长让他签字。副局长拿过去看了看说，这个不归他管，就让小马走了。

小马很疑惑，怎么可能不归他管呢？科长说的明明就是副局长啊！小马回到科长办公室，跟科长把情况说了一下。科长对小马说：“你弄错了，一把手，也就是局长姓付，所以大家都叫付局长；二把手姓石，大家为了区分开，就叫石副局长。”小马这才恍然大悟。

小乐进入单位的第一天，领导带她认识部门新同事时，她非常恭敬地称对方为老师，不少同事都欣然接受。

当领导带她来到一个女同事面前，告诉小乐在试用期间就跟着这位女同事时，小乐更加恭敬地称对方老师。这位女同事连忙摇头：“大家都是同事，你可别叫我老师，直接叫我名字就可以了。”小乐觉得叫姓名显得不尊重，叫老师对方可能又觉得生疏，就这样被一个称呼难倒了。

新人刚到单位，要先问问同事或者留心听别人怎么称呼，不要冒冒失失地随便按照自己的想法来称呼对方。如果实在不清楚该怎么称呼,也可以客气地说:“对不起先生,我是新来的,不知道该怎么称呼您?”不知者不怪,对方一般都会把平常同事对他的称呼告诉你。

即使对方要求你直呼其名,你作为一个新人,也最好不要那样叫,因为这有可能只是对方的客套。礼多人不怪,即便是生疏一点,也总比不尊重对方的“自来熟”要好。而且,在职场上,过分地表现亲昵是不值得提倡的。

刘师傅年近50岁,工作经验丰富,在同事中的口碑也不错,但职位却一般。单位里的胡经理比他晚入职很多年,年纪也不大,还曾经跟刘师傅做过学徒。两个人每次碰面都有些不自在,有时候刘师傅在叫“胡总”这样的尊称时,总让人感觉他是在说反话,话里带着刺。后来刘师傅认为自己年纪也不算小了,也即将退休,索性就直接以“小胡”称呼胡经理。

企业里,岁数大而职位低的,称呼老板为“张总”、“李总”时,也许会有些别扭。但在职场上,老总就是老总,员工就是员工,分派工作、检查工作等等,都是职业化的分工,还是尽量忘记你的年龄吧。

如果只有副职和比他层级低的同事在场,一定要省去“副”字,比如对李副经理直接称为李经理,显示对对方的尊重;把某位副职领导介绍给他人时,如果正职不在场,既要明确表示职位,又要显示尊敬,不妨将其称为“部门副主任杨某某杨主任”;如果有正职在场,副职则一定要注意加上“副”字,否则会自讨苦吃。

下属最喜欢讲礼仪的领导

作为上司,掌握好平等地与下属相处的方法,也就掌握了让公司快速成长的捷径。千万不能因为自己拥有一定的权力就处处显得高人一等,时时以严肃的面孔出现,给人以居高临下的感觉,这样你的下属就会因为畏惧甚至厌恶你而不愿与你接近,你也就难以与下属建立融洽的上下级关系。

老板是整个公司的核心，必须具有别人所不及的洞察力，懂得适时地鼓励你的员工，这才是一个成功老板应当具备的素养。如果你的下属工作勤恳、卖力，使你的公司蒸蒸日上；如果你的下属经常给你提出一些合理化的建议，使你深受启发；如果你的下属具有良好的表现，为公司带来了收益、作出了贡献，那么你作为领导，千万不要吝啬，要不失时机地送出红包。这样所有的员工都会认为，领导的眼睛是雪亮的，努力不会白费，多劳就会多得。

在工作中，员工避免不了会犯错误，领导要想纠正错误、批评员工一定要注意场合，最好是在没有第三人在场的情况下进行，否则，再温和的批评也有可能刺激到员工的自尊。

身为一位管理者，最重要的工作之一，就是要适时地为下属喝彩。也就是说，领导必须第一个注意到下属的优秀表现，并且称赞他们。在公司里，无论他们是管理人员，还是工作一线的员工，都希望自己的工作能被肯定，上级对自己的赞许会成为他日后工作的强大动力。

利益与员工分享，这是市场经济条件下企业利益的分配原则，是对员工劳动价值的承认，让员工共享企业的发展成果，也是现代企业管理的重要改变。关心、爱护员工，尊重、理解员工，努力营造企业即家的美好氛围，把每个员工都当作家庭一员对待，这样才能形成亲和力和向心力。反之，只顾企业利益和自己的私利，一味地要求员工拼命工作，却不让员工分享利益，这样的企业是不会有什么发展前景的。

领导不可能在各方面都表现得出类拔萃，而下属在某些方面也必然会有过人之处。作为领导，对下属的长处应及时地给予肯定和赞扬。

如接待客人时，将本单位的业务骨干介绍给客人；在一些集体活动中，有意地突出某位有才能的下属的地位；节日期间到为单位作出重大贡献的下属家里走访慰问等，都是尊重下属的表现。这样做，可以进一步激发下属的工作积极性，更好地发挥他们的才干。相反，如果领导嫉贤妒能，压制人才，不仅会和下属关系紧张，甚至无法为企业留住人才，这会严重影响企业的发展。

作为领导，除了拥有权力外，还应有自己的人格魅力。如良好的形象、丰富的知识、优秀的口才、平易近人的作风等，这些都是与领导的权力没有必然联系的自然影响力，但这种自然影响力会拉近领导与员工的距离。

千万不要在办公室树敌

在办公室里,可能会遇到那种出于种种原因和目的,处处与我们作对的人。遇到了这样的“冤家对头”,会使自己心情郁闷、工作不顺、人际关系恶化。而要想在办公室这个空间里继续生存下去,就一定要处理好与此类人的关系。以牙还牙、鱼死网破的斗争策略显然不可取,那样只会使问题更加严重。最好的办法就是“化敌为友”、“化干戈为玉帛”,力争和平解决这类矛盾。

要做到这一点,增强自制能力、开阔自己的心胸是前提。如果对对方的刁难和挑衅缺乏足够的忍耐力,始终耿耿于怀,那么你们之间迟早会爆发冲突,使局面不可收拾。这个世界上没有无缘无故的爱,也没有无缘无故的恨,对方之所以与你为敌,一定是有原因的。找出问题的根源所在,如果错在自己,那就要勇于承认,坦诚地表示歉意,赢得对方的谅解。

在这种办公室冲突中,最容易让冲突升级的就是对方抛出一些刺激你的神经、让你情绪失控的威胁性的问题,诸如,“你是谁啊?”“你到底懂不懂?”“你到底能干点什么?”对方抛出这样的问题,就是想让你失去心理平衡,一旦你情绪失控,就落进了对方的圈套。所以,对于此类问题,应当采取充耳不闻的态度,不予理会,专注于自己要做的事,不受任何干扰。也许你可以这样安慰自己:“就当是被蚊子叮了一口,难道要反过来咬蚊子一口吗?”只要你忍了下来,对方放了空枪,知道这么做没有意义,自然会放弃这种挑衅。

也不排除这种情况,不论你怎样忍耐,怎样表达善意,对方就是铁定了要与你为敌,变本加厉地向你发动攻击。在这种情形下,一味地忍耐就是懦弱,无休止地退让会损害自己的人格尊严,也会埋葬自己的职业生涯。既然对方已经把你逼进了死胡同,就必须做好反击的准备;既然你们之间的关系已经打上了死结,或许奋力一搏,反倒会打破现在的局面,使问题得到解决。

另外,还有一种化敌为友的非常有效的办法:在不为难的情况下,让对方有机会为你提供帮助。人有获取和奉献两种本能,帮助别人、给人以恩惠也是人的本能之一。当别人高兴地接受我们所给予的恩惠时，我们的自尊心会得到满足，同时也增强了对他人的亲切和善意。因此，如果你向你的“死对头”求助，只要你的要求不超出他的能力范围，最好是他的举手之劳，通常他会很乐于帮你的忙，当他的自尊心获得满足的时候，敌意和怨恨也就随之减少了。

辞职跳槽不失礼

一到年底，很多企业都会进入离职高峰期。各种调研机构有很多关于离职率问题的分析调查及数据，发现如今员工的离职率越来越高。那么，员工在辞职时，知道应该怎样来办理相应的手续吗？知道怎样才能在离开的时候还能赢得公司员工的赞赏目光吗？辞职，是否就是一走了之这么简单？

某公司的员工管理办法中明确规定，办理辞职手续需提前一个月提出申请，之后由主管进行审核，再由部门经理进行审批，最后交由公司总经理签字，这样才算是完成了辞职手续。可这些辞职细节对小芳而言，似乎并不重要。小芳是出生于80后的“新新人类”，又是家里的独生女，但凡工作上有不顺心的事，她不是发脾气就是干脆辞职不干，这已经是她第五份工作了。她每次换工作的理由都是：这个工作不适合我。这不，这两天她又准备辞职了。部门主管找她谈话，问她为什么想辞职，她还是那句话，不适合。主管翻看了她之前的各项业绩，因为干得不出色，所以也没再多说什么，告诉她辞职需提前一个月打申请，也就是说，干完下个月她才可以离开公司。小芳一听，不乐意了，辞职还这么麻烦，以前她都是想走就走了。她跟主管说，现在就不想干了，说完就开始收拾东西，不到中午，就离开了公司。

主管把这件事报给了部门经理，经理说：“她要走就让她走吧，但是她的这种情况是要写在档案里的，将来后悔的是小芳自己。”

辞职并不是一件小事，辞职之前一定要慎重考虑，不能因为一时冲动而辞职。在辞职之前,先把自己的辞职原因认真地列出来,看看是否到了非辞不可的地步。如果是的话,那就提出辞职申请;如果不是,慎重考虑之后再决定。下面是我们必须要懂得的六点辞职礼仪。

1.熟悉公司的规章制度,严格按照公司规定的辞职程序来执行,不可因为你的敷衍了事而和公司闹得不愉快。

2.不要在辞职的过程中流露出不满的情绪。即便你是因为公司的不合理制度或不满意的待遇而离职,也不要在辞职的过程中显露出自己的埋怨,要很有风度、气质地离开。

3.在做出辞职的决定或者办理辞职手续的过程中,不要在公司内部大肆宣扬自己要辞职的事,也不要说一些对公司不好的话。反正都要离开了,就留下一个好印象吧。

4.站好最后一班岗。在辞职过程中,你仍是这个公司的职员,所谓"当一天和尚撞一天钟",在其位就要谋其职,即使即将离开也要认真地站好最后一班岗,并协助接替你工作的人员做好交接工作。

5.人生的每一次工作经历都是非常宝贵的财富,进入新的工作单位后,不要谈及原来单位的坏处,而应感谢它给你的经历。

6. 开始新的工作后, 你可以给你的前任老板或者原来的老同事写一封信,不仅可以将你的现状告诉他们,还可以通过这种方式加强你与他们的联系。

第六章 会议礼仪：强力保障成功的奠基石

会议是布置工作、洽谈商务、沟通交流的重要方式，在企业内外的工作中有着不可忽视的地位。职场中人理应从容面对工作会议、商贸会议、茶话会等不同性质的会议考验。一般来讲，会议场合都是严肃庄重的，只有遵守严格的会议礼仪才能促使会议圆满成功。

对会议流程的清晰认识

商务会议的基本流程如下：

一、筹备工作

负责筹备会议的工作人员应围绕会议主题，将会议的规模、时间、议程等事项逐一落实。在一般情况下，要组成专门的会议筹备组，明确分工，责任到人。

1.起草文件

会议上所用的各种文件材料,应在会前准备妥当。需要认真准备的会议文件,主要有会议的议程表、开幕词、闭幕词、主题报告、典型材料、背景介绍等。

2.布置会场

会议举行的场地要有所选择,会场的桌椅要根据需要做好安排,开会时所需的各种设备应提前进行调试检查;要根据会议的需要,与外界搞好沟通,比如,向有关新闻部门、公安保卫部门进行通报;会议用品如纸张、笔具等要提前采办好。

二、会议服务

1.例行服务

会议举行期间,一般应安排专人负责迎送、引导。对与会的贵宾或者有特殊情况的客人,还需进行重点照顾。

2.会议签到

为掌握到会人数,凡是大型会议或重要会议,通常都会要求与会者在入场时签名报到。负责此项工作的人员,应及时向会议负责人进行通报。

3.餐饮安排

若会议举行的时间较长,则需为与会者安排会间工作餐和饮料。如果必要,还应为外来与会者在住宿、交通方面提供便利。

4.现场记录

凡是重要的会议,均应进行现场记录。记录时,要力求做到完整、准确、清晰。

5.编写简报

有些重要会议,需要编写会议简报。编写会议简报的基本要求是快、准、简。快,即讲究时效;准,即内容准确无误;简,即文字精练。

三、后续性工作

会议结束后,应做好必要的后续工作,使之有始有终。

1.处理材料

会议结束后,应对与其有关的一切图文、声像材料进行细致的收集、整理。收集、整理会议的材料时,应遵守规定与惯例。

2.协助返程

大型会议结束后,其主办单位一般应为外来与会者提供返程便利。当团队与会者或特殊与会人士离开时,还要安排专人为其送行,托运行李。

会议座次安排不可掉以轻心

安排座次是商务会议礼仪中很关键的一个环节。小型会议,一般指参加者较少、规模不大的会议,它的主要特征是全体与会者均应排座,不设立专用的主席台。在这种会议中,要特别注意座次的安排。一般情况下,会议室中是长方形的桌子,这可以体现主次。如果只有一位领导,那么他一般坐在长方形短边的一侧,或者是比较靠里的位置。即以会议室的门为基准点,在里侧是主宾的位置。如果是主客双方来参加的会议,一般分两侧来就座,主人坐在会议桌的右边,而客人坐在会议桌的左边。

除此之外,还有以下几种设座的方式可以参考:

1.自由择座。它的基本做法是,不排定固定的座次,由全体与会者自由地选择座位就座。

2.面门设座。它一般以面对会议室正门之位为会议主席之座,其他的与会者可在其两侧自左而右地依次就座。

3.依景设座。所谓依景设座,是指会议主席的具体位置,不是面对会议室正门,而是应当背依会议室之内的主要景致,如字画、讲台等。其他与会者的排座,则略同于面门设座的方式。

还有一种是为了尽量避免主次分明的安排,以圆形桌为布局。在这种会议中,可以不用拘泥这么多的礼节,只要记住以门作为基准点,比较靠里面的位置是较主要的座位就可以了。

根据商务会议一般规定,当领导面向会场时,左为上,右为下。当领导人的数量为奇数时,1号领导居中位,2号领导排在1号领导的左边,3号领导排在1号领导的右边,其他依次分别排列;当领导人的数量为偶数时,1、2号领导同时居中，1号领导排在居中座位的左边，2号领导排右边，其他依次排列。

假如会议中有特殊的情况，例如，其他公司的代表来参加会议，其座位应被安排在长会议桌一侧的中央，本公司的高级管理人员则应坐在他们的对面。

在大型会议上，主席台之下的一切坐席均被称为群众席。群众席的具体排座方式一般有以下几种：

1.自由式择座。即不进行统一安排，由大家各自择位而坐。

2.按单位就座。即与会者在群众席上按单位、部门，或者地位、行业就座。按单位就座时，若分为前排后排，一般以前排为高，以后排为低；若分为不同楼层，则楼层越高，排序越低。在同一楼层排座时，又有两种普遍通行的方式：一是以面对主席台为基准，自前往后进行横排；二是以面对主席台为基准，自左而右进行竖排。

会议主持人如何做

担任会议主持的人，一般具有一定职位，其礼仪表现起着至关重要的作用。主持会议期间，要注意控制好会议的进程，切勿使讨论失控。

主持人应穿着整洁、大方庄重、精神饱满，切忌不修边幅、邋里邋遢。走上主席台时，步伐应矫健有力，要视会议内容掌握步伐的频率和幅度。主持庄严隆重的会议，步频要适中，以每秒约2步为宜，步幅要显得从容；主持热烈、欢快类型的会议，步频要快，每秒至少约2~2.5步之间，步幅略大；主持纪念、悼念类会议，步频要放慢，每秒约1~2步之间，步幅要小，以表达缅怀、悲痛之情；平常主持工作会议，可根据会议内容等具体情况决定步频、步幅。一般性会议，步频适中、步幅自然；紧急会议、重要会议，可以适当加快步频。行进中要挺胸抬头，目视前方，振臂自然。

入席后，如果是站着主持，应双腿并拢，身体自然挺直。拿稿时，右手略托稿纸的底部中央，左手五指并拢自然下垂。双手持稿时，应保持与胸齐高。坐着主持时，应身体挺直，双臂前伸，两手轻按于桌边。主持过程中，切忌有不雅的动作。

在会议开始时，要首先介绍主要参会人员。介绍时，主持人应该口齿清楚、思维敏捷、简明扼要。每个人发言结束时，主持人可以进行简短的总结。同时，主持人要把握会议时间，必要时要提醒发言人注意时间。

主持人在简单地介绍完之后，应向与会人员讲清此次会议的目的、预期效果、会议结束时间和会议准则，还要核实参会者手中是否有相关资料，确保会议议程能被全体与会者知晓。

作为会议主持人，准备开会之前，一般有四个关键问题要先问自己。会议内容是什么？会议的目的何在？会议成功的标志是什么？应该邀请哪些人参加？这四个问题，将帮助你出色地完成主持工作。

在会议的举行过程中，主持人应根据会议性质调节会议气氛。如果在会议进行中与会人员因意见不同而造成尴尬的气氛，主持人应该想法打圆场以打破僵局，使会议能够继续进行。此外，主持人也可以先跳开这个争议的话题，选择有趣的议题或争议性较低的议题来讨论。

会上发言要得体

需要在会议上发言的人，仪态要镇定自若，控制好语速和音量，同时还要注意观众的反应。当与会者的声音渐大时，应该压缩发言内容，尽快结束发言。发言完毕后，应礼貌地向全体与会者表示感谢。

会议发言有正式发言和自由发言两种。正式发言者应衣冠整齐，走上主席台应步态自然、刚劲有力，发言时应口齿清晰、讲究逻辑、简明扼要。如果是书面发言，要时常抬头扫视一下会场，不能一味低头读稿。发言完毕后，应对听众表示感谢。

自由发言相对来说比较随意，但发言时要讲究顺序和秩序，不要争抢发言。内容应简明扼要，观点应鲜明、准确。如果与他人有分歧，应该以理服人，态度平和，听从主持人的安排。

发言时声调要尽量压低，给人以稳重感。女性一般声线较细，声频偏高，这样的声调显得纤细、不够持重。所以，在整个发言过程中，尽量采用低沉而有节奏的语调，才有说服力。

发言内容应简明扼要、条理清晰。要让全体与会人员在有限的时间内专心倾听你的发言，引起思索，留下深刻印象，首先报告内容必须简短有力，条理井然；啰嗦而无头绪的发言不仅会让听众失去耐心，甚至会让他们怀疑你的专业水准。直接有力的开场白，清晰的观点陈述，必要时加以强调，会给听众留下深刻印象。

如果与会者对发言人提出疑问，应礼貌地作出回答；对一些不能回答的问题，应机智而礼貌地说明缘由；对提问者的批评和意见应认真听取，即使提问者给予的批评或意见是错误的、不合理的，也应保持心平气和。

另外，要注意体态语的使用，特别是多用表示自信的手势会使发言效果显著。如果希望自己的讲话内容被听众接受，那么你必须在心里树立坚强的信念，不妄自菲薄。这样，你的身体语言和讲话内容才能更让人信服。

及时打破会议中的尴尬

开会时，领导不同意某位同事的看法与观点，或会议进行一半时，同事因意见不同而造成僵局，此时该如何打破尴尬，使会议继续进行下去呢？

由于参会者一般都是针对某一个特定的议题发表各自的观点，其中必有部分相似之处，因此可以试着先分析领导的想法，再摆出另一位同事的观点。例如“主管，你的想法有A、B、C，而他的观点是A、C、D，其实你们忽略了一个共同点，那就是A与C都在你们的选择范围之内。”

找出中间共同点后，你可以特别针对相似之处加以讨论，以便打破一时的僵局。会议主持人也可以暂且避开这个双方有争议的话题，选择另外较为有趣的或争议性较小的议题来进行讨论。一般来说，当会议中出现尴尬局面时，可以试试以下几种方法：

一、异中求同，打破僵局

倘若公司内部会议进行到一半时，领导由于不同意某位同事的观点而给予斥责，其他同事可以试图用“异中求同”的方式来打破僵局。

二、暂时休会，双方冷静

如果领导对这位下属的斥责只是一时的情绪化，或是同事之间因意见不合而有点剑拔弩张，那么最好的方式就是停止争吵或辩论，由会议主持人宣布休会5~10分钟，稍稍缓和后再进行会议讨论。

三、对外会议，事先预演

除了公司的内部会议会有尴尬的情景发生外，公司对外的会议，也时常会出现因意见不同而争执不下的情况。

而“异中求同”在对外会议中同样是化解尴尬的重要方式。你可以先综合列出客户的不同想法，再聚焦点出双方意见的相近之处，集中讨论，然后提出最适宜的解决方案。

在商务会议的僵局中，事后补救远不如事先预防来得效果好。在给客户开会前，公司内部可以先做一次预演，设定好讨论议题的顺序，针对可能会受到客户质疑或较为敏感的议题，逐一进行推演，然后假设出客户可能提出的各类问题，给出最为合适的答复，想方设法提出解决之道。

不是每个会议都能玩新奇

一天，王经理在网上看google创始人布林和佩奇的传记时，发现了一个有趣的故事：有一次，布林和佩奇都戴了粉红色的假发去开会，为的是用实际行动鼓励员工多打破常规，想出新点子。王经理看得津津有味，心想自己何不借鉴一下。

王经理所带领的销售团队在下午正好有一个非正式的会议，主要是几个员工在一起交流一下销售技巧。在王经理的想象中，他戴上假发，员工肯定要先笑他一会儿，然后王经理再义正词严地告诉他们这么做的用意，大家就会用非常崇拜的眼神望着他。

可是，事情并没有朝着他想象的方向发展，大家看见他戴着假发的样子确实大笑了起来，然而这种笑声一直没停，会议根本就开不下去。

非正式商务会议，一般是在轻松欢快的环境下召开，对穿着和举止的要求也相对要低，更多的是注重个人的风格及对别人意见的考虑。在这种场合，你的表现必须坦率开朗，但也不可过火，应根据本单位的实际情况而把握分寸。

要想把这样的会议开好，提高声望，搞好与同事的关系，你应该注意以下几点：

1.不穿夸张的服装，这些可能会分散参会者的注意力。

2.应当寻求一种方法，让参会的每个人对你的参与或发言都感到愉快、心情舒畅。

3.当参会者发言时，作为一名积极认真的听众，你必须始终注视着发言人，使其感觉他的讲话内容非常有用。

4.要反复强调参会者提出的要点，当你同意发言者的意见时就点点头；如果你不同意，也不应太直接地表现出来。要给别人驳斥相反意见的机会，而不是总去驳批别人。

非正式商务会议的参会者一般不多于15人。参加会议前你最好先弄清出席会议的目的以及谁是你的听众。如果你出席会议的目的仅仅只是向听众传递一些信息，而不需要引发他们的讨论，那么为了表现自己的权威，你最好选择稳重些的服饰，并通过言行举止充分展示你的自信心。

另外，你在非正式交际场合中用来鼓励别人的手势、动作和声音，必须与在正式场合中有所不同。你的提议或许会引起人们的争论，因此你要注意维护好自己的形象，不要死板地站在那里，最好能适当地走动一下；伸出你友善的手来邀请某人作特别的演说，轻松恰当地拍拍别人的肩膀或手臂，以示你对他的友好与肯定；始终坐在某处听别人的发言，鼓励别人阐述意见，并加以分析记录。

商务沙龙所不能少的礼仪

人们将主要在室内进行的专门的社交性聚会称为沙龙。沙龙在我国，尤其是在商界非常流行。商界人士看中沙龙这种社交方式，主要是因为它形式自然、内容灵活、品位高雅，可以使渴望友谊、喜欢交流的人们，既正规又轻松愉快地与其他人进行交际。

一、组织的礼仪

交际型沙龙的形式，应根据举办的具体目的，选择较为轻松的同乡会、联欢会、聚餐会、节日晚会，或家庭舞会、咖啡会、座谈会、讨论会等形式。在具体操作上，这几种形式也可以彼此交叉使用。有时，不固定交际型沙龙的具体形式，也是可行的。

交际型沙龙的时间，一般应以2~4小时为宜。但在具体执行上，则不必过分地“严守规章”，适当地延长一些也是可以的。

为了不影响正常工作，交际型沙龙一般在周末下午或晚间举行。

举办交际型沙龙的地点，应当选择条件较好的客厅、庭院，也可以是饭店、宾馆、餐馆、写字楼内的专用房间。其地点应具备面积大、通风好、温度适中、照明正常、环境幽雅、不受外界干扰等特点。

如果交际型沙龙是在某私宅内举行，其主人自然就是此次沙龙的主人。如果是在外租用场地举行，则一般应由其发起者或组织者担任主人。

按照惯例，沙龙的主人应当有男有女，以便分别照顾男宾、女宾；沙龙的既定参与者，按规定可以携带家人或秘书出席；但是，临时邀请其他人同往是不适宜的；若无明确的要求，最好不要带未成年人前往参加沙龙。

二、参加者的礼仪

到达沙龙的举办地点时，不要忘了去问候主人；在沙龙举办期间，可以找机会向主人询问一下“我能做一些什么”；在沙龙结束时，在向主人道别之后,方可告辞。在沙龙举办期间,即使有些事情不能尽如人意,也要保持克制。不要对主人所做的安排品头论足、说三道四,更不要当着他人的面让主人难堪。

在主人家中参加沙龙时,不能不讲公德,举止不良;也不能擅自闯入非活动区域,如主人的书房、卧室、阳台、储藏室等处;更不能翻箱倒柜,乱拿或乱动主人的物品。

三、注意交流

参加非专题性的交际型沙龙时,同样需要自己主动与他人进行交流。可以主动地同身边的人攀谈,可以旁听他人的交谈,也可以加入他人的交谈;在同他人交谈时,应当表现得诚恳虚心;有可能的话,还应扩大自己的交际范围,除了与老朋友交谈之外,也可以尽量认识更多的新朋友;参加沙龙时,"排他主义"是绝对要摒弃的,一味地盯住熟人、上司、嘉宾不放,甚至不准其他人介入,这都是不讲礼仪、缺乏风度的表现;介入异性的交际圈时,一般不应不邀而至。

参加新闻发布会的注意事项

在新闻发布会的举行过程中,往往会出现种种问题,甚至会有难以预料的情况发生。要应付这些难题,确保新闻发布会的顺利进行,在新闻发布会举行之际,应牢记下述几个要点:

一、要注意外表的修饰

在新闻发布会上,代表主办单位出场的主持人、发言人,往往被媒体视为主办单位的化身和代言人。主持人、发言人对于自己的外表,尤其是仪容、服饰、举止,一定要事先进行认真的修饰,同时妆容应以淡妆为主。

二、要注意相互的配合

不论是主持人还是发言人,在新闻发布会上都必须保持一致的口径;当媒体提出的某些问题过于尖锐或难以回答时,主持人要想方设法转移话题,不使发言人难堪;而当主持人邀请某位新闻记者提问时,发言人要给予适当的回答。

想要配合默契,就要做到分工明确、彼此支持。主持人的工作是主持会议、引导提问;而发言人的职责是主旨发言、答复提问。有时,在重要的新闻发布会上,为慎重起见,主办单位往往会安排数名发言人同时出场。若发言人不止一个,那么这些发言人事先必须做好内部分工,各司其职。一般来讲,发言人的现场发言应分为两个部分,首先进行主旨发言,接下来才回答疑问。若现场有数名发言人,只需一人进行主旨发言即可。

三、要注意语言艺术

新闻发布会上主持人、发言人的言行,都代表着主办单位。所以,必须对自己的讲话分寸予以重视:

1.简明扼要

不管是发言还是答问,都要条理清楚、重点突出,让人一听就懂,难以忘怀。不要卖弄口才、口若悬河,罗嗦冗长的发言只会让人厌烦。

2.提供新闻

新闻发布会就是为发布新闻而举办的,媒体也是特意为此而来的。在不违法、不泄密的前提下,要懂得善于满足对方的要求,在发言中表达自己的独到见解。

3.生动灵活

在讲话之际,讲话者的语言是否生动,话题是否灵活,往往会直接影响现场气氛。因此,适当地采用一些幽默风趣的语言、巧妙的典故,也是必不可少的。

4.温文尔雅

新闻记者大都见多识广、有备而来,所以他们在新闻发布会上经常会提出一些尖锐而棘手的问题。遇到这种情况时,发言人能答则答,不能答则应当巧妙地避实就虚。但无论如何,都不要恶语相加,甚至粗鲁地打断对方的提问,否则会严重影响发言人和主办方的形象。

新闻发布会结束后,要注意了解新闻媒体的到会情况和宣传报道情况,收集新闻媒体关于此次新闻发布会的各种报道,进行归类、分析。特别是当出现对主办单位不利的报道时,要及时采取补救措施:对依据充分、意见中肯的批评性报道要虚心接受;对基于误解的失实报道要进行解释、消除误解;对歪曲事实的敌视性报道要据理力争,但要讲究方式方法,尽量不要与新闻媒体发生直接对抗。

"好礼"保证洽谈成功

在日常工作中,很多人参加过洽谈会,也都知道洽谈会的重要性,然而却很少有人能做到"洽谈有礼"。

在些洽谈会上,不乏这种人:男的穿夹克衫、牛仔裤、短袖衬衫、T恤衫,配旅游鞋或凉鞋;女的则穿紧身装、透视装、低胸装、露背装、超短装、牛仔装、运动装或休闲装,且浑身上下戴满了各种首饰,从耳垂一直"武装"到脚脖子。这样打扮的人,留给他人的印象,不是不尊重别人、不重视洽谈、自以为是,就是没有一点教养。有时,着装的失礼于人所带来的负面影响也是不容忽视的。这样的洽谈,结果可想而知。

经过实践证明,在洽谈时"好礼相待",更容易成功。

一项调查结果表明,在洽谈会中,面带微笑、态度友好、语言文明礼貌、举止彬彬有礼的人,能够在一定程度上消除对手的反感、漠视和抵触心理。与此相反,假如在洽谈的过程中举止粗鲁、态度刁蛮、表情冷漠、语言失礼,不知道尊重和体谅对方,则会大大加强对方的防卫性和攻击性,这就在无形中为自己增添了阻力和障碍。

所以,洽谈时一定要礼敬对手。这就要求洽谈者在洽谈会的整个过程中,排除一切干扰,始终如一地礼貌对待洽谈对手,时时、处处、事事表现出对对方的真诚、尊敬。这样不仅能给对方留下良好的印象,而且还能在今后的商务交往中继续发挥潜移默化的功效,即所谓"你敬我一尺,我敬你一丈"。

洽谈时，礼仪性准备的成效虽然一时难以预料，但是它绝对是必不可少的。与纯技术性的准备相比，“好礼”是能保证洽谈成功的必要软实力。

开业典礼要以礼开头

在商界，任何一个单位的创建、开业，或是本单位所经营的某个项目、工程的完工、落成，比如公司建立、商店开张、分店开业、写字楼落成，等等，都是一项来之不易、可喜可贺的成功，故此它们一向备受重视。按照成例，当事者通常都要为此而专门举办一次开业仪式，亦称开业典礼。

开业典礼在商界一直颇受人们的重视。究其原因，倒并不只是商家为自己讨个吉利，而是因为通过它可以因势利导，对商家自身事业的发展裨益良多。一般认为，举行开业仪式，至少可以起到下述四个方面的作用。

1.有助于塑造本单位的良好形象，提高自己的知名度与美誉度。

2.有助于扩大本单位的社会影响，吸引社会各界的重视与关注。

3.能够让支持过自己的社会各界人士与自己一同分享成功的喜悦，进而为日后的进一步合作奠定良好的基础。

4. 有助于增强本单位全体员工的自豪感与责任心，创造一个良好的开端。

开业的礼仪，指的是在开业仪式筹备与运作的具体过程中所应当遵从的礼仪惯例。它主要包括以下两项基本内容：

1.开业仪式的筹备

2.开业仪式的运作

尽管开业仪式进行的时间极其短暂，但要营造出现场的热烈气氛，取得成功，却绝非易事。由于它牵涉广、影响大，因而更需认真的筹备。筹备工作认真、充分与否，往往决定着一次开业仪式能否真正取得成功，因此主办单位务必要给予高度的重视。

筹备开业仪式，首先要在指导思想上遵循“热烈”、“节俭”与“缜密”三原则。

1.“热烈”，是指要想方设法在开业仪式的进行过程中营造出一种欢快、喜庆、隆重的氛围。有一位驰骋商界多年的人士说过:“开业仪式理应删繁就简,但却不可以缺少热烈、隆重。与其平平淡淡、草草了事,灰溜溜地走上一个过场,倒不如索性将其略去。”

2.“节俭”,是要求主办单位勤俭持家,在举办开业仪式以及筹备的整个过程中,量力而行,节制、俭省,反对铺张浪费,暴殄天物。

3.“缜密”,是指主办单位在筹备开业仪式时,既要遵行礼仪惯例,又要具体情况具体分析,认真策划,分工负责,注重细节,力求周密、细致,严防百密一疏,临场出错。

筹备开业仪式时,舆论宣传、来宾约请、场地布置、接待服务、礼品馈赠、程序拟定等方面的工作,尤其需要事先做好安排。

茶话会的八个小细节

茶话会是所有会议中最为轻松和享受的一种会议。参加这种会议,不需要注意很多的条条框框，只需要记住以下八点就可以享受轻松惬意的茶话会了。

1.所谓茶话会,意在联络老朋友、结交新朋友,重点不在“茶”,而在于“话”。

2.就总体而论,为了能使与会者畅所欲言,方便彼此的交流,茶话会上的座次安排不宜明显突出主次之分。不排座次、允许自由活动、不摆与会者的名签等,这些都是茶话会的常规做法。

3.在茶话会上,主席式排位并不意味着要在会场上摆放醒目的主席台,只要有意识地将主持人、主人与主宾安排在一起,并居于上座之处即可。例如,中央、前排、会标之下或是面对正门之处。

4.茶话会不是纯粹的聊天会,它也有自己的主题与谈话的中心思想。比如,联谊为主的茶话会和娱乐为主的茶话会,这两者的主题是不同的。所以,参会者要先行了解茶话会的主题,切不可闹出跑题的笑话。

5.茶话会的参加人士，可以是本单位的、社会上的，也可以是合作伙伴。

6.举行茶话会的时间一般是下午四点左右，亦可将其安排在上午十点左右。茶话会的时间长度，可由主持人随机应变，灵活掌握，但通常以一至两个小时为宜。

7.按照惯例，适宜举行茶话会的场地主要有：主办单位的会议厅、宾馆的多功能厅、主办单位负责人的私家客厅、私家庭院或露天花园、高档的营业性茶楼或茶室等。

8.茶话会上除了需供应茶水之外，还应为与会者略备一些点心、水果或是地方风味小吃。需要注意的是，向与会者供应的食品，数量要充足，摆放的位置要方便客人取食。

剪彩礼仪知多少

与举行其他仪式相同，剪彩仪式也有大量的准备工作需要做好，其中主要涉及场地的布置、环境的卫生、灯光与音响的准备、媒体的邀请、人员的培训等。

除此之外，还须对剪彩仪式上所需的用具，如红色缎带、新剪刀、白色薄纱手套、托盘，以及红色地毯等物品，进行仔细地选择与准备。

1.红色缎带，即剪彩仪式之中的“彩”

作为主角，它自然会受到万众瞩目。按照传统做法，它应当由一整匹未曾使用过的红色绸缎，在中间结成数朵花团而成。目前，有些单位为了厉行节约，代之以长度为两米左右的细窄的红色缎带、布条、线绳、纸条等，也是可以的。一般来说，红色缎带上所结的花团，不仅要生动、醒目，其具体数目还要根据现场剪彩人数而定。依循此例，红色缎带上所结的花团的具体数目有两类模式可依：其一，花团的数目较现场剪彩者的人数多一个；其二，花团的数目较现场剪彩者的人数少一个。前者可使每位剪彩者总是处于两朵花团之间，尤显正式；后者则不同常规，但有新意。

2.新剪刀

它是专供剪彩者正式剪彩时使用的。每位现场剪彩者必须人手一把，而且必须崭新、锋利而顺手。事先，一定要逐一检查剪刀是否已经开刃，好不好用。务必要确保剪彩者可以“手起刀落”，一举成功。

3.白手套

它是专为剪彩者准备的。在正式的剪彩仪式上，剪彩者最好每人戴上一副白手套，以示郑重其事。在准备白手套时，除了要确保其数量充足之外，还须保证大小适度、崭新平整、洁白无瑕。但白手套并不是必须的，有时，也可不准备。

4.托盘

它是托在礼仪小姐手中，用作盛放红色缎带、剪刀、白手套的。在剪彩仪式上所使用的托盘，最好是崭新、洁净的。银色、不锈钢制的托盘通常是首选。使用时可在上面铺上红色绒布或绸布。就其数量而论，在剪彩时，可以用一只托盘依次向各位剪彩者提供剪刀与手套，并同时盛放红色缎带；也可以为每一位剪彩者配置一只专为其服务的托盘，另外专门用一只托盘盛放红色缎带。后一种方法显得更加正式一些。

5.红色地毯

它主要用于铺设在剪彩者正式剪彩时的站立之处。其长度可视剪彩者人数的多寡而定，而宽度不应窄于一米。在剪彩现场铺设红色地毯，主要是为营造一种喜庆的气氛，但也并不是必须的。

让礼仪贯穿交接仪式始终

参加交接仪式时，不论是东道主还是来宾，都存在表现是否得体的问题。假如有人在仪式上表现失当，就会使之黯然失色，甚至有可能因此而影响到有关各方的关系。因此，交接仪式上一定要做到行为得体。对东道主一方而言，需要注意的主要问题有：

1.仪表整洁

东道主一方参加交接仪式的人员，不仅应是对外重点推介的“精兵强将”、“有功之臣”,还要能够胜任本单位代言人的工作。为此,必须要求他们妆容规范、服饰得体、举止有度。

2.待人友好

不管自己是否专门负责接待、陪同或解说工作,东道主一方都应自觉地树立起主人翁意识。一旦来宾提出问题或需要帮助时,都要鼎力相助,不能一问三不知、借故推脱、拒绝帮忙,甚至大说风凉话;即使自己力不能及,也要向对方说明原因,并且及时向有关方面反映情况。

3.保持风度

在交接仪式举行期间,东道主一方的人员要杜绝东游西逛、交头接耳、打打闹闹等不讲礼仪的行为;在为发言者鼓掌时,不允许厚此薄彼;当来宾向自己道喜时,喜形于色无可厚非,但切勿嚣张放肆、得意忘形。

对来宾一方而言,在应邀出席交接仪式时,主要应当重视如下四个方面的问题:

1.准点到场

接到邀请后,务必将此事牢记在心,届时正点抵达,为主人捧场。若不能出席,则应尽早通知东道主,以防在仪式举行时来宾甚少,使主人因“门前冷落鞍马稀”而难堪。

2.致以祝贺

接到正式邀请后,受邀者应尽早以单位或个人的名义发出贺电或贺信,向东道主表示热烈祝贺。有时,受邀者在出席交接仪式时,将贺电或贺信面交东道主,也是可行的。除此之外,受邀者在参加仪式时,还须郑重其事地与东道主的主要负责人一一握手,再次口头道贺。

3.预备贺词

若与东道主关系密切,则还需提前预备一份书面贺词,供受邀代表发言使用。其内容应当简明扼要,主要是为了表示对东道主的祝贺。

4.略备贺礼

为表示祝贺之意,可向东道主赠送一些贺礼,如花篮、牌匾、贺幛等。时下,以赠送花篮最为流行。花篮一般需要在花店定制,且应在其两侧悬挂特制的红色缎带,右书“恭贺某某交接仪式隆重举行”,左书本单位的正式全称。它可由花店代为提前送达,亦可由来宾在抵达现场时面交主人。

展会礼仪作用非同一般

展览会是组织者和参展者对外宣传自我、提高知名度、展示形象的重要方式。因此，其组织工作和礼仪要求一定要做到充分、细致。

展览会的组织者需进行的具体工作，主要包括参展单位的确定、展览内容的宣传、展示位置的分配、安全保卫的事项等。

1.参展单位的确定

一旦决定举办展览会，首先需要解决的就是邀请什么单位参加的问题。按照商务礼仪的要求，主办单位事先应以适当的方式，对拟参展的单位发出正式的邀请或召集。

2.展览内容的宣传

为了引起社会各界对展览会的重视，尽量地扩大其影响，主办单位有必要对其进行大力宣传。

3.展示位置的分配

在布置展览会场时，基本的要求是：展品要围绕既定的主题，进行互为衬托的合理组合与搭配，要在整体上显得井然有序、浑然一体。

4.安全保卫的事项

在举办展会前，必须依法履行常规的报批手续。此外，组织者还须主动将展览会的举办详情向当地公安部门进行通报，求得其理解、支持与配合。按照常规，有关安全保卫的事项，必要时最好由有关各方正式签订合约或协议，并且经过公证。这样一来，万一出了事情，也好各负其责。

此外，展会工作人员一定要遵守以下重要的展会礼仪：

1.努力维护整体形象

参展单位的整体形象，主要由展示物的形象与工作人员的形象构成。展示物的形象，主要由展品的外观、质量、陈列、展位的布置、发放的资料等构成。用以进行展览的展品，外观上要力求完美无缺；质量上要优中选优；陈列上要既整齐美观又讲究主次；布置上要兼顾主题突出与观众的注意力；用以在展览会上向观众直接散发的有关资料，则要印刷精美、图文并茂、资讯丰富，并且要注有参展单位的主要联络方式。工作人员的形象则主要通过他们的着装显示出来，一般情况下，展览会上的工作人员应当统一着装。

2.时时注意待人礼貌

不管是宣传型展览会，还是销售型展览会，全体工作人员都要将礼貌待人放在心上，并且落实在行动上。

3.善于运用解说技巧

解说技巧，主要是指参展单位的工作人员在向观众介绍或说明展品时，所应掌握的基本方法和技能。

在宣传型展览会与销售型展览会上，解说技巧的共性在于：要因人而异，使解说具有针对性。另外，还要突出自己展品的特色，在实事求是的前提下，要注意扬长避短，强调“人无我有”之处；在必要时，还可邀请观众亲自动手操作，或由工作人员现场示范；也可安排观众观看与展品相关的影视资料，并向其提供说明材料与单位名片。通常情况下，说明材料与单位名片应常备于展台之上，由观众自取。

不可不知的公司宴会礼仪

在社交活动中，不可缺少的一项活动就是宴会。宴会是缩短人与人之间的距离、认识朋友的一个最好的途径。宴会不只是“吃个饭”这么简单，吃只是宴会的一个组成部分，交际才是宴会中最重要的内容。如果搞不清楚参加宴会的目的，为吃而吃，那会显得这个人特别不礼貌、没素质，这样的人是很难在宴会上交下朋友的。我们来看一下小霞在公司的宴会上是怎么表现的。

小霞公司的年度庆典活动举办得非常成功。庆典活动之后，公司安排了员工晚宴，以答谢一年多来员工对公司的支持。由于之前小霞的穿着非常不适合出席庆典活动，所以在这次领导安排的晚宴中，她特别注意服饰的搭配，并且还专门请了礼仪专家小张给她作指导。在宴会上，小霞表现得还是非常不错的，然而随后的失误，让周围的同事对她的印象有所变化。在宴会中，除了每桌特定的套餐外，还有一些自助餐可供选择。然而在吃饭时，小霞却表现得非常失礼。每上一个菜，她先挑一筷子，说不好吃；再上来一个菜，又是一筷子，然后说太咸。这样的行为非常不礼貌，也影响到了大家吃饭的胃口和心情。

小霞的做法绝对是不可取的。那么我们看一下，参加宴会，需要注意哪些礼仪？

第一，维护好个人形象。在参加宴会时，我们要做到以下几点：不要吸烟；不要把吃进去的东西吐出来；不要随意给别人夹菜；不要劝酒。除此之外，还要提醒女性朋友，在餐桌上不要整理衣服，吃东西时不要发出声音。

第二，要遵守时间。我们常说，无论做什么事情，都要遵守时间规则。到场要准时，让很多人等你一个人，这是非常不合礼仪的，会给自己的社交带来不好的影响。离开的时候也要注意，必须等宴会主人宣布结束后，和主人寒暄片刻再走，否则会显得很不礼貌。

第三，在宴会上要注意适当的交际。在宴会上，与不认识的人同桌吃饭是常有的事。即使是初次见面，我们也要做适当的交谈，惜字如金会显得我们很没有风度。但也不要聊得过头，过于“自来熟”也会影响他人对你的印象，所以你们的交谈点到为止即可。

总之，在参加宴会时，我们要遵守宴会礼仪，这样不仅能让我们品尝到各具特色的美味佳肴，还能使我们在宴会时上认识很多新朋友，扩大我们的交际圈。

外出参观，不忘礼仪

外出参观，是公司有计划、有准备地对一些重要的项目或合作单位进行实地考察。参观礼仪则是在进行实地考察时，参观人员应当遵行的一些行为礼仪规范。

我们在旅游时都遇到过这种情况：某一处名胜古迹，有着悠久的历史和文化，非常大气，让人流连忘返，我们也忍不住拿出相机，不停地拍照留念，此时却发现有很多地方被人恶意刻了字，都是“某某到此一游”之类的话。有的人也许对此不以为意，可这是非常不道德、不礼貌的行为。

我们去参观外单位时，对别人的建筑、构造特别感兴趣，对他们的环境也很喜欢，感觉一切都非常的好。可是才刚刚感慨完，就随手将烟头扔在了地上，这也是非常不礼貌的、缺乏修养的表现。如果正好让被参观单位的人员发现，那么不但严重影响公司的形象，也有可能会因个人的行为给公司带来损失。

那我们在外出参观时，具体应该注意哪些礼仪呢？主要有以下几个方面：

1.参观要准时。单位通知我们8点在公司门口集合，我们就要准时到达，别让大家等你一个人。到了参观地点，也要跟上大家的脚步，不要自己一个人随意走动。如果安排了自由参观的时间，则要记得在规定集合的时间内准时到达集合地点，做到准时、懂礼。

2.参观的行为要求，其实都是对外出参观或者旅游的人提出的最基本的道德要求：不乱写乱画、不随地吐痰、未经主办方允许不得拍照、不乱扔垃圾、不随意指责主办方的缺点等。总之，在参观过程中要表现出良好的个人素质。

3.参观人的仪容仪表要求：我们在参观时，为体现对主办方的尊重，穿着要视参观的内容和形式而定。如果是商务活动中的参观，则以正装为主；若是娱乐活动中的参观，比如旅游、拓展等，则可以自主选择，休闲装、运动装都可以。特别要注意的是，参观时，男士要仪容整洁，女士要化淡妆，不要浓妆艳抹。

联谊活动中礼仪不可忘

现在的社交活动已经不再局限于自己单位内部进行的联欢活动了，也可以和合作单位一起进行联欢或联谊。这不仅有助于巩固与合作伙伴的关系,还可以帮助自己的员工结识更多的朋友,稳固员工对企业的忠诚度。

公司即将与铁路系统举办一次年度联谊会。这个消息一传开,李丽和张燕这两位大龄女青年都非常高兴。她们两位都已年近三十,家人每天都在催促两人赶紧恋爱结婚。虽然两人都认为单身比较好,但最终经不住家人的催促,决定报名参加公司组织的联谊会,如果有合适的人选,就想试着交往一下。

联谊会开始了,李丽和张燕都穿得非常漂亮,一身剪裁合身的晚礼服,得体适宜的妆面,优雅大方的举止,给她们加分不少。很多男士都围绕在两人身边,试图和两位女士进行交流,可是她们两个人却没有中意的人选,但是她们还是不失礼仪,自始至终都面带微笑,对想和她们说话的人都以礼相待,表现出了良好的个人仪态。

职场人士在参加联欢活动或联谊活动时,要注意以下几个方面:

1.准时到场

要按照请柬上规定的时间准时参加, 不可以迟到; 活动结束后方可离开,不能中途离场;有紧急事情必须离场时,要和主人说明原因并致歉,得到主人的谅解后再离开。

2.着装要讲究

参加联欢会的着装最好选择礼服。男士可以选择燕尾服;女士可以选择小洋装。男士、女士都要注意妆面。男士要刮胡子,剔鼻毛;女士则要化淡妆,还须注意修饰腋毛。

3.语言行为要得体

男士在联欢会上要体现出绅士风度,在女士落座时,要主动为其拉开椅子;女士在联欢会上,要举止优雅、大方得体,表现出淑女气质。在联欢会上拿酒水或食物时要小心,不要失手将食物或饮料洒在别人的身上。

参加运动会，热情也要守礼仪

有些大公司或企业每年都会举办一次员工运动会，以此来达到提升员工身体素质的目的。那么我们在参加运动会时，需要遵守什么礼仪呢？先来看一看下面的案例。

某公司举办运动会，上午是拔河比赛。参赛员工分成了A、B、C、D四个组，先是A和B进行比赛，A组的拉拉队里专门有一个人去B组数了数参赛人数，两组都是10人。比赛开始了，双方都使足了劲要赢对方。这时，A组拉拉队中那位数人的员工又去了B组，不一会儿，就听那个员工大声说："裁判，不公平，B组多一个人。"裁判听到之后立刻喊停。

这时大家都看向了B组，确实多了一个人，不是他们安排的，而是这位仁兄看到B组快被拖过去了想过来帮一把。裁判立刻宣布B组失去了参赛资格。B组的人感到很委屈，人并不是他们自己邀请来的，却要因此而受到惩罚。他们越想越觉得憋屈，于是找那个多手的人算账，那人也有帮手，双方争吵着僵持不下，最终就从争吵演变成了斗殴，两帮人都被"请进"了公司的保安科。

看了上面的案例，大家有什么想法呢？本来是一场很有意义的运动会，最后却演变成一场群架，如果他们都懂得遵守运动会的礼仪，这次斗殴就不会发生。运动会礼仪要注意以下几点：

1.准时参加

这在上文也已经强调过很多遍了，不论参加什么活动，准时出席是最基本的礼貌。如果是去参加宴会或联欢会，即使迟到了你依然可以参加；但如果是运动会来晚了，取消比赛资格也就没有了。所以，参加运动会首先要做到的是准时。

2.热情参与

在参加运动会时，要把我们年轻人的风采充分展现出来。每一场比赛我们都要尽最大的努力做到最好，即便最终没有取得好成绩，但付出了就不会有遗憾。如果是团体比赛，比如拔河、篮球、足球等项目，团队之间要相互配合，体现出团队精神。

3.友谊比赛

举办运动会有一句非常古老但经久不衰的口号：友谊第一，比赛第二。我们每一个参加比赛的人也要有这样的思想。在比赛场上，我们要使出真本事去和对方竞争，而不是靠投机取巧的小聪明，否则，即使赢了也不光彩。还要注意，不要在赛场上与别人发生矛盾冲突，这样不仅不利于活动的正常进行，也会影响自己所在团队的成绩和形象。

4.相信裁判

在比赛场上，裁判的评定大多都是很公正的。所以，大家在运动场上一定要相信裁判，对裁判的决定要表示尊重。如果你觉得裁判的评定不公平，可将此情况反映到比赛仲裁组，由仲裁组评判。不要在现场对裁判不礼貌，甚至与裁判发生冲突。

第七章 社交礼仪：有礼有节拓展人脉圈

社交在人际交往中的作用很重要。通过社交，人们可以很好地相互沟通，取得他人的支持与帮助；通过社交，人们可以互通信息、共享资源，这对事业的成功大有帮助。社交礼仪是一门大学问，它是指人们在交际过程中所应具备的基本素质和交际能力等。只有吃透这门学问，我们才能在社交场合游刃有余。

公共场合，礼仪不可缺席

1.不要放声大笑

生活中，我们总是免不了出席一些社交宴会。在宴会上，无论你听到了什么趣事，都要保持最基本的礼貌，千万不要放声大笑，否则不仅会让自己陷入尴尬的境地，也会令你周围的人难堪。报以灿烂而又不失礼仪的笑容是最佳选择。

2.不要滔滔不绝地说个不停

在聚会或宴席中，若有人与你攀谈，要保持落落大方的仪态，简单回答几句足矣。切忌向人“汇报”自己的身世,或向对方详加打探、追根究底,这样很容易让人生厌。尤其是对初次见面的陌生人,更不能展示你滔滔不绝的“口才”。

3.不要背地里诋毁他人

即使你真的很不喜欢对方的为人,也不要总在背后道他的不是,这不仅是缺乏素养的表现,也会让你周围的人对你“另眼相看”。总是以讥讽、嘲弄他人为谈资,只会让别人对你“敬而远之”。

4.不要太过表露自己的情绪

当你和朋友们在一起高高兴兴地参加聚会时,你会因为心情不好而紧绷着一张脸吗?这样做未免太煞风景。朋友们卸下一天的沉重,想放松一下自己的时候,却看到了你那一脸的“愁容”,试问谁还能放松得下去呢?无论自己心里多么委屈、难受,在面对别人的时候,一定要尽力展示出一张可爱的笑脸,即便无法真正融入其中,也不能扫大家的兴。

5.不要一贯奉行“沉默是金”的原则

古人讲:“害人之心不可有,防人之心不可无。”当面对初相识的陌生人时,很多人都会因为存在提防心理而奉行“沉默是金”的原则,刚谈几句无关紧要的话,就闭口不语,还一脸严肃,冷场尴尬也是必然的。真诚地敞开心胸说点什么吧,没有人会拒绝真诚的热情。

6.不要当众挖鼻孔或掏耳朵

有些人习惯用小指、钥匙、牙签、发夹等当众挖鼻孔或者掏耳朵,这是一个很不好的习惯。尤其是在餐厅或茶坊,别人正在进餐或喝茶,这种不雅的小动作往往会令旁观者感到厌恶。这些看似无关紧要的细节,有时却能决定你的命运。

参加宴会打扮要得体

在节日或喜宴时,是应该稍事打扮的,这样可以增加欢乐的气氛。在日常生活中穿着随便和朴素是无可非议的,但赴宴会时过于马虎,就不是体面不体面的问题，而是礼节问题了。在一个盛大的宴会里，假如进来一个披头散发、衣冠不整的人，大家一定会感到惊讶。在那样的场面，那个人无疑是失礼了。个人难堪还是其次，连带使宴会的主人也感到尴尬不安，这意味着那位客人对宴会的不尊重。

参加一个正式与非正式的宴会，要做到不失礼，要注意的问题很多。先从仪表说起：在赴会前，男士们必须理发美容一番，女士们则除了要梳洗之外，还应当略微化妆。

在参加舞会的时候也应注意服饰礼仪。

在西方国家，男士参加正式舞会的传统着装是白色领结和大燕尾服。在我国，参加正式的舞会一般要求至少着正式的西装，打领带或领结，穿皮鞋。不要穿休闲、运动类服装，以示对晚会举办方及客人的尊重。

对于女士来说，装束应该是长款的，并尽量精致。舞会也是一个很好的佩戴首饰的机会。穿裤子通常是不允许的，除非这种女裤的设计非常精致，看起来得体。舞会的吸引力在于它的特别和精致。每个参与者都应当努力在装束、行为，以及礼貌上积极合作，以保持舞会的特别和精致。

初次参加社交活动的女士多穿着白色衣裙。穿无袖或无肩带的女裙的女士，可以戴长手套，这种手套可以一直戴到舞会开始以后。但是开始跳舞或者晚餐开始时，应当脱掉手套。

步入舞池不要忘的细节

参加舞会，少不了要带舞伴。如果你已经有了太太或者女朋友，当然不用愁没有舞伴；如果没有，也可以邀请你相识的女同事、女同学、姊妹。当你进门之后，首先要把女朋友介绍给主人，假如与你同去的是亲戚或姊妹，那么你在介绍时要明确表示：这位是我妹妹或表妹小姐，那么主人在向其他人介绍你的舞伴时也会特别留意这点，不致产生误会；若是同事或同学就不需要特别申明，介绍时称“小姐”就可以了。

在舞会开始的时候，第一曲应该和你的舞伴共舞。跳舞时，应尽量迁就对方,不要把她架得太高,拉得太紧,这样不但使对方感到不舒服,姿势也不好看。在跳快舞的时候,切不可只顾自己高兴,一个劲儿地猛转;如果你是高个子,还要留意步子不可太大。快舞曲结束时要慢慢地停下来,扶她一下,帮她站稳,并对她说"谢谢"(无论你请在座的哪一位共舞,当一曲完毕的时候,都要说一声"谢谢"),然后再送舞伴回原处。

第二曲开始时,如果你的舞伴已被别人邀请,那么你也可以去请其他人跳舞。当你去邀请时,应先向她的男伴招呼一下,表示你想请她跳舞,这也是礼节。对主人的太太、爱人或姊妹,你都应该邀请她们共舞一次,跳完应回到你的舞伴身边。你应该随时关心你的舞伴有什么需要,在集体游戏时也要尽量协助照顾她,不可让对方感到为难。舞会结束,向主人致谢后,还要将舞伴安全送回家,这是绅士应有的表现。

假如你有其他特殊原因需要提早离开,要预先向主人说明。离开的时候,不必喧嚷,以免破坏舞会气氛,也不用再向主人告辞。当舞会结束时,播出结束曲要鼓掌致谢。

聊天的学问

在职场交往中,与同事适度地交谈可以帮助你建立亲密的关系,缓和紧张的气氛,同时也能帮你树立一个平易近人的形象,从言谈中了解彼此的性格和建立良好的私人关系。

一、以下是聊天要掌握的技巧

1.聊对方感兴趣的话题

话题的选择应该具有针对性,比如专业、特长、爱好等,这些都是对方所擅长的,对方当然也乐于交谈。要使聊天在人际交往中充分发挥作用,就要根据不同的对象选择不同的话题。

2.聊内容广泛的话题

这类话题主要包括:文艺、体育、旅游、时尚、习俗等,这些内容谈起来轻松愉快，只要能找到共同点，就一定能产生共鸣，收到较好的聊天效果。

3.聊天的时间和地点

聊天可以自由掌握时间和地点。你可能会在等公共汽车的时候和其他等车的人聊天，可能在酒吧和朋友聊天，也有可能在电梯内和身旁的人聊上几句，或在电影开始前与人聊天。不管是初次见面的客户，还是相交多年的老友，抑或偶然相遇的路人，都可以成为你闲聊的对象。总之，懂得闲谈的礼仪，不论是对他人还是对自己都非常重要。

二、聊天应掌握的礼仪

1.保持轻松愉快的气氛

聊天最重要的一点，就是要保持轻松愉悦的气氛，让对方想继续聊下去。谈话时如果始终笑容可掬，别人也会更专注。不要引经据典、说太书面的话，那也许会令对方感到莫名其妙。

2.不要谈及他人忌讳的事情

聊天时一定要"三思而后言"，如果不经考虑什么话都说，万一不小心触及别人的痛处，闹得不欢而散，可就因小失大了。

3.不要背后道人是非

千万不要在有众多聊天者的场合批评别人或对别人指指点点，说不定，你的话会通过在场的某个人传到你所批评的那个人的耳朵里。这样不仅会影响你的人际关系，也会给别人留下不好的印象，相信没有人会喜欢在背后说人是非的人。

4.要懂得见好就收

如果你发现你身边的人已经对你的话表现出了一副不耐烦的样子，那就赶快停止，把主动权让与他人，继续滔滔不绝只会更让人生厌。

5.和一个人聊天时不要冷落了旁人

同时与多人聊天时，一定要做到左右逢源，照顾到在场的所有人。特别是在酒席上，不要把头只转向一边，而冷落了另一边的宾客。

当面记下与对方的约会

也许我们都会遇到这样的情况:你和某人约定好了时间,到时对方却将其忘得一干二净,你最终拨通了对方的电话,对方却略有歉意地说:“对不起,我一点都想不起来了!所以这两天没有和你联系。”

遇到上述的事情你一定十分不快,感觉自己不被重视。相反,如果一个人当面记下约会的时间和你的电话号码,你会立刻体会到一种被尊重的感觉。

不管是什么样的约会,你都要当着对方的面,打开记事本,将其仔细写下来,并在完成之后,向对方确认一遍。即使你对自己的记忆力相当自信,也不妨遵照上面的做法。因为这样做不仅是为了让自己不要忘记,也是为对方着想。口头的承诺会让人略感随意。纵使每次都能实现诺言,但口头约定的方式恐怕很难建立彼此的信赖感。你的种种承诺,就像“有空我会请你吃饭”一样,给人一种敷衍了事的印象。而当面记下约定的时间和电话号码,则能显得你对这件事、这个人的尊重和重视,而对方对你的信赖感也会油然而生。

除此之外,凡是与对方有关的信息,你最好都要当着对方的面写下来。例如,接过对方的名片后,你应立即将上面的联系方式转载到自己的手机上,或是本子上。正因为多数人不会这么做,这样更能让人认为你是个重情谊、懂礼节的人,从而拉近你们之间的距离。

再小的事情也要及时言谢

对很多主动给予他人帮助的人来说,他们并不指望能得到某些回报。即使这样,受助者也要及时主动地表示真诚的感谢。

及时,是一个时间概念。待被帮助的事情有了结果后,要马上表示感谢,不能一拖再拖。及时，也说明你重视、尊重他人对你的帮助，体现了你是一个性格爽直、颇懂人情的人。

但是，这往往被我们大多数人忽略了。有的人以为是他人的举手之劳，觉得不用说“谢谢”；有的人觉得双方的关系密切，道谢会显得生分；有的人对他人的帮助习以为常，或视为理所当然，从来没有道谢的意识。这些做法，或多或少都会伤害人心。

得到别人的关心和帮助，向人致谢不能只是礼节上的客套，而应是发自内心的感激。道谢时，态度要真诚，要微笑着目视对方，还可以和对方握握手，让对方真切地体会到他所提供的帮助的价值和意义。这样也有助于形成乐于助人的良好社会风尚。

社会是由许许多多的个人构成的，每一个人的生存都少不了其他人的帮助。“恻隐之心，人皆有之。”看到别人有了困难，马上将这种处境联想到自己身上，感同身受之后，自然会去帮助他人。这种善良的天性无法用金钱买到，也无法用商品价值来衡量。

因此，在生活中，只要有人帮了你一把，无论大小，都要及时地说一声“谢谢”，哪怕他只是给你指了一下路，或帮你捡了一下东西。这是你对别人提供的帮助的肯定，也是一种基本的礼貌。

嘴边常挂“对不起”

没有人能绝不犯错。当我们做了错事，或是在不恰当的场合惹怒了别人，或是无意中伤害了对方，或是打扰了别人，等等，都必须说声“对不起”。

“对不起”不是万能的，但它的确可以在一定程度上弥补过失。无论你犯的错误是大是小，尽早地道歉，是毋庸置疑的。但是，有时想说“对不起”也不是太容易的事，需要勇气。一旦把自己的过错摆出来，并走出缺点和错误的阴影，迎接你的定是一方艳阳天。古代战国时期的廉颇就是这样做的，他虽然因为妒忌蔺相如的才能而屡次诋毁他，但当得知蔺相如的真实想法后不仅向对方说了“对不起”，还负荆请罪以显诚意，因此最终得到了谅解。

一声“对不起”，常使芥蒂烟消云散，由此可见这三个字的分量之重。其实，在现实生活中，不仅那些重要的大事需要及时致歉，日常琐事也应及时地表示自己的歉意，例如向别人问路、在剧场中从别人座位前走过等。有些人把在公共场所打嗝或与别人交谈时打喷嚏、咳嗽都视为不雅，遇到这种情况，他们就会说声“对不起”，请对方原谅。

在美国，甚至常常有这样的情形，即两人迎面而过，其实相距甚远，根本不会碰撞，但必有一方会说“对不起”，而另一方也连忙说“抱歉”，然后彼此道声“多谢”，各行其路。这种情形对美国人而言是司空见惯的。简言之，当一方说“对不起”时，另一方也应用“对不起”、“没关系”、“抱歉”之类的礼貌用语来应答，以示相互尊重、相互谅解。

原谅别人可以祛除心里的怨恨，而怨恨是戕害心灵的。而一句“对不起”，能消除彼此的隔阂，使双方冰释前嫌，让你的优雅风采展露无遗，也让他人看到你真诚的一面。因此，我们应将人间最能化戾气为祥和的三个字“对不起”常挂在嘴边，这是一个文明的现代人所必须做的。

礼让女士是男士的职责

今天是男女平等的时代，但“女士优先”仍是世界上许多国家和地区的社交原则。女士优先，不仅仅是顺序上的优先，更包含着对女士的尊重、帮助和照顾。男人不遵守这一成规，会被认为失礼；而女士若在这一规则面前过分矜持，也是一种失礼。

在社交场合，男子应处处谦让女士，爱护女士，事事尊重她们，时时以保护人的姿态出现，以显示男士的风度。

一、男女同行

在马路上行走时，男子应该靠近车辆之侧行走，而让女士走在内侧。这一点由来已久，在古代，马路多是崎岖不平的土路，一遇雨雪天气就泥泞不堪，一旦有马车疾驰而过，必定溅起污水。而男性走在外侧则充当了“护花使者”，为女士挡住了污泥。当然，现在土路多已变成了宽阔的柏油马路，但男士仍然有走在外侧的理由：一是保护女士免遭汽车碰撞；二是防止汽车溅起的泥水弄脏女士的衣裙；三是防止女士的挎包被抢劫。

若是路很窄，并行会有诸多不便时，男士通常应请女士先行，而自己随行于其身后，并与之保持大约一步左右的距离。这样做既是为了避免因男士的步伐过大，使女士难于赶上，也是为了将“选择行进方向的权利”让给女士。

二、约会就餐

进入餐厅时，男士应先开门，请女士进入。如果有服务员引路，也应请女士走在前面。入座、餐点端来时，都应让女士优先。如果是团体活动，也别忘了让女士们走在前面。

三、上下楼梯

日常工作中与同事或来访者一起上楼梯是常有的事，但上楼梯也是有学问的。传统的礼仪观认为上楼时，应该女士在前，男士在后。但随着时代的变迁，观念也在不断变化。有些专家认为，上楼时男士应走在女士的前面。因为如果女士先上，那么走在后面的男士的视线正好落在女士的臀部上，会让女士感到不舒服。所以，上楼时“男士在前，女士在后”比较好，这主要是为了女士的安全与雅观；而下楼时，才能适用“女士优先”的礼仪原则，让女士先行，尽显男士风范。

四、上下电梯

乘电梯时，男士应先替女士挡住电梯门，女士进入后，自己再进入并按下想要去的楼层。到达该楼层时，也须用手挡住电梯门，待女士完全走出后再出电梯。

五、出入乘车

遇上弹簧门，男士应先进出，尔后扶着门把手再请女士进出。进入旋转门时，若门仍在旋转，则女士优先走入；若是处于静止状态，则男士先入以便为女士转动旋转门。

乘车时,男士应先行打开最近的一扇车门,待女士坐定后,关上车门,自己再坐进车内。下车时,也是男士先开门下车,绕过车身替女士开门,待女士下车后,再关车门,然后跟上。

六、社交场合

拜访时,须先向女主人致意。介绍时,应先向女士引见男士,即使向父母引见友人,也应先向母亲引见。同女子打招呼时,男子应该起立,而女子则不必站起,只要坐着点头致意就可以了。男女握手时,男子必须摘下手套,而女子可以不必摘下。女子的东西掉在地上时,男子不论是否认识,都应帮她捡起来。

“女士优先”不是性别歧视,相反,这更有助于展现男士的优雅风度。再说有礼貌并不会使男士有什么损失,相反会帮助男士赢得更多女士的青睐。

卫生间里的文明礼仪

洗手间是每个人都要使用的场所之一,是否了解和讲究洗手间礼仪,可以从侧面反映一个人的文明素质。使用洗手间的个人礼仪有如下几条:

1.排队

不论男女,如果在洗手间均被占用的情况下,后来者必须排队等待。而排队的方法是在整排的洗手间最靠外处依序排成一排, 一旦其中有某一间空出来时,排在第一位者自然拥有优先使用权,这是国际通行的惯例,而不是各人排在某一间门外,以赌运气的方式等候。

2.洗手间的使用

在火车、飞机和轮船上,洗手间是男女共用的,男女一起排队是很正常的,此时也不必讲究“女士优先”了。使用前应先看清门上显示的是有人还是没人,不要贸然进去,以免陷入尴尬的境地。

现在不少公共卫生间的厕位门上都有“来也匆匆,去也冲冲”的提示语。

提示语的含义不言而喻，提醒那些上完厕所不冲水的人讲讲公德。其实，洗手间最忌讳肮脏，因此在用完之后，一定要将废弃物扔进垃圾筐里，并及时冲洗。有些人没有良好的卫生习惯，懒于善后，这样往往会使下一位使用者怨声载道。

3.是否需要关门

当你用完了洗手间，出来时不用把门关上，洗手间应该保持通风。

4.掉发的处理

在卫生间整理仪容时，有掉发不能避免，此时可以用纸包住头发，丢入垃圾箱。

5.忌衣冠不整

走出洗手间之前，应把衣饰整理好，不要一边系着裤扣或者整理着衣裙一边往外走，显得很不雅观。

6.洗手

上完厕所后必须洗手。洗手时水要开小些，一方面节约用水，另一方面可以避免水溅到洗手台和地上。如果不小心溅了水，要用纸把水擦干净。如洗手间备有烘干机和纸巾，一般是先用纸巾擦干手，将用完的纸扔入垃圾桶后，再用烘干机把手吹干。

7.停用

如果看到洗手间地上有“Wet Floor”等字样的黄色告示牌，表示清洁工人正在进行清洁。这时候，你就要去找另外的洗手间了。

总之，洗手间是我们日常使用极为频繁的地方，也由于公共场所的洗手间是众人共享的，所以在使用时就必须要注意卫生，还要讲究礼仪，以免影响下一位使用者的情绪。

要微笑正视对方的眼睛

在第二次世界大战时期，德国纳粹对犹太人展开了惨无人道的杀戮，可是却有一位年轻的德国纳粹军官在生死关头放了一位犹太传教士一条生路。

原来,那个犹太传教士每天清晨总是准时在一条乡间土路上散步。不管遇到何人,他都会微笑地向对方问好。

有一个名叫米勒的年轻人,起初对传教士的问候充耳不闻,但传教士还是一如既往地与他打招呼。终于有一天,这个年轻人脱下了帽子,向传教士道了一声"早安"。

多年之后,纳粹党上台执政。这一天,传教士与村中所有的人都被纳粹党抓了起来,送往集中营。在下火车、列队前行的时候,有一个手拿指挥棒的指挥官,在前面挥动着棒子,叫道:"左,右。"被指向左边的人是死路一条,被指向右边的人则还有存活下来的机会。

传教士的名字被这位指挥官点到了,他浑身颤抖地走上前去,绝望而又无助地抬头看那个指挥官,四目相对时,传教士脱口而出:"早安,米勒先生。"

指挥官略微震惊了一下,接着小声地说:"早安。"然后他大声地喊道:"右!"传教士因此幸免于难。

古人说:"笑开福来。"上例中的犹太人就是因为微笑结下的善缘才大难不死。在陌生的环境里学会微笑,你也就架起了一座联系他人的友谊之桥,掌握了一把开启陌生人心扉的金钥匙。波拿劳·欧维尔斯利特在她的著作《理解我们自己和别人的恐惧》中指出:"我们对其微笑的人,也反过来朝我们微笑。在一种意义上,他是在朝我们微笑;在更深的意义上,他的笑还可能蕴含着如下的意思:我们使他能够感受到突然而至的快乐。我们的微笑使他感到他值得报以微笑,于是他也笑了。可以说我们从人群中把他分离出来了。我们对他区别对待,同时给了他一个单独的地位。"

所有的人都希望别人用微笑去迎接他,而不是怒目相向。试问:谁不愿看到一个个灿烂的笑容,谁不愿见到一张张友善的面孔?朋友、同事之间的微笑,表示认同、友爱;同学、师生之间的微笑,充满了关怀与怜爱;父母、子女之间的微笑,是亲情传递的纽带。

微笑,是一缕阳光,是一种体贴;微笑,是一种姿态,是一抹色彩。不管是工作需要还是平时与人相处,微笑都会为你获取他人的好感,你也就更容易被别人接纳。

人们在交际场所，与人交谈时，为了表示自己时刻都在专心地听对方讲话，应正视别人的眼睛。正视别人等于告诉对方："我是诚实的，光明正大的；我非常尊重你，喜欢你。"同时，倾听时看着别人的眼睛也是一种礼貌的表现。因此，正视别人，是积极心态的反映，是自信的象征，更是个人魅力的展示。可以说，目光运用得当与否，直接影响礼仪的质量。以下几点是需要注意的：

一、正视的部位

一般情况下，视线的落点应该在对方的发际以下，下颌之上，也可落在对方双眼或双眼与唇部之间的三角区。注视其他区域会让对方不舒服，是不礼貌的注视方法。尤其是不能老盯着对方的嘴唇或身体的其他部位看，或不停地打量对方，这会让人觉得轻浮。两眼也不能上下翻飞、左顾右盼，否则对方会觉得莫名其妙、不知所措。

二、正视的时间

注视对方时间的长短是十分有讲究的，一眼不看绝对失礼，时间过长也不礼貌。例如两个人聊了十分钟，你看对方的时间应以占聊天时间的三分之一至三分之二为宜。少于三分之一有蔑视和轻视之嫌，但若一直看着对方也十分失礼。通常而言，5秒钟是大多数人在与人交谈、眼神接触时感到最舒适的眼神暂停时间。所以，在沟通中，我们可以运用这个原则，让自己与他人的眼神接触保持在这个时间段内。

交谈过程中，可能会出现双方目光对视的情况，这时最好稳重一点，不必惊慌，也不必躲闪，自然地与其对视1~3秒钟，然后再缓缓移开。那种一接触对方目光就慌忙移开的做法，会影响谈话的正常进行，也是很不礼貌的。

三、视线的角度也很重要

正视表示平等、友好、尊重，常用于在普通场合与身份、地位平等的人进行交往；仰视表示尊重、友好、盼望、思考，多用于晚辈对长辈、下属对领导之间；俯视表示爱护、教训、尊严和先发制人，常用于长辈对晚辈、上级对下级之间；斜视表示轻蔑。在交谈过程中，如果是想向对方询问什么，可以用目光自下而上注视对方；如果是表示专注倾听别人说话，可以头部微微倾斜，目光自上而下注视对方。

四、不同民族、不同文化的差异

不同国家、不同民族、不同文化习俗对眼神的运用也有差异。如，在美国，一般情况下，男士是不能盯着女士看的，两个男士对视的时间也不能过长，除非是得到对方的默许；日本人对话时，目光要落在对方的颈部，四目相视是失礼的；阿拉伯民族认为，不论与谁说话，都应看着对方。大部分国家的人们都忌讳直视对方的眼睛，甚至认为这种目光带有挑衅和侮辱的性质。

从一个人的眼睛，我们能看到他的内心世界，所以有人说："眼睛所传达的信息与舌头所说的话一样多，我们能够从一个人的眼睛里了解他的整个世界。"这又说明，眼睛语言的表现力是极强的，是其他举止无法比拟的。在交谈中敢于礼貌地正视对方，是一种坦荡、自信的表现，也是对他人尊重的体现。

要笑得自然大方有气质

古人十分讲究礼仪，在他们看来，大笑露齿是不礼貌的行为，所以在笑的时候常用手帕遮住口，"哧哧"地笑，大家闺秀更是如此，这样也更能表现出女性的矜持。

现代人，特别是淑女，笑的时候也要掩口而笑，因为开口大笑往往很难看。但是，从某种角度上讲，哧哧笑或掩口笑都是不自信和不礼貌的。如果你对一个人哧哧笑，极易让人误解，感到莫名其妙，甚至会觉得被嘲弄、被讥笑，或是认为自己有不妥之处。历史上，因笑而招致灾祸的例子不胜枚举。

战国时的赵胜，人称平原君，他家的楼高居在老百姓的房子上面。邻居家有一个跛子，一瘸一拐地去打水，平原君的美人在楼上居住，看见此景后，掩口大笑。第二天早上，跛子到平原君家里请求说："我听说平原君爱惜有才之士，智者不远千里拜见您，就是因为您把士看得很珍贵，而把女子看得很低贱。我不幸残废，您的后宫看见了便笑我，我想得到那个笑我的人的头。"后来，平原君果然杀了那个嘲笑跛子的美人，并且到跛子家谢罪。

唐朝的郭子仪在宰相卢杞来访时，总是将常伴身边的小妾、丫环打发走。别人很奇怪，问他原因，他说："卢杞长得十分丑陋，我怕女人们见到他会忍不住发笑。依卢杞那凶残歹毒的心肠，一旦他得势，必定会残害我族。"

古人云："乐然后笑，人乃不厌。笑不可测，腹中有剑。"因快乐而发笑，别人就不会讨厌他的笑容。然而笑得不合时宜或莫名其妙，如同心中藏着剑一般，就会引起别人的厌恶或警惕了。

笑是件很平常的小事，却也能招致灾祸，留下隐患。前车之鉴，今人应该引以为戒。虽然不会严重到失去性命，但也会极大影响你的社会交际。

笑的方式有很多种，无论怎样笑都要自然大方，这样才会给人亲切之感。

公共场合不宜喊绰号和小名

尽量不要在公共场合使用小名，以免降低自己的形象。小名，包括乳名、绰号等，一般只在家庭和亲朋好友之间使用。自秦汉以后，我国士族阶层便开始"讳小名"，认为小名不雅，有贻笑大方之嫌，故另立了"正名"，以供社交场合使用。

李君羡是唐朝有名的武官，他军功极高，封武连郡公，累任左武卫将军，宿卫玄武门。贞观初年，太白星多次白天出现，太史占卜后，说这一天象预示"有女人要当皇帝"，太宗李世民对此十分忧心。有一天，唐太宗在宫内宴请武将。酒酣耳热之际，太宗说："我们别这么闷头坐着，说说笑话，各自报上自己的小名，博大家一笑嘛。"武将纷纷响应，有的武将站起来说，他的小名叫和尚,还有的武将说,自己的小名叫秃子。大家听完哈哈大笑。

到了李君羡这儿,他当即向皇帝报告,自己的小名叫“五娘子”。李世民张着嘴半天没回过神来,好久,才阴笑着说道:“明明是一个男儿,怎么叫女孩子的名字?”又因为李君羡封地地名及其所辖的县名里都有“武”字,李世民觉得太史的话很可能要在这个李君羡身上应验,于是对其起了杀机,但一时又找不到除掉李君羡的借口。不久,一位御史为了迎合皇帝的心意,向李世民报告,说李君羡与妖人相勾结,想搞政变。李世民觉得正好可以以此为借口,除去这个灾星,于是连审都不审,便下令将他杀掉。

李君羡因为说出了自己的乳名,无意中犯了唐太宗的忌讳,继而惹祸上身,实属不幸,令后人为之扼腕长叹。如今,类似的事例虽不大可能发生,但毕竟小名与正名性质有所不同,所以在使用时也要讲究场合。

有些人认为,乳名叫起来既简单、顺口,又亲切、悦耳。而且,使用乳名可显得彼此关系亲密,也更易让人接近。

这些看法颇有道理,在亲朋好友之间使用乳名也是司空见惯的事情。但是,在社交场合中,尤其是与客户谈判或在与外宾沟通时,使用乳名会给人不庄重的感觉,尤其是昵称,更是不能随便脱口而出的。昵爱称谓是表示喜爱的私下的称呼。家中长辈给晚辈起的乳名、恋人之间特有的称呼等,都属昵称。比较而言,昵称更具有私密性,如“胆小鬼”、“小宝贝”等,公开场合使用,会使人对你产生轻视之意。

其实,无论是乳名,还是昵称,抑或是绰号,都应尽量避免在公共场合中使用,以免降低自己的形象。特别是在较为正规的场合,还是使用正名为好。

餐桌上勿大声喧哗

用餐时需要讲究社交礼仪,用餐后结账也是讲礼仪的,这些离职场人士并不遥远。随着生活水平的提高和工作的繁忙,应酬多了,出去吃饭的机会也多了,结账也就成为了一种社交行为。

在餐厅用餐完毕，如何结账才能给你的同伴和服务人员留下一个好印象，这也是极为讲究的。一般来讲，当你发觉在座的其他人都已用餐完毕时，就要准备结账了。这时，你千万不能坐在椅子上，大声地叫道："服务员，埋单！"甚至手握钞票，举得高高的挥来挥去。这样不仅让你的同伴产生不好的感觉，也干扰了他人进餐，毕竟餐厅是一个公共场所。当然，也不应亲自跑到柜台前面掏出钱来结账，那样既不雅观，也不合乎餐厅礼节。正确的方法应是趁服务人员从你身边经过的时候，轻声地唤住他，并且很有礼貌地对他说："请帮我们结账。"结账时还要注意一些特殊的"风俗"，例如：晚间用餐，小费需比白天多一些。想对服务表达自己特别的感谢，或期待得到更好的服务时，就可以多给一点；反之，则少给一点。

小费怎么给？一般情况下，可将小费放在盘子下面或者采取不找零钱的形式，也可在感谢服务人员时塞进其手中。但有的地方会规定，把顾客的花销、小费一起交到收银台。

在一些高档的大酒店里，一般一桌有一个服务生，而且都是固定好桌号进行全程服务的。因此，你有什么事就找他，不要随便叫另外的服务生，因为你的小费只付给他，其他的服务生并没有义务帮你。这是在餐厅应有的习惯，要牢记在心。

还有，为了方便付小费，无论去何种高档的场所，都最好备上一些小面额的钱。

值得一提的是，我国绝大多数地方都明令禁止收小费，例如旅游业等。因而，给小费时须注意是否符合规定，若是违规，你的好意也可能为对方招来麻烦。

礼貌待人，注意小节

细节决定成败，有时候，一个很小的动作或习惯都有可能影响到办事的结果。所以，在办事的过程中一定要注意小节，礼貌待人，这样才不会因小失大。行为礼貌是必须的，它是你办事成功的前提之一。

刘世龙是一家软件公司的推销员，他与中关村一家电脑公司业务往来比较多,关系比较好,可就是有一个开关门不太礼貌的毛病。一天,他由于业务原因,多次进出此公司,终于引起了对方忍无可忍的批评:“跟你说了多少次了,别用脚踢门,你怎么就是记不住啊！你要再这样,下次干脆别来了！”

刘世龙自认为与对方公司的关系好，也自认为与对方公司的职员关系不一般,因而注意不够,忽略了开门关门这类看似简单却十分重要的礼仪,结果给人一种不讲礼貌、粗暴的印象,得到了对方的直言不讳的批评。极尽礼仪,取悦对方,自古皆然。所以,即使对方是自己的老主顾或比较熟悉的人,也要多加注意。

不拘小节的人往往被人看做是不懂礼仪的人，这个道理许多人都很清楚,也会时常注意自己的言行,可真做起来却不是那么轻松的。所以我们必须从平时的一点一滴做起,加强修养,培养谨慎、讲礼仪的好习惯。

有的人时常会不小心“嘭”地一声把门推开或关上,发出很大的响声,给人的感觉不是在开门或关门,而是在撞门,这是极不礼貌的。开关门用力要轻些,用力过猛,便会使房门碰撞墙壁发出大的声响;但也不能用力过小,半天打不开,反而给人一种畏畏缩缩、鬼鬼祟祟的不良印象。从开门关门动作的轻重,可以看出一个人的修养、内涵和水平,更重要的是,这能直接影响到对方对自己印象的好坏,所以要格外注意。

每次访问时,应注意自己开门、关门的方式与动作,尽可能礼貌些。当然,也没有必要太紧张,表现得太过拘谨。原则上不管是以何种方式开门,在打开时,以自己能自由进入的程度为宜,不要太小,也不可太大。

除了开关门要注意,拜访他人时的坐姿也很重要。为了给对方一个良好的印象,表现出自己的修养,入座时应端正姿势,轻轻地坐下,等待对方的接待。座位也是值得注意的细节问题,切记不可坐在主位上,而应坐在侧面的位子上。因为自己是来办事的,最好坐在靠近房门的位置,可也不能离主位太远,适度为宜。座位与主位的远近,要由自己与顾客的亲疏关系来确定。

注意小节,礼貌待人的问题远远不止以上这一些,但从以上这几种行为中,我们便可以对礼貌的重要性有更深地了解。

商务称呼要正确

宋刚在一家网络公司做采购员，其他公司的业务员便常常跑来与他接洽，甚至很多从未谋面的业务员也经常打电话找他。一次，宋刚正在跟部门经理谈话，门外匆匆跑进来一个小伙子，见人就问："请问宋经理在吗？"

宋刚一听，心中大急，自己只是一个小小采购员，而且经理就坐在自己面前，自己成了经理的话那真的经理往哪放呢！眼见那个小伙子就要冲到自己这边来了，他迅速站起来，奔过去拉住了那位"冒失鬼"道："你乱叫什么啊？"

小伙子一愣，反应过来后，直冲着宋刚乐开了花："哦，你就是宋经理啊，你好！你好！"

宋刚差点晕过去，心里暗暗地骂道：真是快被你害死了！

他回头看见经理正一脸不解地看着他，看得他心里直发毛。宋刚只得尴尬地解释道："他是来谈业务的，这些业务员就喜欢乱称呼，给谁头上都扣经理的帽子，是个误会，误会……"

经理听了一脸惶恐的宋刚的解释，不置可否地笑了笑，并没有说什么，这事也就这样过去了。

商务称呼指的是人们在商务活动的交往应酬之中，所采用的称谓语。商务活动中的称呼是一门极为重要的学问，如果称呼不当很容易影响你的商务交往。而正确的商务称呼能在商务活动中为你加分，它能反映出你自身的教养以及对对方的尊敬，甚至还能体现出双方关系所达到的程度。

对商务人士的称呼应当亲切、自然、准确、合理，不可肆意为之、大而化之。商务人士彼此之间的称呼是有其特殊性的，总的要求就是要庄重、正式、规范。当你第一次到一家公司时，应多留意该公司职员是如何称呼上级的，以便你与该公司人员接洽时给出正确的称呼。当你跟你的商务合作伙伴见面握手时，你应说："你好！李总，我是XXX，这是我的名片，请多多关照。"要正确而清晰地说出对方的称呼,并清楚地报上自己的名字。

在正式的商务活动场合,若对方是有身份的商务人士,在称呼他们时没有加上相应的头衔,是十分不敬的,甚至会被视为羞辱,所以务必要谨慎小心;若是合作已久的商务伙伴,即使再熟悉,在正规的商务场合,不以其职务相称,大庭广众之下直呼其名,也是极其不礼貌的行为。

接受外国人的礼物要当场打开

在中国的传统礼仪中,当事人收到礼物后,不能当着送礼人的面打开,只能含蓄地道谢,等送礼人走了以后,再自行拆开,褒贬一番。然而,外国人的收礼习俗正好和中国的相反,他们不管收到什么样的礼物,也不管是收到谁的礼物,都会当着送礼人的面打开,然后赞赏有加。

小峰是一家跨国公司的业务总监。由于他性格随和,所以结识了很多朋友,尤其是一些外国朋友,都非常喜欢这个中国的小伙子。因此,每当有什么聚会时,一些朋友都会热情地邀请他去参加,而他也时不时地请一帮朋友来家中聚聚。一次,他过生日,请了几个要好的朋友一起出去庆祝。其中有一位叫杰克的小伙子,特意为小峰准备了一份礼物,这让小峰十分感动,但是他接过礼物时并没有及时拆开看,而是和其他人喝酒去了。这时送礼物的杰克站在那里,用一种奇怪的眼神看着小峰,坐在小峰旁边的张建看见了,他告诉小峰这是失礼的行为。小峰急忙回头找到杰克,并打开他送的礼物,大加赞赏一番,还邀请杰克喝了一杯红酒,这样杰克才面露微笑。

小峰很幸运,没有因这一小小的礼节性的疏忽而失去一位好朋友。可是毕竟幸运不会降临到每个人的头上, 如果因为礼节没到位而背上一个不重视朋友的罪名,岂不是很冤枉?因此,当你接受了一位外国友人的礼物时,一定要当面打开包装,拿出礼品欣赏一番,并表示喜欢和感谢。这样既是对自己的尊重,也是对送礼人的尊重。如果不这么做,别人就会认为你对他送的礼物不感兴趣，甚至会误以为你不在意他送的礼物，这在涉外礼仪中是很不礼貌的。

国际交往中的称呼不可随便

国际商务交往中的称呼礼仪，除了要遵循一般的礼仪规则外，还有一些特定的礼仪要求。由于各国、各民族之间语言、风俗习惯各异，社会制度不一，因而在称呼上差别很大。若称呼不当，不但会使对方不高兴，引起反感，甚至还会闹出笑话，出现误会。

在国际商务交往中，一般称男子为先生，女子称为夫人、女士或小姐。对已婚女子称夫人，而未婚女子统称为小姐；若不了解其婚姻情况，可统称为小姐。而在“先生”、“夫人”、“女士”、“小姐”这些称呼前，都可冠以姓名、职称、头衔等，如“史密斯先生”、“参议员先生”、“州长先生”、“中士先生”、“丽娜小姐”、“护士小姐”、“布什夫人”等。

对地位高的官方人士，按国家情况不同，一般称“阁下”，或头衔、先生，如“部长阁下(先生)”、“总统阁下(先生)”、“主席阁下(先生)”、“总理阁下(先生)”、“大使阁下(先生)”等。对有高级官衔的妇女，也可称“阁下”。但在美国、墨西哥、德国等国没有称“阁下”的习惯，因此在这些国家一般称先生、夫人。君主制国家，按习惯称国王、皇后为“陛下”；王子、公主、亲王等为“殿下”；对有公、侯、伯、子、男等爵位的人士既可称其爵位，也可称“阁下”或先生。

对医生、教授、法官、律师，以及有博士学位的人士，均可单独称“医生”、“教授”、“法官”、“律师”、“博士”等。同时也可以加上姓氏或先生，如“卡特教授”、“法官先生”、“律师先生”、“博士先生”等。

对服务人员一般可称服务员，如知道姓名的可单独称名字。但现在很多国家越来越多地称服务员为“先生”、“夫人”和“小姐”。

军人一般统称其军衔，或军衔加先生，知道姓名的也可冠以姓或名。如“上校先生”、“维尔斯少校”等。有的国家对将军、元帅等高级军官称阁下。

教会中的神职人员，一般可称教会的职称，或姓名加职称，或职称加先生。如“福特神父”、“牧师先生”等。有时主教以上的神职人员也可称“阁下”。凡以“同志”相称的国家，对各种人员均可称同志，有职衔的可加职衔。如“主席同志”、“议长同志”、“大使同志”等，或姓名加同志。有的国家还有其特有的习惯称呼，如“公民”等。在日本，对妇女一般称女士、小姐，对身份高的也称先生，如“中岛京子先生”。

你应该知道的常见的国外见面礼仪

在国内外交往中，以下见面礼仪在一些场合中也颇为常见，值得我们学习领会：

一、鞠躬礼

在日本、韩国、朝鲜等国，鞠躬礼十分普遍。目前在我国主要适用于向他人表示感谢、领奖或讲演之后、演员谢幕、举行婚礼或参加追悼活动时。

行礼时应脱帽立正，双目凝视受礼者，然后上身弯腰前倾。男士双手应贴放于身体两侧裤线处，女士的双手则应下垂搭放于腹前。下弯的幅度越大，所表示的敬重程度就越大。

二、合十礼

在东南亚、南亚等信奉佛教的国家与地区，以及我国傣族聚居区，合十礼最为普遍。行合十礼时，双掌十指在胸前相对合，五指并拢向上，指尖和鼻尖基本持平，手掌向外侧倾斜，双腿立直站立，上身微欠低头，可以口颂祝词或问候对方，也可面带微笑，但不能手舞足蹈，反复点头。一般而论，行此礼时，合十的双手举得越高，越能体现出对对方的尊重，但原则上不可高于额头。

三、吻手礼

吻手礼，主要流行于欧美国家。它的做法是，男士行至已婚妇女面前，首先垂手立正致意，然后以右手或双手捧起她的右手，俯首以自己微闭的嘴唇，象征性地轻吻其手背或手指。行吻手礼的地点，以在室内为佳。吻手礼的受礼者，只能是女性，而且应是已婚妇女。

四、拥抱礼

在西方，特别是在欧美国家，拥抱礼是十分常见的见面礼与道别礼。在人们表示慰问、祝贺、欣喜时，拥抱礼也十分常用。

正规的拥抱礼，讲究两人正面面对站立，各自举起右臂，将右手搭在对方左肩后面；左臂下垂，左手扶住对方右腰后侧。首先各向对方左侧拥抱，然后各向对方右侧拥抱，最后再一次各向对方左侧拥抱，一共拥抱3次。在普通场合行礼，不必如此讲究，次数也不需如此严格。

五、亲吻礼

亲吻礼，也是西方国家常用的见面礼，有时它会与拥抱礼同时使用。行礼时，通常忌讳发出亲吻的声音，而且不应将唾液弄到对方脸上。在行礼时，双方关系不同，亲吻的部位也有所不同。长辈吻晚辈，应当吻额头；晚辈吻长辈，应当吻下颌或面颊；同辈之间，同性应当贴面颊，异性应当吻面颊。接吻，即吻嘴唇，仅限于夫妻与恋人之间，不宜滥用，也不宜当众进行。

第八章 谈判礼仪：雷厉风行友好谈合作

商务谈判是企业的一项经常性工作，它是指存在商务关系的各方代表为了解决商务争端、达成合作、解决纠纷而进行的会谈，和企业的运行以及合作等息息相关。一次成功的谈判少不了必要的商务礼仪规范。恰到好处的应对、拿捏有度的措辞，能使你在这场微妙的战争中赢得主动和成功。

谈判前的悉心准备

在商务谈判之前，首先要确定好谈判人员。选定的谈判人员应该与对方谈判代表的身份、职务相当，过高会给人盛气凌人的感觉，而过低则让人感觉受到轻视，这是商务谈判准备中不得忽视的一点。

谈判代表要有良好的综合素质，谈判前应整理好自己的仪容仪表，穿着要整洁、正式、庄重。男士应刮净胡须，穿西服必须打领带；女士穿着不宜太性感，不宜穿细高跟鞋，妆容应以淡妆为主。

布置好谈判会场，长方形或椭圆形的谈判桌为上佳选择，门右手座位或对面座位为尊，应让给客方。谈判前应对谈判主题、内容、议程作好充分准备，弄清楚谈判所要达到的效果，制订好计划及谈判策略。这些都是谈判前的礼仪范畴,应加以重视。

在某种情况下,你还可以对谈判的对手作出选择。但如果开始你不能确定所面对的人是否为最佳谈判对手,那么可以以友好的方式进行谈话。在了解对方的任职时间和工作经历的过程中,对其拥有的威望程度和灵活性进行评估。任职时间长的人通常会比任职时间短的人具有更大的威望与灵活性。通过谈话,你能对相关情况做到心中有数,知道你的对手可能有过的挫折,甚至了解到对方对其效力公司的忠诚度。了解了这些后,你就可以对不同的对手做出相应的礼仪准备,这样也就能万无一失了。

在谈判准备中,做一个信息情况调查表,记录下谈判对手的相关信息,例如姓名、公司、你与谈判对手的关系如何、对方为该公司效力的时间、对方是如何被其上司发现并委以重任的、对方对该公司的未来发展有何计划、是否有脱离公司的打算、谈判对手的资历情况、对此次谈判有何相应的对策、是否有激励举措、对手补偿金是多少、补偿金是以何种形式给予、对方对什么敏感、对方在其工作环境中要承受什么压力、协议最终达成之前必须向谁咨询、对方有多大权限……这些是你在谈判中正确运用相应礼仪的关键。

涉外谈判,礼貌是基本

在商务活动中,最能体现一个人的才智、能力、敏捷思维的工作就是谈判工作。所谓"谈判",其实就是针对某个问题与某些人进行交谈,各自代表着不同的利益,希望通过谈判来实现自己的利益,达到自己的目的。

小敏是一位谈判高手,这是行业里众所周知的。为什么说她是谈判高手,主要是因为她总能在谈判中为己方争得最大的利益。有人问她,到底用了什么方法使对方同意她提出的要求。小敏给出了两个词:尊重,礼貌。她的解释是这样的:在谈判时,一定要尊重对方,对谈判对手表现出最大的诚意。

绝不说一句不礼貌的话,从见到谈判对手开始,就表现得特别礼貌,并且要非常尊重对方,这样,对方的心才会和你贴近,谈起来也会容易一些。

在商务谈判中,有一些最基本的礼貌是我们必须掌握的。

1.在参加谈判时,首先要有一种更新意识,要清楚我们谈判的目的。虽然是来谈判的,但是我们要本着共同解决、和谐发展的态度,尊重自己,也尊重对方。

2.在谈判过程中,要消除所有干扰,始终如一地礼貌地对待自己的谈判对手,时刻表现出对谈判对方真诚的敬意。

3.在谈判过程中,谈判双方一定要在地位上保持平等及一致,要相互尊重,在谈判时,彼此要互相商量、相互理解,共同寻找解决问题的办法,不要使用武力、暴力或欺骗等手段来达到目的。

4.在谈判中,适当的妥协是通过双方的相互让步来实现的。只要不违背公平、合理、自愿的原则,在最大程度上维护和争取到了各自的利益,让步都是可以接受的。

5.在谈判中,在谈论问题时,要就事论事,不要将人和事混为一谈,更不要涉及不相关的人和事,这对谈判毫无意义。

6.最理想的谈判结果是,双方达成了协议,并且这个协议是双方都满意的。其实说到底,就是通过谈判,既争取到属于自己的利益,又不伤害他人,最终得到一个圆满的结果。

但是,请千万记住,无论是什么样的谈判,彬彬有礼只是我们在谈判中应该体现出的最基本的素养和能力,在一场谈判中如果要取得理想的效果,还需要更多更高层次的素养。

谈判中的说服技巧

在商务谈判中,能否说服对方接受自己的观点,是谈判能否成功的一个关键。谈判中的说服,就是综合运用听、问、叙等各种技巧,改变对方的起初想法而接受自己的意见。说服是谈判过程中最艰巨、最复杂的工作,其中所要遵循的礼仪非常重要。

一、创造说服对方的条件

1.要说服对方改变初衷,首先应改善与对方的人际关系。当一个人考虑是否接受说服之前,他会先衡量说服者与他的熟悉程度,实际就是对你的信任度。如果对方在情绪上与你是对立的,则不太可能接受你的劝说。

2.把握说服的时机。在对方情绪激动或不稳定时,在对方喜欢或敬重的人在场时,在对方的思维方式处于极端时,暂时不要说服。这时你最需要做的应是设法安抚对方的情绪,避免让对方失面子,对方的情绪稳定之后才可以进行说服。

3.在进行说服时,还要注意向对方解释你之所以选择他为说服对象的理由,使对方重视与你交谈的机会。

二、说服的一般技巧

1.努力寻求双方的共同点。谈判者要说服对方,应力求并强调与对方立场一致的地方,这样可以赢得对方的信任,消除对方的对抗情绪,用双方立场的一致性为跳板,因势利导地解开对方思想的"纽结",这样说服才能奏效。

2.强调彼此利益的一致性。说服工作要立足于强调双方利益的一致性,淡化相互之间的矛盾,这样对方就较容易接受你的观点。

3.说服要耐心。说服必须耐心、细致,不厌其烦地动之以情、晓之以理,把接受你的意见的好处和不接受你的意见的害处讲深、讲透,不怕挫折,一直坚持到对方能够听取你的意见为止。在谈判实践中,常遇到对方的工作已经做通,但对方基于面子或其他原因,一时又下不了台。这时谈判者不能心急,要给对方一定的时间,直到瓜熟蒂落。

4.说服要由浅入深,从易到难。谈判中的说服,是一种思想工作,因此也应遵照循序渐进的方针。开始时,要避开重要的问题,先进行那些容易说服的问题,打开缺口,逐步扩展。一时难以解决的问题可以暂时抛开,等待时机再行说服。

5.不可用胁迫或欺诈的方法说服。说服不是压服,也不是骗服,成功的说服必须体现双方的真实意见。采用胁迫或欺诈的方法使对方接受意见,会给谈判埋下危机。

6.要诚挚地向对方说明，如果接受了你的意见将会有什么利弊得失。既要讲明你的意见能给双方带来什么好处，也不能忽视它可能会造成的损失。这样做的好处是：一方面使人感到你的客观、坦诚；另一方面当对方接受你的意见后，如果出现了不理想的情况，你也可以进行适当的解释。

插话也要讲礼仪

在商务谈判中，要想使自己处于主动地位，就必须能以适当的方式参与到他人谈论的话题中去，发表自己的观点。这时，要想自己的插话被人接受，应该懂得谈判中插话的礼仪。

一、插话要善于抓住时机

要注意掌控交谈节拍。插话不是争话，强硬地压住别人的话头来发表自己的意见，会令人反感。要等别人把话说完，在交谈的间歇处及时发话。因为在对方说话的间歇，很自然得体地将自己的话简短说出，就不会使人感到你不耐烦或轻视他。恰当的插话会让对方暂时停下说话的节奏，让你先说。

另外，作为谈话中的一员，谈话内容应服从于统一话题。如果你插入的话题违背了对方原意，未听明白就下结论；或不着边际，转移话题；或抢过话头，显示自己更高明等，就会有不尊重的味道，处理不好会引起争执，导致不欢而散。插话时也可以从前面的谈话中抓住一点作为源头，将别人的话做一个小结，然后发表己见，把话题推向实质性阶段。同时要注意，当交谈进入你最熟悉、最有真知灼见的内容时，千万不要失去机会。这样的插话就会显得协调、合拍，你也驾驭了交谈局面。

二、插话应以交换意见的语气进行

谈自己的认识时，应该多用些“我以为”、“我觉得”一类的话，这样可以增加交谈的探讨气氛。别人谈话时，用“听我说”、“你知不知道”等打断对方的谈话，未免显得粗暴。

三、插话应根据交谈的特定语境

插话时，最好能从独特的视角出发，对所交谈的话题发表独到见解，力求给人耳目一新的感觉。此言一出，大家听得入迷，也激起了大家的兴趣，并把话题引向纵深，这样谈话的主动权也就到了你的手上，且又不会让人觉得失礼。需要注意的是，如果不是讨论性的交谈，一般不要与人争辩。如果对方反驳你的意见，没有必要急躁、恼怒，从容说出自己的道理便是。否则，即使你说得很有理，你咄咄逼人的态度也很难让你得到在场人的支持。

谈判中要不得的行为

在商务谈判活动中，经常会出现一些不正当、不道德、不讲究礼仪的谈判行为，破坏谈判公平、公开、公正的原则，这些行为是很受鄙视的。

这些不得当的行为具体有以下七种表现：

一、人身攻击

即谈判一方为使对方屈服于自己的压力，采取谩骂、讽刺、挖苦的语言，或其他不良举动(拍桌子、摔凳子)嘲笑对方、激怒对方，使其陷入尴尬难堪的境地，以迫使其让步。人身攻击的另一种表现是谈判一方采用或明或暗的方式，使谈判对手产生身体上或心理上的不适，使对方为了消除这种不适而被迫屈服。例如，谈判一方故意给对方安排不舒适的谈判环境(过高或过矮的凳子，光线暗淡的场所等)；故意在谈判中与别人谈论其他问题，冷落对方；故意装作没听清对方的话，让对方重复说过的话等。对此，有经验的谈判人员应该保持清醒的头脑、镇定的情绪，对对方的攻击不惊不慌，以局外人的身份看其表演，这样自然会使对方的企图破灭。

二、威胁手段

即说一些胁迫性的语言,强迫对方同意协议的全部或部分条款。如“在6月前你方一定要交货,否则后果自负”、“这项条款如果你方不同意,我方将终止谈判”等。但这种做法可能会遭到对方的反威胁,使战况逐步升级,破坏双方的关系,甚至使谈判破裂。谈判专家认为:威胁不是达成谈判协议的最佳手段,使用威胁很容易导致与意愿相反的结果。因此,优秀的谈判者从来不采用威胁手段,在表达同样的意思时,可以采用警告的语气,这样就不致引起对方本能的反感,有利于谈判的顺利进行。

三、百般刁难

在谈判中挑对方毛病是正常的,但是如果不顾客观事实,鸡蛋里面挑骨头,就显得过分了。尤其是对合同履行过程中出现问题负有责任的一方,为了掩盖过错、推卸责任,往往歪曲事实、编造假证,以期蒙混过关。施计一方不断纠缠、无理挑剔,故意拖延时间,把对方磨得精疲力尽、无计可施,在万般无奈情况下只好妥协、让步。这样获得的胜利难免上不了台面,也会极大影响双方的后续合作,自己的长远利益也会受到损害。

四、行贿受贿

又被称为暗盘交易。这种手段很容易奏效,一方获得紧俏物资、重要商业情报,售出了滞销产品;而另一方则获得大量金钱、实物,利了个人,害了集体。

五、“人质”战略

即谈判一方在看准对方必须购买自己的产品(或劳务)时,乘机向对方提出更多的要求,加重筹码,迫使对方接受。“人质”指的是对谈判双方都有价值的东西,包括金钱、货物、财产或个人名誉等。“人质”战略是靠手中王牌的压力达成协议,这样双方关系也不会融洽、长久。

六、假出价格

在商务谈判中,谈判一方为了排除同行的竞争,故意虚报价格,以获得与对方的谈判机会,一旦进入实质性的谈判阶段,就改变原先的报价,提出新的苛刻要求。这时,对方可能已放弃考虑其他的合作对象,只好同意新的要求。

七、联手游戏

有时谈判双方并不是单纯地为了达成协议而谈判，而是把谈判作为一种扩大影响、扩大宣传的手段。双方事先安排扣人心弦的谈判,通过媒介引起外界注意,或在履行协议时,一方故意违约,进行仲裁,引起舆论风波。这样,就起到了免费宣传的作用,扩大了双方的知名度,达到谈判目的。这种谈判做法是对大众的欺骗,是不道德的竞争行为,利己而害社会,因此必然会受到法律的制裁。

让谈判顺利进行的谈话礼仪

商务谈判时的交流礼仪，如果运用得当，将会使你的谈判变得非常简单。因此熟练掌握商务谈判中的交谈礼仪,很有必要。

在商务谈判中,要尽量使双方的谈判人员感情变得融洽,从而为达成一致协议奠定良好的基础。那么,当对方对你的意见和观点流露出赞同或肯定的神色时,你应立即以动作、语言进行反馈交流。这样有来有往的双向交流,不但会让对方觉得你有礼有节,还会让你们尽快找出共同话题,最终在协议上迅速地达成一致意见。

商务谈判中的谈话礼仪可归纳为以下几点:

1.在商务谈判的交谈过程中,只有尊重对方、理解对方,才能赢得对方感情上的接近,从而获得对方的尊重和信任。

2.及时肯定对方是商务谈判中交谈的礼仪基础。赞同、肯定的语言在交谈中常常会产生超乎想象的积极作用。当交谈一方适时、客观地肯定另一方的观点时,会使整个交谈气氛变得活跃、和谐,陌生的双方从众多差异中开始产生一致感,进而十分微妙地将心理距离拉近。

3.交谈时,语气要自然、充满自信,态度要和气,语言表达要得体,手势不要过多,谈话距离要适当,内容一般不要涉及不愉快的事情。

4.注意语速、语调和音量。在交谈中,语速、语调和音量对语意的表达有较大的影响,能否掌握好这方面的分寸也是商务交谈礼仪是否得体的表现。

交谈礼仪是商务谈判活动的中心。谈判人员在交谈之前,应事先调查研究对方的心理状态,选择让对方较容易接受的方法和态度;同时也要了解对方讲话的习惯、文化程度、生活阅历等因素对谈判可能造成的种种影响,做到多手准备、有的放矢。交谈时应当意识到,说和听是相互的、平等的,双方发言时都要掌握好各自占有的时间,不能出现一方独霸的局面。有些谈判者在面对刚刚起步的中小企业者时,语气中会流露出盛气凌人、不可一世的态度,这是对谈判对手的极不尊重,也会直接导致你谈判失败。在谈判交流中,因说话声音过大、语速过快,而使对方不知所措或根本听不清楚,也会使谈判告吹。

只要你掌握了这些商务谈判中的交谈礼仪,你就能使谈判十分顺利、圆满地进行。

用你的睿智巧妙拒绝对手

在谈判中,恰当地拒绝对方需要睿智的思维,也需要能让谈判对手容易接受的一些小技巧。掌握好这些技巧,便能让你的拒绝显得理所应当。

一、幽默拒绝法

在商务谈判中,如果你无法满足对方提出的不合理要求,那么你可以在轻松诙谐的话语中设一个否定的圈套,或讲述一个精彩的故事让对方听出弦外之音。这样既能避免使对方难堪,又能消减对方被拒绝的不快。

某公司在同客户谈判时,对方提出了一个让他们不能接受的价格,而该公司的谈判代表并没有生气地回绝对方,而是故作轻松地说:“如果贵方坚持这个价格,请为我们准备过冬的衣服和食物,你们总不忍心让我的员工饿着肚子,瑟瑟发抖地为你们干活吧!”

二、剥茧抽丝法

人人都渴望被了解和认同，因此我们可以利用这一点从对方的意见中找出彼此同意的非实质性内容，予以肯定，产生共鸣，给人以“英雄所见略同”之感，借机顺势表达不同的看法。

某玩具公司经理面对经销商对产品知名度的诘难和质疑时，坦然地说：“正如你所说的，我们的品牌不是很知名，可我们将大部分经费运用在产品研发上，生产出式样新颖时尚、质量上乘的产品，面市以来产销两旺，市场前景看好，有些地方竟然脱销……”

三、移花接木法

在商务谈判中，如果你无法满足对方的条件，你完全可以移花接木或委婉地架起双方无法跨越的障碍，这样既表达了自己拒绝的理由，又能得到对方的谅解。

“真的很抱歉，这个超出了我们的承受能力……”“除非我们采用劣质原料使生产成本降低50%，否则无法满足你们的价位。”这些话语都可以暗示对方所提的要求是可望而不可及的，从而促使对方妥协。

四、迂回补偿法

谈判中有时仅靠以理服人、以情动人是不够的，毕竟双方最关心的还是切身利益；而断然拒绝又会激怒对方，甚至使交易终止，这是不符合商务礼仪的。假使你拒绝对方时，能在能力所及的范围内，给予对方适当的优惠条件或补偿，往往会取得曲径通幽的效果。

某自动剃须刀生产商面对销售商所提出的高价位时，他说道：“这个价位不能再降了，这样吧，再给你们配上一对电池，既可作促销的赠品，也可另作零售，如何？”

在商务谈判中，即使拒绝或否定对方，也应该本着“以和为贵”、不伤害对方的原则，毕竟是同行，说不定什么时候就又碰面了。另外，不要直接否定对方，你可以用一些法律或政策来委婉地给出答复，例如“如果我们公司的政策允许的话……”“如果物价部门不反对……”等。从上面的一些实例中不难看出，正确的拒绝礼仪不仅能确保商务谈判的成功，而且还会使谈判对手尊重和佩服你的睿智。所以，正确运用商务谈判中的拒绝礼仪，必将使你在商务谈判活动中游刃有余。

警惕谈判桌上无意识的行为

在谈判的时候经常会出现这样的现象：当谈判时间过长时，有些人就会不由自主地走神、玩手里的钢笔、转手中的水杯、抠指甲缝里的东西、捋捋搭在肩上的头发……千万不要以为这些无意识的小动作不会有任何人发现，它们都会被谈判桌对面的人一览无余，而你在对方心目中的形象也会大打折扣。虽然你只是谈判中的一员，但是在这种关键的时刻，个人形象对整个谈判的影响也是不容忽视的。

周楠楠是一家贸易公司的秘书，由于工作的性质，公司每次有谈判的会议，都会让她参加做随笔记录。因此，她也算是见过不少“谈判世面”的人了。有一次，公司接了一单大生意，考虑到周楠楠经验丰富，所以这次的记录工作依然落在了她的身上，他们一行五个人兴冲冲地踏上了谈判之路。

谈判进行得很顺利，就在最后一次决定性的谈判会上，周楠楠的一个不经意的小动作让这场交易彻底泡了汤。当时，会议一直从中午十一点半开到下午两点半。长达三个小时的会议让周楠楠头昏脑涨，于是她悄悄地从包里拿出小镜子照了照。谁知就这一个小动作，恰好被坐在对面的总裁看见了，于是他们侧耳细语了几句，抛出这样一句话：“张经理，我看我们这次的谈判就到此为止吧，以后有机会再谈。”张经理是“丈二和尚摸不着头脑”，但既然对方已经说出了这样的话，言外之意是对这次谈判宣告失败，他还能说什么呢？

回到公司以后，张经理左思右想，就是想不通为什么对方突然中断谈判。而谈判有这样的结果，只有周楠楠一个人清楚。因此，在以后的谈判中，她再也不敢私自做一些小动作了，不管是不是会对谈判结果有影响。

谈判是对话，而不是独白

谈判实际是一种对话。在这个对话中，双方都在竭尽全力地说明自己的情况，陈述自己的观点，表明自己的意向。然而，事实证明，在谈判桌上越是能说的人，到最后他们的愿望就越是难以实现，同时还会给人留下“霸道”、没礼貌、没涵养的坏印象。

那么，究竟该怎样掌握发言的度呢？谈判专家告诉我们：

一、多听少说

缺乏经验的谈判者的最大弱点是不能耐心地听对方发言，他们认为自己的任务就是谈自己的情况、说自己想说的话和反驳对方的反对意见。

因此，在谈判中，他们总是在喋喋不休地说个不停，以为这样就能得到自己想要的谈判结果，但却往往事与愿违。实际上，谈判并不只是单纯地谈话，更多的是谈一种策略。“谈”是任务，而“听”则是一种能力，甚至可以说是一种天分。少说多听是任何一个成功的谈判者都必须具备的条件。

二、不要让个人好恶支配你

有些人喜欢让别人都以自己为中心，而想要获得这种“关注”，他就会不停地发表言论，以引起他人的注意。这些个人的习惯爱好可能会让你听不到对方真正的意图，从而对接下来的谈判无从下手。

三、适时提问

谈判就是把双方相左甚至毫无瓜葛的两条意见谈成一条大家都可以接受的意见。因此，在谈判的过程中，少不了要问一些问题。那么在提问之前，你要确保自己认真、仔细地听他人讲话，并理解其含义，然后再适时提问。千万不要自顾自地说个没完，最后连自己都不记得说了些什么。不要对发言者的话轻易下结论，要用心去听别人的言语和想法。

讨价还价的目的是双赢

讨价还价已经成为新时代的一种潮流，不论是在菜市场买菜还是到大商场买衣服,小到几分几角,大到成百上千,人们都会还得不亦乐乎。

因为关系到自己的切身利益,人们当然会非常重视。在谈判中也一样,尤其是大型的、持续性的谈判,谈判双方更是会在价格方面争个“你死我活”,处理不好会很容易闹翻。此时,大家常会被利益冲昏头脑而失去最基本的礼仪态度。也许过后会十分懊恼自己的失态,但事不由人,此时后悔也已晚了。

如何避免让自己“出丑”和“失态”呢？这就需要知道一些讨价还价的技巧和规则。熟记这些技巧和规则,你就不必担心自己会在谈判中出丑了。

一、了解对方在谈判中的强弱关系

这是决定你在价格战中胜负的关键所在。俗话说:“知己知彼，百战不殆。”只有了解了对方的弱点或此时他最大的需求,你才有最大的胜出把握。否则,谈判就会永远在价格的圈子里打转。

二、了解自己的真正需求和对方的真正需求

任何谈判都是一场交易，想在谈判中取得胜利，就需要明确谈判的目的。如:什么是想要得到的？是否能够接受对方提出的“低额工资,高额股票”？对自己达到考核标准而获取红利是否充满信心……

三、巧妙利用谈判中的不确定性

如果谈判对方说拿不准能出什么价格，那么他的第一次报价往往会接近理想的数额。因此,在价格战中,千万不可泄露相关的价格信息,这样更有希望从对方那里获得最佳的价格。

四、永远不要撒谎

诚实是打好这场价格战的最佳武器。一个没有诚信的人,在谈判中的谎

言是迟早会被揭穿的，到时不仅将失去一次利益不菲的谈判，更严重的是会为自己的企业蒙上一层不讲信用的阴影，实在不值。

五、注重目的，而不是输赢

过于注重输赢，以至于忽略本来目的，这是人们在谈判中常犯的错误。这种倾向在价格谈判中尤其不可取，要知道达到目的才是谈判中最重要的。

六、知道何时退出讨价还价

在谈判中，当你已经得到了你认为合理的条件时，就应该向谈判对方表示感谢，并表示接受条件。如果你不懂得何时退出，对方会认为你是一个不易满足的人.也许会放弃此次谈判，那样就得不偿失了。

七、谈判的最终目的是双赢

谈判不是为了斗个你死我活，而是使双方都获益。因此，在价格战的谈判中，切忌只顾自身利益而忽视对方的利益，或者因价格不肯让步而与对方争执不下，这样就失去了最基本的谈判礼仪，而如此没有水准的谈判在任何时候都是不会成功的。

学会在谈判中道歉

有时候控制情绪并不是一件容易的事。因此，如果在谈判中情绪失控，让矛盾激化，就会使谈判陷入可能失败的境地；抑或双方为了顾及各自的“脸面”而彼此不做出任何让步，结果往往是两败俱伤，谈判也没有了缓和的机会。其实，这样做是完全没有必要的。何况，在大多数情况下，导致谈判进行不下去的并不是原则问题，而只是因为“面子”，这样一来，放弃一场切实有利的谈判未免有些可惜。

在生活中，很多谈判事实都足以证明，一个善于道歉的谈判团队，谈判的成功率往往要比那些拉不下面子去道歉的谈判团队高出很多。

显而易见,道歉在谈判中起着不可忽视的作用。这也是谈判中的一种情感投资,这种没有任何支付的投资往往能赢得最大的回报。

张强是一家药品公司的业务经理,由于他为人随和,又有一定的头脑,所以公司每次业务谈判都少不了他。有一次,公司与一家外地的药店洽谈有关药品代理的问题。几次话不投机之后,对方就大发脾气,说张强他们没有诚意,欺负外地人等。张强见形势不对,赶紧微笑着说:"首先,我为我们没有更周到地服务与照顾您表示真诚的歉意。要不这样,您先到我们公司下属的宾馆休息一下,我们明天再谈具体事宜,您看如何?"对方看张强这样一说,也不好再发脾气,于是就同意了。第二天,张强又早早地到宾馆安排了一场饭局,这令对方感到十分满意。之后,谈判得以顺利进行,最终双方实现了双赢,合作非常愉快。

试想,如果张强没有说那句关键性的道歉语,那么结局又会怎样呢?外地药商也许是因为旅途的劳累而心情不佳,或许……但不管对方是出于什么原因,作为东道主就应该适时观察对方的情绪,并学会道歉,给足对方面子,让对方找到心理上的平衡,从而为下一步的谈判营造友好、和谐的气氛。

如果在谈判中,对方故意或是无意地表露了情绪上的不满,作为东道主的你一定要学会道歉,放低自己的姿态。一句诚恳的"对不起",将会令对方感觉到你的诚意,从而把大事化小,小事化无。

懂得签字的礼仪

在商务谈判的签约仪式上也有许多礼仪要遵守。下面是国际商务礼仪上的基本做法,必须牢记于心。

一、签字现场的工作

1.签字厅的布置

如果我们没有专用的签字厅，可以将会议厅、会客室按照签字厅的要求进行布置。地面要铺地毯；签字桌应该为长方形，铺上深绿色的台布，朝向正门；桌上要放好事先准备的合同文本、签字笔、墨水等文具；如果签的是国际性的商务合同，签字桌上要摆放双方的国旗。

2.关于合同文本

签约仪式的主办方要提供合同的文本，同时还要准备一个副本；在准备时可以会同双方单位的代表对合同文本进行校对，确认无误后再印刷；正式合同文本要装饰得精美一些，内页以高档的白纸印刷，规格一般为大八开，文本封面可以采用软木、真皮等材质；如果是国际性的商务合同，要使用英语，或对方国家的语言和中文。

3.关于各方的签字人员

签字的人员要根据合同的性质由双方一起确定，一般情况是由谈判代表出任签字人；双方签字人的身份、职务要相当；参加签字仪式的其他人员，一般由双方参加会谈的人员组成，双方人数也要均等。

4.签字人员的服饰规范

签字仪式是非常正规而严肃的，要求签字人员、随行人员、其他工作人员穿着要正式，应穿正装，男士以西装为主，女士可以选择套装；在现场的礼宾人员可以穿套裙或旗袍。

二、位次排列

从礼仪上来讲，签字仪式的各项准备工作都应做到郑重其事、认真仔细。其中最为引人注目的，当属举行签字仪式时座次的排列问题。

一般而言，举行签字仪式时，座次排列的具体方式主要有三种，它们分别适用于不同的情况：

1.并列式

并列式排座，是举行双边签字仪式时最常见的形式。它的基本做法是：签字桌在室内面门横放；双方出席仪式的全体人员在签字桌之后并排排列；双方签字人员居中面门而坐，客方居右，主方居左。

2.相对式

相对式签字仪式的排座，与并列式基本相同。二者之间的主要差别，只是相对式排座将双边参加签字仪式的随员席移至签字人的对面。

3.主席式

主席式排座，主要适用于多边签字仪式。其操作特点是：签字桌在室内面门横放，签字席只设一个，并且不固定其就座者；举行仪式时，所有各方人员，包括签字人在内，皆应背对正门、面向签字席就座；签字时，各方签字人应以规定的先后顺序依次走上签字席就座签字，然后退回原处就座。

三、基本程序

具体操作签字仪式时，可以依据下述基本程序进行：

1.宣布开始

此时，有关各方人员应先后步入签字厅，在各自既定的位置上正式就位。

2.签署文件

通常的做法是，首先签署应由己方保存的文本，然后再签署应由他方保存的文本。此种做法称为“轮换制”。它的含义是：在文本签名的具体排列顺序上，应使有关各方均有机会居于首位一次，以示各方完全平等。

3.交换文本

各方签字人此时应热烈握手，互致祝贺，并互换方才用过的签字笔，以作纪念；全场人员应热烈鼓掌，以表示祝贺之意。

4.共饮香槟互相道贺

交换已签的合同文本后，有关人员，尤其是签字人员应当场共饮一杯香槟，这是国际上通行的用以增添喜庆色彩的做法。

必须懂得的涉外谈判知识

随着国际商务交往的日益频繁，许多商务人士都成了名副其实的“空中飞人”。与世界各地的商人交往，你需要充分了解各国的商务礼仪，这会对你的商务工作提供很大的帮助。在涉外商务谈判中所涉及的情境不外乎两种：一种是华人到国外进行谈判；另一种是外商来华与我们谈判。那么，涉外谈判所涉及的礼仪在不同的情境中也就有着不同的表现。在这里，我们主要谈一谈外商来华时我们需要注意的事项。

当外商来华与我们谈判时，我们应发扬“礼仪之邦”的优良传统。在这种谈判情境下，我们首先应该做好迎接外商的准备工作，由负责外事工作的领导牵头，建立一个由专职陪同人员、专业对口业务人员、谈判人员、翻译、保卫和后勤等方面人员组成的接待小组。

1.外商来华或回国时，应安排职位相同的相关人员迎送，并协助其办理有关手续；抵达后应由负责人出面接见；如果是身份较高的客人，应事先在机场(车站、码头)安排好休息室；最好在客人到达前就把房间和乘车表告知客人；若做不到，应在客人到达后立即将住房和乘车表告诉客人，或请对方联络人转达。

2.外商来本地区(单位)参观时，对本地区(单位)的介绍应简明扼要、实事求是；内容要真实、材料要丰富、形式要活泼多样，既不夸大成绩，也不掩饰不足；外商参观工厂、学校时，不应停工、停课，工作和学习都要照常进行；当客人主动与我方人员握手、攀谈时，应热情地做相应的表示；陪同参观的人员不宜过多，同时要做好保卫工作；指定陪同人员不应半途离去或不辞而别。

3.参观时，不仅要照顾好主宾，也不能冷落了其他客人，防止队伍首尾不接；我方陪同人员应及时向客人介绍有益于对外宣传的事物。

4.如果需要前往外商的住所或办公室，也需要注意礼仪。首先应事先约定或通知，并按时到达；无人迎接的情况下应敲门或按门铃，经过主人允许后方可进入；若无人应声，可以再次敲门或按铃，但敲门声音要轻，按铃时间也不宜过长；无人或未经允许，不可擅自进入；若未有约定，但因事急又必须前往，也应尽量避免在深夜打搅对方；万不得已在休息时间约见对方时，见面后应立即致歉，并说明打扰原因；经主人允许或邀请后，即使所谈事情需要的时间很短，也不要站在门口谈话；若主人未邀你入室，可退至门外，进行室外交谈；室内谈话若时间较短，不必坐下，事毕也不宜逗留；若谈话时间较长，可在主人邀请后入座；如果事先未约定，则谈话时间不宜过长。

第九章 电话礼仪：圆满沟通做好代言人

电话具有现代通讯工具所应具有的特点：快捷，方便。人们往往通过这种直接的交际方式来判断一个人的人品、性格。正因为如此，使用电话时就需要遵循一定的礼仪规范。掌握基本的电话礼仪，不仅可以让双方之间的沟通变得舒畅愉快，同时也有利于一个人甚至一个企业的整体修养和素质的体现。

中止电话时不要让对方等太久

商务电话接听礼仪已经在国际上形成了一套大家通行的礼仪规则，因此，作为商务人士应该懂得如何接听电话。当我们由于某种原因而不得不中止电话时，该怎样处理呢？

首先，在把电话机移向自己身边时，不可伸手猛拉，否则对方会听到一阵忙乱声。在通话倾听的过程中，半天不予回音是很不礼貌的，如果连起码的"嗯"、"是"、"对"、"好"之类的短语都没有，会让对方认为你不在电话旁边，或感觉你心不在焉，在做别的事情。

如果你在接电话时不得不中止电话而查阅一些资料，应当动作迅速；你还可以有礼貌地向对方说："您是稍候片刻，还是过一会儿我再给您打过去？"这时千万不能这样说："请等一等，我去拿纸和笔。"这样既拖延了通话的时间，也给对方留下了不礼貌的印象。

让对方等候时，你可以按下等候键；如果你的电话没有等候键，就把话筒轻轻地放在桌子上。如果查阅资料的时间超出了你的预料，你可以每隔一会儿拿起电话向对方说明你的进展。如，"先生，我已经快替您找完了，请您再稍候片刻。"当你查找完毕，重新拿起电话时，可以说："对不起，让您久等了"，以引起对方的注意。

如果有人在你正在通话时打进电话，你可以选择合适的词语让正在通话的人稍候，然后拿起另一部电话说："你能否稍等？我正在接听一个电话。"如果对方只是因为一些小事而打来电话，你便可以当即回绝，然后迅速转向第一个电话，而前者也会意识到你很忙而加快你们的讨论。

另外，自己接的电话尽量自己处理，只有在万不得已的情况下才能让别人来接手。这时，你应该向对方解释一下原因，并请求对方原谅。例如，"先生会处理好这件事的，请他和您通话好吗？"在你作出这种决定之前，应当确定对方愿意你将电话转给他人。

与客户用餐时接电话要慎重

因就餐时的一个电话而失去一笔大生意的例子有很多。可见商务就餐时接打电话必须慎重，小礼仪关乎大商机。

商务就餐在商务交往中是很平常的事，它是一项特殊的商务交往，是商务交往的后续。如果处理得好，也会为公司的发展带来极大的益处。处理好商务就餐，首先要做到的就是不要在就餐时讲电话。那么，在商务就餐中有来电时，你应怎么做呢？

职场人士总是有很多事要处理，因此总是电话不断，这是避免不了的。在进行商务就餐时来电话也是常有的事，打电话的可能是合作伙伴，也可能是公司的同事有事相询,或下级有工作要请示,抑或是上级有工作要安排,等等。

那么此时该如何接听呢？该有什么样的礼仪呢？

就餐前最好把电话铃声调为静音或振动，这样可以表现出你对对方的尊重,避免因铃声的突然响起而影响商务双方在就餐过程中的愉悦气氛。如果不停地接听电话,不停地处理事情,会让客户觉得自己不受尊重,心生不快,这样也就影响了双方之间的交流。

如果就餐时有电话进来,先和你的商务伙伴说声“对不起”,再看是否有接听的必要。如果没有必要,可以就餐结束后再回复,这样你的商务伙伴会认为你很看重他。来电后拿起手机就开始接听,对着餐桌说话,甚至与来电者旁若无人、没完没了地通话,这些都是很不礼貌的行为。把商务就餐当成在办公室一样,你的商务伙伴不仅会因此感觉受到轻视,他还能从你的电话中看到你所忽视的一些负面的东西。

如果来电是可以暂缓但不能不回应的电话，应先对商务伙伴说:“对不起,我必须接听一下。”这时,因为只是简短的接听,你可以不离开餐桌,但也不要对着餐桌,你可以侧转身子,用手遮挡一下,对给你打电话的人轻声说:“请您稍等,我一会儿给您回电。”

如果是不得不接的电话,可以对商务伙伴说声:“对不起,这个电话我不得不接听,请您见谅！”得到对方的回应后,你才可以接听。这时你也应该拿着电话,离开餐桌,到门外或者稍微偏离餐桌的地方接听电话。接电话的时候,不要时不时地回头看商务伙伴,这会让他感觉很不自在,以为你在谈论与他有关的内容。你离开餐桌接听电话的时间最好不要超过5分钟,否则会让你的商务伙伴认为自己受到了怠慢。

经常检查手机的余额和电量

打电话的时候,你有没有遇到这样的情况:当正说到关键时刻,电话突然没电中断了,或是提示你余额不足然后电话自动中断。如果遇到一些重要的事情，急着打电话告知，此时手机却没电了，另一块电池也不在兜里，于是便急着找公用电话；找到了公用电话，却又发现自己没记住号码……

最近苏宁就遇到了这么一件尴尬的事情。那天，领导派他去某厂家谈生意。因为是第一次去，他没能迅速找到准确的地点，在途中打了几次电话询问，最后才弄清楚。可是当他按照对方说的找到那个地方以后，发现那里是一片居民区，根本没有厂子的踪影。于是他再次给对方打电话，不曾想电话打到一半，手机没电了。

他翻翻兜里，另一块电池也不见踪影，只好四处奔波找公用电话。当找到公用电话时，他悲哀地发现自己没有记住对方的号码。无奈之下，只好给公司打电话，可更惨的事情还在后面，公司的电话他以为没必要记所以也不知道。回到公司免不了挨了一顿骂，第二次踏上"征途"，才把事情解决了。本来是一件很简单的事情，却因为一时的疏忽而复杂化了。

打电话前，要对手机进行必要的检查，这不仅是个人做事谨慎的表现，更是对所要联系的人的尊重。因为通话中断时，对方也许不会想到是由于没电或话费不足，而是会直接认为是你主动挂断，所以对方难免会对你的态度有种种不好的猜测，这会直接影响到你的人际关系。

所以，打电话前检查一下自己的手机电量和话费余额是很有必要的。

谁先挂电话也有讲究

在办公室里，谁先挂电话是个很小的细节，却同样能体现出一个人的礼貌。一般而言，"谁先打的谁先挂"，这样做并无不可，也是遵循电话礼仪中的相互尊重原则。还有一种说法，即"让对方先挂"，这是不全面的。若是双方都等着对方挂，结果只能是占用了宝贵的时间，说了一些没用的闲话，因此这一方式没有可操作性。打电话时谁先挂，交际礼仪给了一个规范的做法：地位高者先挂电话。具体说来有以下几点：

1.上司与下属通电话，上司先挂机

如果你与上司通话，无论你的上司是男是女，是老是少，都应是上级先挂电话，因为下级尊重上级是一种基本的职业规范；如果是总公司来电话，不管打电话的人是什么级别，他代表了上级机关，此时应该是总公司的人先挂电话。

2.员工与客户通话，客户先挂机

这大多出现在一些服务性行业中。客户只有咨询清楚了或对服务满意了才会挂电话，在此之前，员工都应耐心地倾听客户说话。如果员工先挂断电话，会使顾客感到他不受欢迎或不受尊重，客户不满意会直接影响到公司的效益。切记不可强行挂断，通话结束时，一定要向顾客致谢："感谢您用这么长时间听我介绍，希望您能满意，谢谢，再见。"然后，等待2~3秒钟再轻轻挂断电话，以示尊重。

3.男士与女士通电话，女士先挂机

女士优先是挂电话时应遵守的基本原则。

4.同事或朋友之间，拨打的一方先挂断

打电话的人在讲完事情之后，应该先挂电话，不应该无休止讲下去，因为是你"打扰"了对方；接听电话的人要耐心听完，不能先于打电话的人挂机。如果是自己先挂，应先说一声"我挂了"，然后再挂电话，不能通话完毕就直接挂断。但是若双方都等着对方先挂电话，往往会产生一点儿麻烦。实际上只要通话礼貌，结束时说："再见！那我挂了。"然后直接挂机就可以，这样做同样能达到礼貌的标准。

5.长辈与晚辈通电话，长辈先挂机

若是小辈先挂断，未免有无礼、不懂规矩、不尊重长者的嫌疑。

6.打电话请人帮忙，求人者后挂机

在通话结束前，表示谢意并道"再见"之后，要等对方放下话筒后，再挂断电话。

还有一点是在日常的商务活动中容易忽略的，就是我们在挂电话时应轻轻挂断，不要用力过猛，"咔嚓"一声挂断电话，以免让人产生粗鲁无礼的感觉。

日常工作中，还常常出现这种情况：通电话的两个人都觉得已无话可说，可谁都不好意思先放下电话，认为那是不礼貌的，于是两人便各据一方“哼”起来没完。其实这大可不必了，交往再深也不可能始终有说不完的话，通话迟早是要结束的。那么，由谁先放下比较合理呢？当然应该由打电话的一方先挂机。如果对方也在等候我们先挂机，我们可以在心中默数三声之后挂断。

总之，谁先挂电话也是一个能体现礼仪水平的细节。兼顾好这些细节，也能为你的商务形象加分。

慎选手机铃声

陈亮因为闹肚子在厕所待了好长时间，正巧他的上司有急事找他，没找到人，便用一旁座机给他打电话。当时，他的手机就放在办公室里。拨通后，屋子里立刻响起了他的手机铃声“爷爷，快接电话！您孙子给您来电话啦！”办公室的人倒是都忍住没笑。上司狐疑地起身一看，那不正是陈亮的手机么！结果，陈亮挨了一顿批评。此后，他的上司好像并未忘记这次耻辱，总是找陈亮的茬，陈亮在单位的处境可谓十分艰难。

现在，很多人都没有接受礼仪教育的紧迫感，只是一味地注重个性化、自由化，忽视了某些方面的细节处理，因此行为处事就不太注意。在设置手机来电铃声时，为了突出自己的个性，往往随心所欲，选择诸多搞笑的对话和古怪的声音，殊不知这极有可能给自己带来麻烦。铃声惹出的误会还能通过重新设置来避免，怕就怕违反了礼仪规则自己还浑然不知。

以下几点就是在选择手机铃声时应注意的方面，希望职场中人引以为戒：

一、铃声内容不能有不文明的用语

从铃声内容来说，不文明的用语是必须要避免的，如“有话快说，有屁快放”之类的话，终究显得不雅，也会让拨打者尴尬。还有一些彩铃含有诋毁他人尊严的内容,也易令人不快。

二、个性化铃声应注意使用场合和身份

现在的手机铃声五花八门,有戏曲、动物的怪叫声、很多搞笑的对话等等,令人耳目一新。但是这些个性化的铃声并非适合所有的场合,人们也需根据自己的社会地位和需要来设置它。例如,公务员、公司的管理者等由于岗位性质的需要,应该以稳重的形象示人,因此在工作场合中,如果响起“亲爱的,你慢慢飞”、“汪、汪”等煽情或幼稚的铃声不仅会显得很不严肃,还会自降身价,损害自己的形象。同样,他人在拨打你手机时若是听到了“我就不接电话呀,我就不接电话,别人的电话我都接,我就不接你电话”这类的搞笑彩铃也会产生反感。

三、铃声不能给公众传导错误信息

时下,一些年轻人为了追求“时尚”,用一些惨叫声或暧昧的声音,甚至逼真的人物对话作为手机铃声,时不时地让周围的人吓一跳。例如“你的朋友被绑架了,快来赎!”若是绑匪的声音非常逼真,而对方的家境又很富有,很容易让人误解。又如一阵急迫的呼救声:“抓贼呀,抓贼呀,抓偷手机的贼!”这更容易令人信以为真。如果这样的铃声到处都是,公众秩序一定大乱。

手机的铃声只不过是一种表达方式,是一种生活态度的载体,在本质上,它和语言文字的功能与效果没有什么不同。因此,语言所能够引发的误会,铃声也同样有可能引发。“解铃还需系铃人”,关键是手机的拥有者要端正态度,知道轻重缓急,考虑听者的感受,慎重设置铃声。

在这个时代,人们可以挥洒个性,肆意地自以为“我喜欢的东西,别人也肯定喜欢”,却忽略了他人的感受。要知道,拨打你电话的不仅有你的亲朋好友,还有你的同事、领导、长辈,或是陌生人。也许你所设的铃声同龄人可以接受,但未必所有人都喜欢。如果听到倒自己胃口的彩铃声,那么,所谓彩铃也无疑成为了某种被动的“听觉污染”。因此,我们只得奉劝那些追求个性的人们,在追求时尚的同时,也要考虑其他人的感受。手机铃声可以个性,但不能任性。这虽是个细节,却也能影响一个人的形象,关系事业的成败。

转接电话要言行得当

转接电话看似举手之劳，却并不容易。在这一过程中，你不仅要帮忙叫人和记录来电者的姓名和电话号码，还要处理好自己与来电者、自己与要接电话者之间的关系。简言之，转接电话时，不仅要清楚有效地把电话转接出去，还不能给来电者留下不良印象，也不能给要接电话者带来麻烦。总而言之，转接电话时要做到以礼相待、尊重隐私、记忆准确、传达及时。通用的具体要求如下：

1.尊重隐私。代接电话时，不要询问对方与其所找之人的关系；不要大喊大叫“某人找某某人”，闹得“世人皆知”，让他人的隐私“公开化”；当对方有求于己，希望转达某事给某人时，要守口如瓶，千万不要随便扩散；别人通话时，不要旁听，更不要插嘴。

2.语言要委婉。例如，“他出去了，有什么能为您效劳的吗？”切勿直截了当地问道：“你找他有什么事？”要知道，这样的语气一般是在较为熟悉的人中使用的。

3.接听电话时不要与其他人交谈，也不能边听电话边看文件、电视，甚至是吃东西，这是对别人的极不尊重。

4.放下话筒时，注意自己的语言。很多人在与对方通话时十分礼貌，他们会说“您找哪位？请您稍等。”一旦放下电话，就会忽略对方也能听见自己说话，在转告时往往会说“一个湖北口音的”、“是个男的”、“可能是上次来过的那个卖保险的”等这类特别不礼貌的话。倘若是你，听到对方这样说心里会舒服吗？所以，我们要同样用客气的方式叫人，或者用手捂上话筒，注意隔音。

5.做好电话记录。对方要找的人不在时，应向其说明原因，并询问对方是否需要代为转达。如对方要求转达，你最好认真做好笔录。对方讲完后，应重复验证一遍，以免误事。记录的电话内容应包括通话者单位、姓名、通话时间、通话要点、是否要求回电话以及回电话的时间，等等。当然，如果对方没有让你代为转达的意愿,也不必勉强。

6.确认对方姓名身份尽量用褒义词语。例如,对方姓孙,大家来看一下下面两种问法那种较好。第一种是:“您姓孙,是孙子的孙吗?”第二种是:“请问是孙子兵法的孙吗?”显然,第二种问法更佳。

7.传达及时。挂断电话后,要尽快将此事告诉对方,不要拖延,不要轻易把自己转达的内容托他人转告,这样不仅容易使内容走样,还可能会耽误时间。

8.切勿刨根问底。在转接电话时,有些人喜欢抱着恶作剧或不信任的态度,先对对方“调查一番”,例如,“你找他有什么事?”“你是哪个单位的?”“你是怎么知道我们的电话的?”这会让对方觉得自己的人格受到了污辱。

9.转接电话时,如果没有经过当事人的同意,不要随意把当事人的私人号码告诉来电者。即使当事人不在也不能这么做,否则会带来很多麻烦。

可以说,电话是代表一个人形象的重要窗口,转接电话时,一定要表现出良好的礼仪风貌,做到准确、及时、有礼。这是立足于职场的一个重要方面,也是在生活中得到他人欢迎的一个秘籍。或许就是因为你转接电话言行得当,才更易让许多本与你素不相识的人对你交口相赞。

短信收发有礼仪

手机短信能准确无误地将信息送达,不需要语音支持,不会强制打断对方的生活,这让人们尽享高科技带来的便利。但与此同时,一些不讲“礼仪”的短信也让人们遭遇了不少的烦恼。

事实上,随着近些年短信的广泛使用,类似“滥发短信”、“不回短信”、“不分时间和场合发信息”等现象日益普遍,给人们的生活、工作造成了一定的影响。

通过手机短信的形式和他人联络并无不妥,有时它还是处理难以说清的问题的最佳方式。但是,发短信也要看时机。有些人不顾他人的现实情况,总是用手机短信骚扰别人。殊不知,这会让别人应接不暇,给他人平添诸多烦恼。

一位女士因为工作清闲，索性给朋友发起了短信："你在干吗呢？最近怎么样？"朋友当时正在忙于处理一些复杂的数据，看到短信后怕不回短信不礼貌，就直接回答说："正上班呢。""有什么好忙的？给你发个笑话放松放松！"于是这位女士的短信就一条接着一条，足足发了两个半小时。而她的朋友呢，桌上的手机不断地响起，不看怕耽误事，看了又是一通闲聊，不回好像还不合适。这位朋友一下午就因为这些短信的骚扰，本该完成的工作也没有完成，还遭到了领导的一顿狠批。

如今这类短信达人并不少见，她们多是在自己的空闲时间内，想通过这种方式和他人聊天。但是，她们却没有考虑过，对方方便和你发短信吗？你此时无事可做，但是对方也许正在忙得不可开交。如果对方又不好意思不回你的短信，你这样做是不是耽误了别人的事呢？

除了在上班时间不要给他人没完没了地发短信外，太晚了也不宜发，否则会打扰别人休息。

此外，发短信也应注意内容的选择，杜绝色情、暴力、迷信等内容。近年来，很多人颇受黄色短信的骚扰。手机的产生是为了给人们的生活带来方便，不应造成人们的困扰。若总是用不健康得短信骚扰他人，扰乱了对方的正常生活和工作顺序，不仅无礼，甚至可能是违法的。

总之，发送短信也要讲公德。既要尊重对方，又要不失自己的身份，让双方都感到满意。若是不考虑与对方的亲疏远近、不分时机、不在乎短信的内容健康与否就随意乱发，那就是干扰他人。我们常讲，做事要换位思考，站在他人的角度，你兴许就会改变自己的某些行为方式。每一个文明社会都有一套日常生活的准则，在方便自己的同时，不要忽略了其他人的权益。

会客时如何处理突来电话

一个外商来拜访某厂的经理，打算和他洽谈一下合作事宜。经理很有礼貌地将其请进自己的办公室，并恭敬地为其沏茶。然后，他们愉快地进行沟通。一切进行得都很顺利,孰料,经理的手机骤然响起,打破了屋子里的宁静。经理拿起手机,只看了一眼,就断然挂掉了。外商惊愕之余,有些话想说却终难说出口。最后,他们尴尬地说了几句之后,外商便友好地道别了。

这笔业务最终也没有谈成。因为在外商看来,这个经理待人热情,工作细致认真,本是很好的合作对象,但是他对自己的来电那种冷若冰霜的态度,就不得不令人疑窦丛生。因而,关于合作的事,外商只好作罢,他认为如此冷漠的人并不适合合作。

假设你正接待一位较为重要的客人,你们正在商谈着一些事情,突然,你的手机响了,你该怎么办呢?

绝对不能挂断电话,这不仅是对对方的不尊重,你的客人也会因为此举而对你印象不佳。

也许有些人会认为,跟客户打个招呼:“我先接个电话。”然后用简短的语言结束通话,也是一个好方法。这种做法看起来两面都不得罪,还让人觉得你业务繁忙,关系广泛,但却有一个致命的疏忽,即当你接完电话再回过头来与客户洽谈业务时,往往想不起刚才你们说到哪里了。对方的时间也是宝贵的,如果一打断谈话,他找借口离开了,那样对你岂不是一种损失?

千万不要认为这是危言耸听。难道你没发现吗,在日常生活中,当你拜访一个客人时,若是他家里又来了一个客人,你多半会选择离开。接电话也是一样,你正在电话里和他人说一些事情,贵客会认为自己的在场可能给你们的谈话造成不便,选择离开也是情理之中的事。

最佳的做法不是补救,而是预防,你可以在会见贵客时,将自己的手机关掉。如果你怕因此而耽误事,可以先将手机转接到秘书台,或是你办公室的座机上,让他人代接。

当着客人的面关掉手机,等于告诉客人:我为你而关手机。这会让客人感到你对他的重视和尊重。你尊重客人,客人也一定会尊重你,他也会将手机关闭,或调成静音或振动。

此外,你和客人会谈之前,一定要和家人或是办公室的其他人交代清楚,你正和贵客谈事情,若是有人来电、来访,请让他多等一会儿,能不通过你解决的事最好让他人代劳。当然,如果只是随便聊一聊就没有必要关掉手机了。

别玩“猜猜猜”的游戏

有个部门经理接到了这样一个电话，号码很熟悉，声音也不陌生，但就是想不起来是谁。寒暄了几句之后，偏偏来电的人又提出了一个让人尴尬的问题：“聊了这么久，你知道我是谁吗？”经理不好意思地说：“对不起，听起来耳熟，但是想不起来。”对方又说：“那你就猜猜！”经理耐着性子想了半天，也未能找到正确的答案，只好跟对方说自己脑子不好使，希望见谅，告诉他自己的姓名。不料，对方却有些恼怒地说：“既然猜不出来，那就算了吧，过几天咱们再联系。”经理也很不高兴地说：“好吧，改天咱们再聊！”就随手把电话给挂了。

后来，这个人又打过几个电话，不过不再找这位部门经理，而是另外一个同事。原来，他是一个很熟悉的业务伙伴，与这家公司有多年的合作，与这个部门经理也打过几次交道，还吃过几次饭。事后，部门经理从他人口中得知，那个客户曾抱怨过自己在电话里的无礼，交往这么久了居然听不出他是谁，让他很生气。

在上例中，客户以为是对方的错，其实，错的人恰恰是他自己。你给对方打电话，即使与之有一定的交情，如不是十分熟悉，最好别玩这种“猜猜我是谁”的游戏。道理很简单，假如你们关系密切，他定然不会听不出你的声音，猜不出你的名字；可如果你们只是有些往来，没有过深的交情，对方有可能一时想不起来，猜不出也是正常的。

倘若对方猜中了，自然皆大欢喜，双方都高兴；若是猜不出来呢，则会让你失望或郁闷。本来应该是很顺利的事，这样一来，就变得有些不愉快了。当然，如果当对方猜不出来时，你给其提个醒，或是直接报上大名，也可愉快地继续你们的谈话。怕就怕有人在这时使小性子，简短地挂断电话，这势必让彼此产生隔阂。既然让人猜是谁，就意味着你先愚弄对方，对方没有如你所愿，你可以不满意，但却不能生气，否则就是无理取闹了。

此外,若是对方事务繁忙,你这样一闹,自然让他感到不快,性急的人会直接说:“我猜不着,你自己说吧!”沟通就会陷入僵硬的局面。

有些人之所以热衷于让对方猜猜他是谁,就是自以为与对方的关系不错,想让彼此的谈话变得亲切一些。但是这个游戏也只适合于恋人和知己之间,若是在工作中使用,难免有些不伦不类。

因此,对待不太熟悉的人,在打电话时你最好自报家门,切忌让人猜来猜去。

轻松应付“打错”的电话

商务电话对于每天忙碌着的职场人士来说,实在是再平常不过的事情了。但在大堆的来电中总难免会遇到这样或那样你一时无法处理的“特殊”来电。不过,面对这些“特殊”来电,只要你沉着冷静,懂得必要的商务电话礼仪,就能应付自如,不失个人在商业中的良好形象。

一日,某公司总裁秘书孙小姐刚到办公室坐下不久,电话就响了起来。她像往常一样接听电话,并礼貌地送上一句:“您好,这里是公司总裁办公室。”

这时,电话那端传来一个陌生男子的声音:“你好!”之后就再也没有声音了。

孙小姐又礼貌地问道:“先生,请问您有什么事情吗?”

听筒里传来那名男子不紧不慢的声音:“小姐,你们公司肯定需要打印纸吧?”

孙小姐一愣:“啊?先生,您说什么?”

“我这里有一批打印纸质量很好,价格又低廉,如果贵公司需要的话,我们可以商量商量。”

直到此时,孙小姐才知道对方是推销打印纸的业务员,心情有些不悦。不过她还是礼貌地说道:“对不起,我们公司暂时不需要。您可以留下电话号码，如有需要，我们会联系您的，好吗？”

但是对方似乎并不死心：“哎呀，现在哪家公司不用打印纸啊？你们这么大的公司需求量一定很大，只要你肯进我的货，其他一切都好商量！”

无奈之下，孙小姐只好说了句“对不起，我们公司暂时不需要”，然后就挂断了电话。

不一会儿，电话铃再次响起，孙小姐接起电话，对方依然是刚才那位推销打印纸的人，孙小姐觉得此人实在无礼，甚至有些胡搅蛮缠。

“对不起，等到需要的时候，我再打电话找您，好吗？”孙小姐对着话筒说。

“哦，那好吧，请你记下我的电话号码，有需要可以随时找我。”对方说完挂断了电话，孙小姐也长长地吁了口气。

做秘书工作的商务人士在工作中经常会如孙小姐这般接到出乎意料的电话，如上面故事中的推销员，或一位怒气冲冲的同事，或不知所云的人……

遇到以上情况，为了保持公司的形象，也为了体现你良好的素质，都需要你采取最佳的处理方式，合理合情地解决这类问题。因此，正确地处理“特殊”商务电话的技巧也就成为你必须懂得的商务礼仪之一。

当你在公司接电话时遇到以上所说的“特殊”电话时，应该礼貌地告知对方“这里是公司，您是不是打错电话了？”这样既可以委婉拒绝对方，你友好的形象也会连带着提升公司的形象，这也是你体现高素质的一个机会。

约好的电话一定要接

电话虽小，礼仪却不少。别小看一个小小的电话，它在我们的生活中却起着不可忽略的作用。当你需要别人帮助的时候，一个电话便能解决问题；当你想家的时候，一个电话便传递了你的思念；当你需要订货的时候，一个电话过去，事情也就解决了；当你由于某种原因而不好当面道歉时，一个电话更是轻而易举地把矛盾化解……

电话无处不在,且作用也不可小视。然而,就在打电话这么一件小事情上,有时候却能反映出一个人的修养问题。比如你和客户约好晚上八点一起吃顿饭,可是到点后他给你打电话居然没人接。这就让客户人开始胡思乱想了:是不是忘了?是不是出什么事了?是不是不愿意见面?是不是不把自己放在眼里……吃饭的愉快心情也就消失了,甚至会直接影响你们之间的合作。

而你没有接电话可能只是因为上了一趟厕所,错过了接电话的时间。就这么一个小小的"误会",却有可能给你带来极大的麻烦。因此,如果你和别人约好了打电话的时间,请遵守以下规则:

1.不要在约好的时间前后五分钟内远离电话去做其他事情。

2.如果自己临时有变故,请及时打电话告知对方,以免对方着急。

3.保持移动电话的畅通无阻。手机没电,花费不足,或是呆在一些诸如电梯、地铁之类信号接收不好的地方等,都会让约好打电话的人无法联系到你。

4.如果在约好后,觉得自己又不想接电话了,那么一定要诚恳地向对方表示歉意,不要在电话响了若干次后,还置之不理,这是一种非常失礼的表现。

俗话说:"天下大事必作于细。"工作其实是由一些点点滴滴的小事构成的,接好约定电话,更是体现了工作上的认真、负责。只有把这些小事做好了,才能成就大事业。

第十章 拜访礼仪：水到渠成事业不用愁

客户拜访可谓是职场商务活动中最基础、最日常的工作，不管是市场开发还是新品推广或者是售后追踪，都需要拜访客户。随着市场经济的发展，人们对企业文化的推广越来越关注，因此与拜访相关的礼仪也越来越受到人们的重视。无论用什么方法和途径，拜访工作一定要找好切入点，且万不可失礼于人。

拜访客户前一定要有所准备

中国自古就有“礼尚往来”的说法，这也是礼貌待人的一条重要准则。在职场中，亦是如此。《礼记》说：“礼尚往来，往而不来，非礼也；来而不往，亦非礼也。”客户拜访完公司之后，我们也要在恰当的时候对客户进行回访。

但是在我们对客户进行回访之前一定要未雨绸缪，提前作好准备，不要在拜访客户的时候，因为准备不充分而使公司的形象受损。

小冯是一家IT公司技术工程部的主管，有时候为了了解客户对本公司产品的要求，他会被公司派到客户的公司参加他们的会议。其实，最初负责这项工作的并不是小冯，而是小方。但是小方每次去开会的时候总是丢三落四的，不是忘记带资料，就是忘记拿着自己的笔记本，公司也因此接到了客户公司的好几次投诉。后来公司害怕影响形象，才让小冯接替了小方的工作。

小冯是一个工作认真，做什么事都会事先计划好的人，每次去客户公司开会的时候，一些需要用的资料，甚至是公司生产的可能会在客户会议上用到的产品，他都会提前准备一份。

到开会那天早上，小冯会早早起床，整理好自己的仪容，然后再前往客户公司开会。在会上，小冯总是能对客户公司人员提出的问题对答如流，使对方非常满意。他们有的时候也会打电话给小冯的上司，对小冯的工作态度提出表扬。

参加客户公司会议时如此，同样，平时拜访客户时，也要提前准备。

首先，要选择合适的衣服和鞋子，不能穿着随便。女士出行时要注意自己的发型不能凌乱，男士要注意刮干净自己的胡子。《弟子规》中讲出门时"冠必正，纽必结，袜与履，俱紧切"，对现代人来说，拜访客户时，这些礼节仍是必要的。

其次，化妆是现代人表示对人尊重的一种方式，在去拜访客户的时候，也是必不可少的。特别是女士在拜访他人的时候，妆容一定要浓淡适宜，切忌浓妆艳抹、矫揉造作。

第三，要提前准备好拜访客户时使用的材料，不要临出门了才临时找资料，以免出发时因为时间仓促丢落下重要的文件或者资料。

第四，在拜访客户之前，要提前通知客户，不要搞突然袭击。提前发电报、打电话让客户做好接待准备，准备好相关材料，以免到达客户公司之后，耽误自己和对方的时间。这样也可以以最快的速度和客户有效地沟通需要解决的问题。

不打无准备之仗

每当我们要去拜访不同的客户时，最好事先了解客户的一些喜好，比如客户的穿着习惯,从而找出投其所好的衣着装扮。如果你能给她良好的第一感觉,那么接下来要谈的事情就会顺利很多。

其实我们每个人都有这样的心理:走在大街上,眼睛偶尔扫过一个穿着打扮和自己相似的人时,心里就会对他有一种亲近之感,有时候还会有想结识他的冲动。

所以,在拜访客户之前,首先要了解他今天会有什么样的穿着打扮,然后再挑选一套与其风格相似、但不要太张扬的衣服。这样见面,自然就会多出一分熟悉,少了一分陌生。

张晟刚刚从事销售工作,第一次去拜访客户时,心里有些紧张,说明了自己的来意后,客户提出要看一下产品的具体资料。他拿出事先准备好的一份资料递给客户,不料客户看了以后觉得内容还不够详细,问还有没有再详细些的介绍,张晟说没有了。后来客户向他要名片,他说自己是刚入行,还没有名片。客户接连讨了两个“闭门羹”,也没有再谈下去的情绪了,于是客气地说了些无关紧要的话,便推脱有事。张晟也不好意思再打扰下去,第一次拜访就这样以失败而告终。

吃一堑长一智,虽然第一次没有成功,但却让张晟学到了一些东西。在以后拜访客户之前,他都会详细地准备一些客户想了解的资料,并带上名片,主动交给客户。功夫不负有心人,张晟在短短的三个月内取得了很好的业绩,同时还受到了经理的夸奖与鼓励。这让他更有信心做一个优秀的推销员。

俗话说:“不打无准备之仗。”只有一切准备就绪,自己才有信心去做好一些事情。比如,当推销员向客户推销自己的产品时,客户想了解更详细一些的产品资料,而他没有准备,这就会显出他的不称职。面对一个不称职的推销员,他的产品能有多少可信度这是可想而知的。所以说,当你准备去拜访客户的时候,不仅要整理好自己的仪容仪表等,还要把自己能想到的细节尽可能地准备好。“三思而后行”总是没错的,只有想得周全,做得仔细,才会让客户觉得你的产品值得信赖。

与其他客户撞时怎么办

在商务拜访时会遇到这样的小细节：正在与客户商谈时，另一位客人推门而入。这时作为拜访者，应该注意怎样的礼节呢？

郑磊回访一家老客户，并把公司的新产品向老客户简单介绍了一下，看其是否有购买的意思。这个老客户是公司利润的主要来源，所以公司花了不少工夫，定期拜访，定期向其推荐更新的产品。其实以前都是由公司的销售主管去拜访的，后来销售主管跳槽，位置暂缺，这个艰巨的任务就落到了郑磊身上。郑磊也知道，公司把这么重要的客户交给他是对他的信任与考验，他也非常有信心把这件事情做好。于是他带着必备的资料，敲开了老客户的办公室。礼貌地寒暄一阵后，郑磊进入正题，不巧这时刚好客户的一位朋友来找，于是他们的谈话中断。郑磊从产品介绍中回过神来，客户的朋友已经坐在对面的沙发上了。他只好坐着以微笑致意，向其打了声招呼。

客户把这细微之处看在眼里。朋友走后，他的态度突然180度大转弯，和郑磊客气了几句便说有事要出去。郑磊不解，介绍产品的任务也没有完成。后来这位客户向郑磊的上司反映，大概意思是说郑磊没有礼貌，没有尊重他的朋友。

总经理一番好话，终于让这位“财神爷”平息了“怒火”。因为这件事情，郑磊再也没有机会去拜访这位老客户了，销售主管的位置当然也泡汤了。

遇到这样的情况，正确的做法是：马上起身，恭敬地站立，面带微笑看着进门的客人，等着主人介绍。如果主人没有介绍的意思，就可以这样提醒主人：“你好，请问这位朋友是？”而主人的朋友也会因为你的主动热情而心情大悦。

拜访其实有很多的学问，每一个细节都是决定拜访是否成功的关键之一。如果我们把这些细节都做好了，那么成功就离你不远了。

一定要安排好自己的时间

一、不要拖时间

孟凡去拜访客户时,对方正忙得不可开交,于是她承诺只耽搁对方十分钟时间,客户不好推脱,只好答应。孟凡欣喜万分,赶紧说明来意,并拿出自己准备好的所有资料为客户分析解释。

十分钟很快就过去了,孟凡却还没有讲解完。于是她再一次请求客户给她五分钟的时间,五分钟后,她便不再打扰。客户出于礼貌,又耐心地听孟凡讲了五分钟。可是,孟凡不知是真的忘记了时间还是故意在拖延,总之五分钟过后,她并没有像刚才所说的那样停止讲解,而是一直在滔滔不绝地说着。客户不好意思直接打断,但是已明显地表示出了不耐烦。又一个五分钟过去了,客户实在忍无可忍,起身让接待员送客。孟凡连递上名片的机会都没有,就被客气地“送”出了门。

这样的拜访只有一种结果,那就是被“赶”出门。一个不遵守时间的人,不要指望别人来尊重他。因此,作为一个合格的推销员,在拜访的时候一定要掌握好谈话的时间,并且自己许下的承诺一定要兑现。即使没有达到自己预期的目的,也要懂得看眼色行事,不要像孟凡一样,成为一个令人“讨厌”的被驱逐者。

正确的做法是:

1.初次登门拜访,应控制在一刻钟至半小时之内。最长的拜访,通常也不宜超过两个小时。

2.重要的拜访,往往需由宾主双方提前议定拜访的时间和长度。在这种情况下,务必要严守约定,决不单方面延长拜访时间。

3.拜访期间,若遇到其他更重要的客人来访,应当机立断,知趣地告退。每个人都有自己的事情要忙,尤其是去拜访一些掌握实权的人时,他们有很多事情要做。如果在拜访时没有一个时间限定,只会引起他人的反感,接下来连继续谈话的机会都没有了。

二、一定要准时

一名跨国公司的职业经理人说，在他20年的管理生涯中，唯一的收获就是:要做个守时的人。再纵观生活中的一些成功人士,他们无一例外地都是遵守时间的人。而忽略了这条原则的人则大多数都失败了。这就是守时的力量。

一个人守不守时,从他日常的行为方式中就可以看出来。比如,一个经常在迟到后还说“没什么大不了”的人,在他的脑海里根本就没有守时的概念。他不懂得尊重时间,时间当然也不会尊重他。几十年的光阴一晃而过,他依然如故,事业平平,生活平平。这就是没有时间概念所付出的代价。

许光是一名服装设计师,他的工作能力很强,设计理念总是独树一帜,而且又能够紧贴客户的意愿。然而他却有一个不好的习惯,就是时间观念太差,经常迟到,不管是平日里的正常上班时间、公司的例行会议还是约见客户,他都会迟到。

老板为这事没少找他谈话。但是,许光却觉得自己的设计理念能得到大多数客户的认可,客户也从来没在意过自己迟到的那几分钟,所以他每次都没把老板的话放在心里。

有一次,为竞标一个大的设计项目,公司派许光作为首席设计师跟随公关团队去竞标。原本约定好的时间是下午两点半,结果许光却三点多才到项目客户的公司。而团队的其他成员虽然早于他到达,但因为设计构思是许光一个人策划的,其他的人根本就无从插手。所以在等待许光的过程中,设计公司失去了阐述设计理念的机会。那个大客户也因为另一家公司所传达的清晰的设计理念,而选择了那家公司。

许光因迟到而丢失了一个大客户,公司的老板对此大为恼火,他说:“我宁可聘请几个资质平庸点的设计师,也不要一个拿迟到当家常便饭的天才!”

商务交往中,我们首先应该做到的就是准时。不能按时赴约,无论如何都是一件有失礼节的事。如果真有紧急的事情,不得不迟到,必须尽快通知你要约见的人。如果通不了电话,可以请别人为你转达一下。约定时间快到时，气喘吁吁地赶到约定地点，边喘气边朝对方说“刚好，刚好，没迟到”，这也是有失礼仪的。路上因有事而耽搁，到达约定地点后，约定时间已过，一定要先向对方说声“对不起”、“抱歉”之类的话。不要一见面就发起牢骚或埋怨，“真倒霉，这破车速度太慢了”、“这破道也没谁来修修”之类的抱怨，都会给对方留下很不好的印象。

如果是对方误点晚到，而你却先到了，那么要充分利用这段时间。例如，坐在汽车里仔细想一想，整理一下资料文件，或询问接待员是否允许在接待室里先休息片刻。

拜访客户实战宝典

每个做业务的人员都希望客户能自动送上门。这其实反映了一个事实，就是拜访客户是一种最频繁而又让人最不情愿的工作。更让人难以接受的是，很多被拜访者对那些来访的销售人员们爱理不理，销售人员遭白眼、受冷遇、吃闭门羹的现象随处可见。

很多销售人员也因此觉得对客户的拜访工作无从下手。其实，只要切入点找准、方法用对，你会觉得对客户的拜访工作并非如想象中的那样棘手。

对客户的拜访工作是一场持久战，很少能一蹴而就、一劳永逸。作为销售人员，就要既发扬“四千精神”：走遍千山万水、历尽千辛万苦、说尽千言万语、想出千方百计，为拜访成功而随时准备付出，又要培养“责任全在我”这样的心态境界：客户拒绝，是我的失误，因为我缺乏推销技巧；因为我预见性不强；因为我无法为客户提供更好的服务……只要能锻炼出对客户的拒绝“不害怕、不逃避、不埋怨、小气馁”的“四不心态”，我们就在与客户的心灵距离上又迈近了一步。

拜访客户四大实战宝典：

1.开门见山，直说来意

与客户初次见面时，在对方没有接待其他拜访者的情况下，我们可用简短的话语直接将此次拜访的目的向对方说明。

2.突出自我,赢得关注

拜访时必须想办法突出自己的特性,赢得大多数客户的关注。首先,不要吝啬名片;其次,在发放产品目录或其他宣传资料时,有必要在标明自己的姓名、联系电话等主要联络信息处,以不同色彩的笔迹加以突出,同时对客户强调说:"只要您拨打这个电话,我们随时都可以为您服务。"第三,以已操作成功的、销量较大的经营品种的名牌效应引起客户的关注;第四,适时地表现出你与对方的上司及领导等关键人物的"特别关系"。

3.适时反思,精准定位

如果我们多次拜访同一个客户,却收效甚微:价格敲不定,协议谈不妥,促销不到位,销量不增长,等等。这时,我们就要反思:是否找对了人,即是否找到了有助于实现我们拜访目的的关键人物。

4.宣传优势,诱之以利

商人重利。这个"利"字,包括两个层面的含义:"公益"和"私利"。我们也可以简单地把它理解为公司的效益和个人的业绩。只要两方面都能给客户带来好处,客户接受的可能性也就增大了。

去医院探望商务伙伴需注意

在商务交往中,我们可能会有去医院探望商务伙伴的经历。这样的拜访跟单纯的客户拜访性质不一样,需要区别对待,这里面包含了更多需要注意的礼仪事项。

一、提前预约

这在普通商务拜访时是一种基本礼仪,而在看望病中的商务合作伙伴时则更显得重要。大多数医院对于亲属或朋友探望病人都有明确的规定和时间安排,尤其在一些传染病医院、妇产医院,相关规定更为严格。

因此,探望商务伙伴一定要提前预约,了解清楚探望时间和合作伙伴接受治疗的安排情况后,再去探望。

二、准时到达

在住院期间，病人的生活相当有规律，治疗时间和休息时间都安排得有条不紊。因此，在探望时，我们一定要准时到达，严格按照事先约定的时间去看望，以免影响病人休息或者耽误其接受治疗。

三、语言轻松

探望病人时，语言要讲究分寸。说话时不可以欣喜若狂，也不要表现出紧张、厌恶的情绪，要神态怡然、语调轻松；尽量少谈生意上的事儿，多回忆从前的美好时光；劝慰他放宽心，鼓励其安心休息，祝愿他早日康复。

四、结束访问

从健康的角度来考虑，最好能够适时地、委婉地结束探望。一方面避免因为自己探视时间过长而影响病房里其他病人的休息；另一方面也可以让病人早点儿休息，避免疲劳影响身体康复。探望时间一般以十几分钟为宜，最多不超过半个小时。

五、神情

探望合作伙伴时，神情应该保持轻松、温和，不要显得过于担心；见到其治疗用的针头、皮管及其他医疗器械时，不要表现出惊讶的神态，以免给他(她)带来压力。

六、话题

探望合作伙伴时的话题要轻松，多讲些令人心情愉悦的事，但不要让自己滔滔不绝地讲个没完；对于一些不便当着病人的面谈论的话题，可在离别时与其亲属到门外交谈。

七、礼物

很多人喜欢给病人送鲜花和水果，但这也要视实际情况而定。有些病人或同病房的人可能对鲜花过敏，或者患呼吸道疾病，不适宜呼吸有花粉的空气,这种情况下,鲜花显然不是好选择。再说,如果大家探病都送鲜花,也容易影响狭小病房内的其他病人。如果要探望的病人是糖尿病或肠胃病患者,送水果也不合适。

八、告辞

告辞时,应该询问病人自己能为他做点什么或是有没有什么话要代为转达的,并嘱咐其安心养病,预祝其早日康复。

商务拜访送礼须知

现代社会是一个讲"礼"的社会。如果你不讲"礼",就会被人冷落,寸步难行。求人办事要送礼,联络感情要送礼,商务拜访更是离不开送礼。

一家跨国公司的商务副总监得知与其合作的法国公司总裁酷爱钢琴,于是在一次特别安排的拜访中,送给那位总裁一架镀金的新钢琴。本以为对方会喜欢,谁知那位总裁一看,一脸的不高兴。事后才知道,第一次见面送太贵重的礼物会让对方难堪。

商务拜访送礼是一门艺术,当然有其自身约定俗成的规矩:送给谁、送什么、怎么送都很有讲究。根据古今中外一些成功的经验和失败的教训,我们起码应该注意以下几条原则:

一、礼物轻重得当

一般来说,礼物过轻,很容易让人误以为"瞧不起"他,尤其是对关系不算亲密的人,更易有此种想法。而且如果只想"送小礼办大事",成功的可能性就微乎其微了。但是,礼物太贵重了,又会使接受礼物的人有受贿之嫌,一般人就很可能婉言谢绝你送出的贵重礼品,或即使收下也会要求付钱,要不就日后必定设法还礼,这样岂不是强迫别人消费吗?因此,礼物的轻重选择应以对方能够愉快地接受为尺度。

二、送礼的间隔适宜

送礼的时间间隔也很有讲究，过于频繁或间隔过长都不合适。一般来说，以选择重要节日、喜庆、寿诞送礼为宜，这样，送礼的既不显得突兀，收礼的也收得心安理得，两全其美。有些送礼者可能经济宽裕，或求助心切，便时常大包小包地送上门去。他们以为这样显得大方，一定可以博得别人的好感，其实并不尽然。因为你以这样的频率送礼，目的性太强，而且中国崇尚“礼尚往来”，对方还得以礼还礼。

三、了解风俗禁忌

送礼前应了解收礼人的身份、地位、爱好、民族习惯等，免得送礼送出麻烦来。不要送钟，因为汉语“钟”与“终”同音，会让人认为你是在诅咒他，这是常识问题，不容忽视。对文化素养高的知识分子，你送去一幅蹩脚的书画也很没趣。

四、礼品要有意义

礼物是感情的载体，因此送礼时一定要考虑礼物的意义。实际上，最好的礼品应该是根据对方的兴趣爱好选择的富有意义、耐人寻味、品质不凡却不显山露水的礼品。因此，选择礼物时要考虑它的思想性、艺术性、趣味性、纪念性等多方面的因素，力求别出心裁、不落俗套。任何礼物都代表着送礼人的特有心意，或酬谢、或求人、或联络感情等。所以，你选择的礼品必须与你的心意相符，并使收礼者觉得你的礼物非比寻常，弥足珍贵。

走访外国客户的言行规范

华强进入公司不到一年，由于表现十分突出，工作做得很漂亮，所以没过多久，上司就把一个重大的项目交给他去完成。项目的另一方是日本人，日本人的时间观念很强。洽谈业务当天，华强提前10分钟到达，熟悉了一下周围的环境，在原地没等多久，日本人就来了。华强以自己熟练的专业知识赢得了对方的信赖，项目谈得也很愉快。双方签完字之后，华强以主人的身份带着客户游览了一下周遭的环境。对方原以为华强的公司就在附近，华强回答道："不是，我的公司距离这里很远，只不过我早到了一会儿，在周围转了一下。"这下，对方对华强更加欣赏了。

回到公司之后，上司因为华强这次任务完成得非常出色而更加信任他。半年之后，华强被提升为部门主管。

在走访外国客户时，尽量避免前往其私人住所进行拜访。约定的具体时间通常应当避开节日、假日、用餐时间、睡眠时间，及其他一切会给对方带来不便的时间。万一因故不能准时赴约，一定要及时通知对方，有必要的话，还可将拜访另行改期。在这种情况下，一定要记得向对方郑重道歉。当主人开门迎接时，一定要主动向对方问好，互行见面礼仪。

倘若主人一方不止一人，对于对方的问候与行礼，在先后顺序上要合乎礼仪惯例。为了不失礼节，在拜访外国友人之前，有必要随身携带一些备用的物品，主要是纸巾、擦鞋器、袜子与爽口液等。入室后要除去帽子、墨镜、手套和外套。

当走访外国客户时，还需要严格遵守以下七条礼仪规范：

1.要有约在先。拜访外国人时，切勿未经约定便不请自来。

2.要守时践约。这不只是个人的信用问题，也是为了提高办事效率，对交往对象尊重友好的表现。

3.要进行通报。倘若抵达约定的地点后，未能与拜访对象直接见面，或是对方没有派人在此迎候，那么在进入对方的办公室或私人居所的正门之前，有必要先向对方通报一下。

4.要登门有礼。要在主人的引导之下，进入指定的房间，切勿擅自闯入。在就座之时，要与主人同时入座。倘若自己到达后，主人这边尚有其他客人在座，应当先问一下主人，自己的到来会不会影响对方。

5.要举止有方。在拜访外国客户时要注意自尊自爱，并且时刻以礼待人。与主人及其家人进行交谈时，要慎重选择交谈的话题。

6.要适可而止。在拜访他人时,一定要注意在对方的办公室或私人居所里停留的时间长度。

7.当向主人告辞时,千万别忘了为女主人的殷勤招待以及在她家所度过的愉快时光表示感谢。回到自己家中,最好能立即给主人通个电话,对在这次访问中受到的款待再次致谢。

第十一章 接待礼仪：关键细节赢得好印象

迎来送往是社会交往活动中最基本的形式，也是表达和体现主方情意、素养的重要环节。商务活动中的接待，更是企业在事业上不断前进的通行证。良好的接待礼仪，可以给来访者留下好的印象，为公司和个人博得好评，从而促使商务交往的顺利进行。

客户远道而来，一定要亲自迎接

“有朋自远方来，不亦乐乎”，这是中国自古就有的礼仪待客习俗。随着经济的不断发展，经济全球化局面已经形成，很多商家的产品销售地也在不断扩展。中国的市场上流通着德国汽车、美国手机，日本汽车的零部件来自世界各地，这样的情况在如今已越来越普遍。因此，在当今市场中，很多公司的客户都是远道而来进行考察、监督的。当这些客户带着要求和目的来到公司时，公司的相关人员一定要亲自接待，才能显出对客户的重视，使客户感觉受到了尊重；才能树立良好的企业形象，有利于双方的合作，有利于公司未来的发展。

小李是广东东莞一家玩具加工厂生产部门的项目负责人，每个月都要不定时地接待从全国各地到公司考察或监督生产的客户。每次接待客户时，客户都会提出各种各样的要求，甚至对小李他们的工作提出这样或那样的不满。这让小李每次面对客户时都非常的苦恼。

有一次，小李接到公司通知，要他第二天下午去火车站接从北京到公司监督生产的客户。小李知道那个客户每次来到厂里后，要么是对工人们的工作指手画脚，表示对产品的不满意，要么是对公司提出提前完工、增加数量等不合理的要求。这个客户最让小李头疼，但他又是公司的大客户之一，谁也不敢得罪。

小李忽然想到，自己每次都是派手底下的几个助理去接客户，等客户到公司之后他才去会客，但是今天，他手底下的几个人都被派出去接待公司的供应商或者洽谈业务去了。无奈之下，小李只好亲自前往车站接客户。

这次小李到车站之后，不断地给自己心理暗示，让自己能保持接待客户的热情，希望这次客户能够不再给自己找麻烦。时间到了，小李在出站口看见了客户，马上上前热情地打招呼。看到小李，那位客户先是愣了一下，然后很快也以热情的拥抱回报小李。

奇迹竟然真的在小李的祈祷下发生了。这次，客户没有总是找麻烦，而是很客观地提出了几个要求，然后在公司里呆了几天就走了。小李起初非常的不解，后来推断出，是因为这次自己亲自去接他使他对自己的工作看法有所改观。于是，小李决定以后凡是应由自己接待的客户，从来到东莞一直到离开，自己都全程陪同，不再假手于人。

后来，小李逐渐发现，原来那些喜欢挑毛病、找麻烦的客户态度都柔和了许多，都不再找自己的麻烦了。这让小李明白了亲自接待客户的重要性。

一般，各种公司都会规定，哪个等级、哪个类型的客户来访，由担任什么职位的人来接待。而当客户到来的时候，相应的接待人员亲自迎接可以直接让客户感觉到自己的重要性，感觉到这家公司的企业文化氛围，从而有利于双方展开合作，解决问题。

亲自接待客户,需要注意以下几点内容:

1.在客户到访之前,就整理好房间,准备好接待客户时需要使用的文件资料、茶杯烟具、糖果烟茶。

2.接待人员要仪容整洁、自然大方。客人即将进门之时,接待者要主动出门迎接,请客人进屋。

3.对前来考察、洽谈业务、监督生产、参加会议的外国、外地客户,应首先了解对方到达的车次、航班,安排与客人身份、职务相当的人员前往车站或机场迎接。若因某种原因,应该迎接客人的职员没有办法前往,那么前去迎接的其他人员应向客人做出礼貌的解释。

4.接待人员应提前到车站、机场去迎接客人,决不能迟到,让客户在车站或者机场久等接待人员。

5.接到客户后,应首先问候客户"一路辛苦了",或者表示欢迎,比如,"欢迎您来到我们这个美丽的城市"、"欢迎您来到我们公司",等等。如果客户与接待人员是初次见面,接待人员应该首先向客户作自我介绍,如果有名片,可递送自己的名片。

6.迎接客户时,举的牌子应该有公司名称和客户的姓名,最好还有欢迎词。客户到来之后,要主动接过客户的行李,而且要挑最重的,就算客户推辞也要接过来。

客户来访,应有礼接待

无论是什么样的客户到来,接待方都应该礼貌待客。礼貌待客可以显示出接待方员工的道德素质,使客户对这个公司的员工留下深刻的印象;礼貌待客,还可以显示公司良好的企业文化和员工的职业素养,有利于双方洽谈业务、展开合作。

李宏与王俊都是在大专毕业后,进入某生产防辐射产品公司工作的业务员。李宏常被公司同事称为"形式主义"员工,因为他在做任何事之前都会先计划好，然后再按部就班地去实施自己的计划。在接待客人时亦是如此，他总是先想好这是一个怎样的客户，这个客户在公司的时候会注意考察哪些东西，这个客户喜欢在哪些方面找问题，甚至连这个客户喜欢喝什么样的茶，喜欢吃什么东西，他都要提前知道，然后提前作好安排。

而王俊与他恰恰相反，无论接待什么样的客户或者做什么事情，他总是随心而动。如果自己今天心情好，工作情绪高，他就热情地接待每一位客户，让所有的客户都有宾至如归的感觉；但是，如果赶上他心情不好，没什么工作的情绪，他就会敷衍了事，接待客户的时候也是心不在焉，有的时候还会得罪客户。但是王俊在同事们眼中是一个能展现真实自己、活力充沛的员工，不像李宏一样总给人一种“老气横秋”的感觉。

但是，客户却不这样看。在他俩来到公司半年后，很多客户偏爱与李宏洽谈业务，李宏的业务量明显上升，他的服务态度也得到了很多客户的好评。

其实，李宏的“形式主义”，并不一定都是出于做作。礼貌本身就能显示一个人对其他人的尊重，是一个人内心善念的外化。一个公司的职工接待客户时表现礼貌，就能显示这个公司对客户的尊重程度，也能体现出这个公司企业文化中善的部分。李宏之所以会提前了解客户的生活习惯、喜好，正是出于对客户的尊重。在工作中，显示真性情固然好，但是工作始终就是工作，能完成上司交代的工作任务，赢得客户的满意才是客户接待者应该做到的。

细节决定成败，接待客户时更是如此。一些小小的细节可能让我们赢得客户的青睐，也可能让我们失去客户的信任。接待客户的礼貌显示在以下几个细节中。

1.恰当的人接待恰当的客户。接待人员的级别应根据客户的级别而定，不能让一个业务员去接待一个经理。

2.客户到来后，如果我方负责人不能马上接见，要向客户说明等待理由与等待时间。若客人愿意等待，应该向客人提供饮料、杂志等消遣品，并时常为客人更换饮料。

3.接待人员带领客户前往目的地的过程中，应该有正确的引导方法和引导姿势。

(1)在走廊时的引导方法。接待人员在客户前面,距离客人二三步之遥,引导客人前行,配合客人的步调,让客人走在内侧。

(2)在楼梯时的引导方法。为了保证客人的安全,上楼时,应该尽量让客人走在前面,接待人员紧跟其后;下楼时,应该由接待人员先走,客人跟在后面。

(3)在电梯的引导方法。进电梯时,应由接待人员先进入,等客人进入后关闭电梯门;出电梯时,则要让客人先走出来,然后自己再出电梯。

(4)客厅里的引导方法。当客人走入客厅之后,接待人员应该用手指示,请客人在上座(正对门的地方)坐下,看到客人坐下后,才能在行点头礼后离开或者落座。

给客户奉茶时的小细节

用茶水待客是很多公司接待客户时常用的方式。但是,在中国,茶道是一门艺术,奉茶也能显示一个人的素养。如果奉茶方式不对或者使用的茶叶不符合客户的身份,就有可能给客户留下不好的印象,不利于公司与客户之间的合作。

王红是一家广告传媒公司的员工,她毕业于北京一所高校,但她是一个追求时尚的女孩,从来都不喜欢喝茶,所以对奉茶的细节也一无所知。一开始,她接待过几个客户,虽然也需要给对方奉茶,但是显然对方并不在意王红奉茶的方式。而且,对方也只是喝几口就不再喝了,因此也没有对接下来的业务洽谈产生不利的影响。所以,本来想要学习一下奉茶礼仪的王红也就放松了学习的心思。

可是,幸运女神并不会永远眷顾她。一次,王红接到公司的任务,要接待一位很重要的客户。王红接到这位客户之后,把客户请进了待客室,然后像往常一样给客户奉上了一杯满满的茶,客户接过茶后看了王红几眼,没说什么,然后他们开始洽谈业务。在交谈的过程中,王红又给客户的茶续了几次水。

王红发现每次给客户续水的时候，对方都会用一种诧异的眼光看着她。这次业务洽谈并不顺利，那位客户提出了很多不在她的知识范围内的问题，让她很难应付。但是，她以前听说这位客户平时是很好说话的，不像现在这么难应付。最后，虽然业务谈成了，但是王红感觉自己在这个客户面前丢尽了面子。

王红的主管经理回来之后，找王红谈了一次。经理告诉王红那位客户后来跟他联系过，他是故意刁难王红的，因为那位客户觉得王红在接待他的时候根本没有礼貌，连奉茶都不会，好像并不重视他。王红这才恍然大悟，然后开始专心地学习茶道。

茶是很多人在待客的时候喜欢使用的饮品，很多人对茶道也颇有研究。我们在接待客户的时候，说不准什么时候就会遇到一个深谙茶道的客户。所以，我们自己必须要掌握一定的奉茶技巧，不要在接待客户的时候让公司、让自己丢面子。

1.在客人到来之后，要立刻为客人奉上茶饮，不要等到业务洽谈的差不多了才想起为客人沏茶。

2.为客人沏茶之前，要先洗手，并将茶杯或茶碗洗净，以示卫生。要特别检查茶杯或茶碗是否有残缺，一般有残缺的茶杯或茶碗是不能用来待客。还要注意，茶杯、茶碗里一定不能有茶锈。此外，为客人奉茶宜用陶瓷制的茶具。

3.如果公司待客室备有不同种类的茶叶，在沏茶前，可事先征求客户的意见，是喜欢红茶、绿茶还是花茶，然后根据客户的需要选择茶种。

4.切记茶水不要沏得过浓或过淡，每一杯茶斟得七分满就可以了。不要单独把茶杯拿给客人，要把茶杯放在茶托上，一同敬给客人，茶杯的杯把要正对客人的左手。若是饮用红茶，要事先为客人准备好方糖，以方便客人自取。

5.如果是专门的助理为主客双方奉茶，那么上茶时，要先给客人上茶，而后再给主人一方上茶。若客人较多，应先给主宾上茶。

6.上茶时的具体步骤是：先把茶盘放在茶几上，从客人右侧递过茶杯，右手拿着茶托,左手轻附在茶托旁边。若茶盘无处可放,应用左手拿着茶盘,用右手递茶。注意不要把手指搭在茶杯边上,也不要让茶杯撞在客人手上,或洒了客人一身。如果妨碍了客人的工作或交谈,招待人员要说一声“对不起”。

与客户就餐,敬酒不强劝

很多远道而来的客户,是需要接待方安排住宿和就餐的,即使不需要安排住宿,就餐也是必须安排的。而在餐桌上,喝酒是必不可少的项目。

和以茶待客一样,在餐桌上以酒待客是很多公司在接待客户时惯用的方式。在餐桌上,敬酒也是必不可少的项目,但是并不是所有的人都懂得正确的敬酒方式。若敬酒方式不正确则可能会引起客户的不满,为双方的合作带来麻烦。

刘军是一个东北汉子,毕业于东北大学管理专业,毕业后进入了北京某公司工作。虽然是管理专业毕业,但是他在公司从事的并不是管理工作,而是客服工作,因此经常需要和客户出去吃饭。

东北汉子能喝酒众所周知,而刘军呢?他是一个典型的能喝酒、爱喝酒的人。每次和客户去吃饭,总是不停地劝客户喝酒。有些客户也确实能喝,所以对刘军的劝酒也就不怎么推辞;但是有的客户就受不了刘军的劝酒方式和喝酒方式,但是又总免不了被刘军灌酒。久而久之,刘军接待的客户只剩下一些能喝酒、会喝酒的人,而那些不能喝酒的客户都对刘军敬而远之了。

无论在什么场合,酒都能够拉近彼此的关系,使双方可以顺利地进行合作。但是,并不是所有人都是能喝酒、会喝酒的人,所以在我们与客户喝酒的时候,一定要尊重客户的喝酒习惯。敬酒是必须的,但不能强劝,否则只会是让客户心中不满,对自己公司的发展也没有好处。

刘畅现在是一家合资企业的业务主管。5年前，从基层业务员做起的刘畅，凭借努力，逐渐得到领导的赏识，一步一步上升到业务主管的位置。做业务员时，刘畅极少出席酒宴，但是升职后，出席酒宴便成了常有的事。他在酒席桌上可谓分外“热情”，总是不断地向不同的人敬酒，劝酒成了他的杀手锏。刘畅说：“我自以为喝酒‘实在’，从来没有考虑过对方的酒量。”所以，在酒宴上，他敬酒，别人一定要喝，不然就会缠着对方，不停地劝酒，直到对方把酒喝下去为之。

开始的时候，大家都觉得刘畅热情，没有太多其他的想法。但是时间长了，领导、同事以及客户都很反感他这种“实在”、“热情”的性格。最后，刘畅的上司认为他还不成熟，做事不扎实，以致在后来的升迁中接连受阻。在经过同事点拨后，刘畅说：“后来，我才知道我的这种‘热情’，不仅让别人反感，而且会适得其反。”

是啊，敬酒确实需要把握一个度，但是这个度却是很多人把握不准的。

1.一般情况下，如果同时接待几位客户，敬酒时，应以客户的年龄大小、职位高低、宾主身份为序，敬酒前一定要充分考虑好敬酒的顺序，分明主次。

2.饮酒应适度，劝酒是大忌。现代社会里，总是有“感情深，一口闷，感情浅，舔一舔”的劝酒说法，这让一些刚刚步入职场的年轻人误解了餐桌礼仪的内涵。事实上，酒场并不是战场，酒量大的人对招待者的劝酒可能不怎么在意，但酒量小的客户就会十分反感这样的劝酒，甚至有可能因为这样的劝酒而导致双方合作不成。

3.劝酒要适可而止，意思到了就可以了。面对不同的客户，还要了解客户是否可以喝酒，像有一些对酒精过敏的客户，或者虔诚的穆斯林，他们一般都是不能喝酒的。因此，敬酒、劝酒一定要事前了解对方是否可以喝酒，即使可以也不能强劝对方喝酒。

最后，需要注意的是：敬酒时，要上身挺直，双腿站稳，双手举起酒杯向对方敬酒。等到客户饮酒时，再跟着饮，不要在客户未饮时，自己先喝了。而且敬酒的态度要热情而大方，不要扭扭捏捏、矫揉造作。

若需客户等待,应先取得客户谅解

守时是每一个人都应该具备的基本素质,特别是在接待客户的时候。无论什么时候,如果我们需要客户等待的话一定要提前通知客户,向客户说明等待的原因,取得客户的谅解。这样才能在客户心目中不留下坏印象,为与客户合作创造条件。

小李和小刘都是一家公司的业务员,平时都会负责接待一些客户。但是公司总是有一些会议会不定期地举行,所以他俩经常会遇到因为开会而让客户在会客室等候的情况。

小李每次在遇到有临时会议的时候,都会查看自己的日程安排,如果会耽误会见哪位客户,他就会提前通知那个客户,让对方可以晚些来或者来之后在会客室等上一段时间。因此他每次都能得到客户的谅解,没有影响到公司和客户的合作关系。

而小刘却很少会注意自己开临时会议时会让哪些客户等待自己,所以每次有临时会议时,小刘的客户都会在等不到小刘,又等不到任何解释的情况下怀着失望的心情离开。而小刘自己开完会后没有看到客户,也就以为客户没有来过。久而久之,小刘的业务量不断下降,公司也开始怀疑小刘的工作能力和工作态度,渐渐地越来越不信任小刘了。

无论是在工作还是在生活中,谁都有可能遇到突发事件,比如堵车了、自己的家人突然生病了,等等。这个时候,如果你还有客户需要接待、会见,那么就给对方打一通电话说明情况,然后请公司派其他的人先行接待一下客户。我相信任何一个人都会理解我们的理由和心情,不会因此而影响公司之间的合作。

面对突然造访的客户要镇定

有的时候,我们可能会遇到突然造访的客户。本来日程安排里面没有这位客户今天到访的记录,偏偏客户就选在今天来了。这种突发事件是最能考验一个公司的人员的应变能力和反映公司的待客之道的。面对突然到访的客户一定要保持礼貌,迅速地安排恰当的人员接待。这样方能显示一个公司的员工素质,突显公司的应变能力。

莉莉在这家公司做经理助理已经两年了, 每次都要负责帮助经理接待大大小小的客户,而且她每次都能把接待工作做得礼貌周全,使客户满意而归。莉莉热情大方、得体周全的待客礼仪得到了很多客户的好评,特别是那些因急事突然造访的客户。

但是,莉莉却说,在刚刚进入公司的时候,她缺乏勇气和自信,总是怀疑自己接待不好客户,所以在接待客户的时候总是手忙脚乱,让很多客户感到不满;特别是那些突然造访的客户,本来接待预定的客户就已经让她无从应对了,面对突然造访的客户更是阵脚大乱。她总是记不住那些客户的资料、要求,在办事情的时候,丢三落四,这使客户非常恼火,常常惹得客户到经理那里去投诉莉莉。

后来,发生了一件改变莉莉的事件,使莉莉认识到了自己的不足,下定决心去改变现状。后来, 莉莉慢慢地能够对客户的突然造访和要求应付自如、从容自信了,也逐渐开始得到很多客户的好评。

有一次,当莉莉和经理都准备下班回家的时候,一位客户突然来到了公司。那时候,大部分职工都已经下班了,公司里只有莉莉和经理以及其他几个还在加班的职员。面对突然造访的客户,经理没有表现出丝毫的意外,而是很热情地上前和客户打招呼,并询问客户到访的原因,好像知道这个客户会来一样。莉莉看着经理从容地找出与这位客户有关的文件夹,在会客室里熟练地为对方奉上茶水并开始洽谈业务。这让她大受震动,并且感慨“经理就是经理,竟然好像能够未卜先知一样接待客户”。

事后,莉莉向经理请教从容接待客户的秘诀。经理告诉莉莉:“既然我们在公司中的主要职责是负责接待客户,那么在平时就一定要了解公司有哪些客户,每一位客户的基本情况;客户对我们公司的哪些生产环节比较陌生,比较容易产生疑问;这些客户可能会在何时到公司来考察、监督。有的客户可能会提前和公司预约,可是有的客户则喜欢突然袭击。我们要对哪段时间内哪些客户可能会到公司做到了然于胸,这样,无论是面对有预约的客户还是突然来访的客户都能应付自如。当这些客户来到之后,只要礼貌地对待他们,然后为他们解决问题就可以了。”

由此可见,在面对突然造访的客户时,一定不能因乱失礼,哪怕你并不是十分了解客户和公司的情况,只要像那位经理一样,从容、礼貌地先把客户让进待客室,然后再开始寻找与客户相关的材料,为客户解决问题,这样也可以得到客户的好评。

与客户沟通时要多倾听

很多年轻人进入职场之后,在接待客户方面没有经验,觉得与客户沟通时说得越多越好,往往会忽视了听取客户的想法与意见,反而让客户觉得自己的意见不受重视,从而影响双方的合作。

在职场中,个性张扬是应该的,但是在与客户的沟通交流中,不宜太过张扬,让自己的光芒盖过客户,这样容易让客户相形见绌,不利于双方的合作。

姜龙是一家软件开发公司的业务代表,负责接待到公司洽谈业务的客户。两年间,与他接触过的客户都对他印象深刻、评价很高。同事们也觉得姜龙接待客户的时候从容有度,与客户沟通的时候能准确地把握住客户的想法,有效地针对客户的问题提出解决方案和应对措施。

但是，姜龙在讲述自己的工作经历时，却说自己如今与客户沟通的水平是“吃一堑，长一智”得来的。

姜龙说，自己刚到公司的时候，因为口才好被公司分到业务部做职员，跟着原来的一个业务部代表接待客户。自己虽然口才好，但是在这方面没有经验，不知道怎么样才能有效地与客户沟通。每次在面对客户的时候就尽可能多地把自己知道的公司的情况和产品的情况介绍给客户，而在客户说时却不能从中听出他们的想法，提炼出他们的要求。自己的业务水平和业绩也因此总是上不去，一度得不到公司的信任。

有一次，姜龙去旁听原来那位业务代表与客户的沟通。他发现那位业务代表总是在倾听客户说些什么，很少说自己知道，偶尔发言也是表示赞同或者纠正一些客户对公司的错误认识，有的时候竟然会跟客户说与业务无关的公司里的人的故事。但是他发现那位业务代表的业绩水平很高，很多老客户到公司之后都会直接去找他洽谈业务。于是，姜龙有样学样，学着像那位业务代表一样先去听客户的想法和意见，然后自己再发言。渐渐地，他发现自己也能抓住客户的想法了，也能知道该针对客户的要求介绍公司的情况了。慢慢地，姜龙的业务水平和业绩也开始有了起色，并且不断提升。最后姜龙也成为了公司的业务代表，他原来的上司则成为了他们业务部的主管。

在与客户沟通的过程中，怎样才能把握客户的想法，让客户在沟通中不会相形见绌呢？

首先，要恰当地对客户介绍自己公司的情况，重点介绍公司的产品特色，让客户知道公司能够为他们提供什么，在合作中哪些方面是完全可以放心的。其次，要对客户介绍公司的企业文化内涵，一个公司的企业文化内涵可以反映这个公司的经营理念、管理理念、对自己的社会责任感的认知情况等多方面的公司软实力。再次，在与客户沟通的过程中，切忌口若悬河，要针对客户提出的问题有重点地回答问题。

我们说过，在与客户沟通的过程中，要注意自己说话的态度和说话的时机，不要让客户在沟通中相形见绌。那么是不是没有让客户在沟通中出丑或者相形见绌，就一定能达到与客户有效沟通的目的呢？显然，事情并是不那么简单的。

姜龙在一次又一次的客户沟通中总结出了以下经验，既让客户觉得自己是谈话主角,又能表达自己的想法。

1.不能只听客户讲,而自己不说。客户讲主要是提出他自己理想化的要求,但是客户,特别是那些新客户对公司的情况并不了解,他们不知道什么样的要求能够在公司得到满足,也不知道这个公司的优势和特色。所以在谈话的过程中,在客户提出问题之后,紧接着要对公司的情况和特色作出简单的介绍,针对客户先要了解的情况,介绍公司的优势和合作的意愿。

2.自己说的时候,要显示处处为客户着想的态度,表达合作的意愿。每一位客户都希望自己是该公司的“上帝”,从该公司得到最好的服务。那么,负责接待客户的人员必须了解客户的这种心理，并且针对客户的要求进行详细的介绍,告诉客户自己公司可以为客户提供哪些优质的服务,自己公司的信誉度和公司产品的市场潜力等。必要时还可以举一些成功的案例供客户参考。

3.必须抓住客户问题的核心。有的时候,客户可能会提出一系列的问题,或者希望接待人员介绍公司的一些情况。这时,接待人员必须能够抓住客户问题的核心、客户提问的最终目,然后有针对性地做出回答。

送别时也要礼貌周全

中国人对待客人讲究迎来送往，也就是既要热情有礼地迎接客人的到来,也要热情有礼地送客人离开。对于关乎公司发展的客户更应如此。只有热情有礼地将客户送走,才能给客户一个完整的良好的企业形象,赢得更多的老客户和新客户的青睐。

现在，很多公司都会在一些客户离开的时候为其准备欢送酒会或者安排专门的人员把客户送到机场或者车站，甚至有一些公司会派车把客户直接送回公司。

河北省廊坊市有一家产品加工厂,这家工厂的客户大部分都在北京、天津等地。这家加工厂并不大，生产的产品也算不得上乘。随着经济的发展，廊坊市各地区的加工厂不断增多，但是这家加工厂却能够始终屹立不倒，一直经营得有声有色。

小谢是位口才极好、活力十足的男孩，他大专毕业后进入了这家工厂工作。眼看着廊坊不断有同类型的新加工厂建成，而且好几家加工厂生产的产品都优于他们的产品，但是小谢所在的厂的产品仍然牢牢地占据着北京、天津的市场。

对此感到好奇的人不在少数，一些人便向小谢询问原因。小谢神秘兮兮地说道："看到经常从我们厂开出来的写着我们厂名字的小型商务客车了吗？那就是我们厂能在北京、天津站稳脚跟的秘诀。"看着对方不解的表情，小谢解释道："虽然新开办的这几家同类型的工厂产品都不错，但是我们厂的产品对于北京、天津的人来说已经是'老字号'了。而且每次那边的客户过来洽谈、考察时，我们厂都会热情地招待他们，在他们离开的时候，厂子都会派车把他们送回自己的单位。而其他的几个厂，虽然产品好，但在客户走的时候，他们常常是送出厂门就不管了。虽然天津、北京和廊坊离得近，但是他们这么做，礼仪还是不够周全啊！"

由此可见，不仅迎接客户时要礼貌，送别客户时也不能怠慢失礼。

首先，如果客户的单位离得近，可以派车送客户回单位，这样可以充分赢得客户的好感；如果客户是远来的客人，则要派专人把客户送到车站、机场等地；如果赶上天气不好，还要为客户准备好雨具等用品。

其次，在客户离开时，可以送客户一些自己城市的特产，不需要太贵，以免产生行贿受贿的嫌疑，略表心意即可。

最后，客户离开时，要和客户预约下次见面的时间，或者表示对客户下次来访的期待，还要请客户捎去对客户公司其他人员的问候和祝福，最后祝福客户一路顺风。

第十二章 用餐礼仪：餐桌上的优雅名片

在企业商务活动中，为了给谈话创造轻松的气氛，常常把会餐当成一个必经的程序。它不仅仅是一个用餐的过程，更是进一步和客户交流的机会。商务会餐礼仪繁多，一个不慎就容易弄巧成拙。掌握必要的就餐礼仪是每一个职业人士的必修课程。

餐桌上的一般礼仪

在商务活动中，为了给谈话创造轻松的气氛，常常把餐桌当会议桌，边用餐边会谈。它不仅仅是一个用餐过程，更是进一步和客户交流的绝佳机会。因此必要的就餐礼仪不可少：

1.入座后姿势要端正，脚踏在本人的座位下，不可任意伸直，手肘不得靠着桌沿，更不可将手放在邻座桌上。

2.用餐时须温文尔雅、从容安静，不能急躁。

3.在餐桌上不能只顾自己，也要关心别人，尤其要招呼两侧的女宾。

4.自用餐具不可伸入公用餐盘夹取菜肴。取菜舀汤，应使用公筷公匙。

5.应当小口进食,举止文雅。

6.吃进口的东西,不能吐出来,如食物太烫,可喝水或果汁缓解。

7.自己口中有食物,或他人在咀嚼食物时,均应避免跟别人说话或敬酒。

8.好的吃相是食物就口,不能口就食物。食物带汁,不能匆忙送入口中,否则汤汁滴在桌布上,极为不雅。

9.切忌用手指剔牙,剔牙时应用牙签,并以手或手帕遮掩。

10.避免在餐桌上咳嗽、打喷嚏、打嗝及放屁。万一没忍住,应说声"对不起"。

11.喝酒宜各自随意,敬酒以礼到为止,切忌劝酒、猜拳、吆喝或用酒杯敲击玻璃转盘。

12.若餐具坠地,可请侍者拾起。

13.发生意外,如不慎将酒、水、汤汁溅到他人衣服上,应表示歉意,并叫服务员帮忙,不必恐慌赔罪,否则反倒会使对方难为情。

14.如欲取用摆在同桌其他客人面前的调味品,应请邻座客人帮忙传递,不可伸手横越,长驱取物。

15.如系主人亲自烹调的食物,勿忘予主人赞赏。

16.如吃到不洁或有异味的食物,不可吞入,应将入口之食物,轻巧地用拇指和食指取出,放入盘中。倘发现盘中的菜里有昆虫或异物,不要大惊小怪,应待侍者走近,轻声告知侍者更换。

17.食毕,餐具务必摆放整齐,餐巾应折好放在桌上。

菜单的准备

在宴请前,主人需要事先对菜单进行再三斟酌。在准备菜单的时候,主人要着重考虑哪些菜可以选用、哪些菜不能用。优先考虑的菜肴有四类:

第一类,有中餐特色的菜肴。宴请外宾的时候,这一点更要重视。如炸春卷、煮元宵、蒸饺子、狮子头、宫爆鸡丁等,并不是佳肴美味,但因为具有鲜明的中国特色,所以受到很多外国人的推崇。

第二类,有本地特色的菜肴。如西安的羊肉泡馍、湖南的毛家红烧肉、上海的红烧狮子头、北京的涮羊肉等。宴请外地客人时,上些当地的特色菜,恐怕会比千篇一律的生猛海鲜更受好评。

第三类,本餐馆的特色菜。上一份餐馆的特色菜,能说明主人的细心和对被请者的尊重。

第四类,主人的拿手菜。举办家宴时,主人一定要当众露上一手,多做几个拿手菜。其实,所谓的拿手菜不一定要十全十美,只要主人亲自动手,单凭这一点,就足以让对方感觉到你的尊重和友好了。

在安排菜单时,还必须考虑来宾的饮食禁忌,特别是要对主宾的饮食禁忌高度重视。这些饮食方面的禁忌主要有四条:

1.宗教的饮食禁忌,一点也不能疏忽大意。

2.出于健康的原因,对于某些食品,也有所禁忌。比如,心脏病、脑血栓、动脉硬化、高血压和中风后遗症的人,不适合吃狗肉;肝炎病人忌吃羊肉和甲鱼;胃肠炎、胃溃疡等消化系统疾病的患者也不合适吃甲鱼;高血压、高胆固醇患者,要少喝鸡汤等。

3.不同地区,人们的饮食偏好往往不同。对于这一点,在安排菜单时要兼顾。比如,湖南省份的人普遍喜欢吃辛辣食物,少吃甜食;英美国家的人通常不吃宠物、稀有动物、动物内脏、动物的头部和脚爪。

4.有些职业,出于某种原因,在餐饮方面往往也有各自不同的特殊禁忌。例如,国家公务员在执行公务时不准吃请,在公务宴请时不准大吃大喝,不准超过国家规定的标准用餐,不准喝烈性酒。再如,驾驶员工作期间不得喝酒。要是忽略了这一点,则有可能使对方犯错。

在隆重而正式的宴会上,主人选定的菜单也可以在精心书写后,每人一份。这样用餐者不但在餐前做到心中有数,餐后也可以留作纪念。

席位的排列

中餐的席位排列,关系到来宾的身份和主人给予对方的礼遇,所以是一

项十分重要的内容。在不同情况下,席位的排列有一定的差异,主要分为桌次排列和位次排列两方面:

一、桌次排列

在中餐宴会活动中,往往选用圆桌布置菜肴、酒水。排列圆桌的尊卑次序,有两种情况:

第一种情况,是由两桌组成的小型宴请。这种情况,又可以分为两桌横排和两桌竖排的形式。当两桌横排时,桌次是以右为尊,以左为卑。这里所说的右和左,是由面对正门的位置来确定的。当两桌竖排时,桌次讲究以远为上,以近为下。这里所讲的远和近,是以距离正门的远近而言的。

第二种情况,是由三桌或三桌以上的桌数所组成的宴请。在安排多桌宴请的桌次时,除了要注意"面门定位"、"以右为尊"、"以远为上"等规则外,还应兼顾其他各桌距离主桌的远近。通常是距离主桌越近,桌次越高。在安排桌次时,所用餐桌的大小、形状要基本一致。除主桌可以略大外,其他餐桌都不要过大或过小。

为了确保赴宴者能及时、准确地找到自己所在的桌次,可以在请柬上注明对方所在的桌次、在宴会厅入口悬挂宴会桌次排列示意图、安排引位员引导来宾按桌就坐,或者在每张餐桌上摆放桌次牌(用阿拉伯数字书写)。

二、位次排列

宴请时,每张餐桌上的具体位次也有主次尊卑的分别。排列位次的基本方法有四条,它们往往会同时发挥作用。

方法一:主人大都应面对正门而坐,并在主桌就坐。

方法二:举行多桌宴请时,每桌都要有一位主人的代表在座。位置一般和主桌主人同向,有时也可以面向主桌主人。

方法三:各桌位次的尊卑,应根据距离该桌主人的远近而定,以近为上,以远为下。

方法四:各桌距离该桌主人相同的位次,讲究以右为尊,即以该桌主人面向为准,右为尊,左为卑。

另外,每张餐桌上所安排的用餐人数应限在10人以内,且最好是双数。

根据上面四个位次的排列方法，圆桌位次的具体排列可以分为两种具体情况。它们都和主位有关。

第一种情况:每桌一个主位的排列方法。特点是每桌只有一名主人,主宾在右首就坐,每桌只有一个谈话中心。

第二种情况：每桌两个主位的排列方法。特点是主人夫妇在同一桌就坐,以男主人为第一主人,女主人为第二主人,主宾和主宾夫人分别在男女主人右侧就坐,从而客观上形成了两个谈话中心。如果主宾身份高于主人,为表示尊重,也可以安排其坐主人的位子,而请主人坐在主宾的位子上。

为了便于来宾准确无误地在自己的位次上就坐，主人除了要安排招待人员及时引导指示外,还应在每位来宾所属座次正前方的桌面上,事先放置醒目的个人姓名座位卡。举行涉外宴请时,座位卡应以中、英文两种文字书写。我国的惯例是,中文在上,英文在下。必要时,座位卡的两面都写上用餐者的姓名。

排列便餐的席位时,如果需要进行桌次的排列,可以参照宴请时桌次的排列进行。位次的排列,可以遵循四个原则:

1.右高左低原则

两人一同并排就坐,通常以右为上座,以左为下座。这是因为中餐上菜时多以顺时针方向为上菜方向,因此居右坐的要比居左坐的优先受到照顾。

2.中座为尊原则

三人一同就坐用餐,坐在中间的人在位次上高于两侧的人。

3.面门为上原则

用餐的时候,按照礼仪惯例,面对正门者是上座,背对正门者是下座。

4.特殊原则

高档餐厅里,室内外往往有优美的景致或高雅的演出,供用餐者欣赏。这时候,观赏角度最好的座位是上座。在某些中低档餐馆用餐时,通常以靠墙的位置为上座,靠过道的位置为下座。

使用中餐餐具的注意事项

和西餐相比较，中餐的一大特色就是就餐餐具有所不同。我们主要介绍一下平时经常出现问题的餐具的使用。

一、筷子

筷子是中餐最主要的餐具。用筷子取菜、用餐的时候，要注意下面几个“小”问题：

(1)不论筷子上是否残留着食物，都不要去舔。用舔过的筷子去夹菜，是不是有点倒人胃口？

(2)和人交谈时，要暂时放下筷子，不能一边说话，一边像挥指挥棒似地挥舞着筷子。

(3)不要把筷子竖插在食物上面。因为这种插法，只在祭奠死者的时候才用。

(4)严格筷子的职能。筷子只是用来夹取食物的，用来剔牙、挠痒或是夹取食物之外的东西都是失礼的。

二、勺子

它的主要作用是舀取菜肴、食物，常与筷子配合使用，尽量不要单用勺子去取菜。用勺子取食物时，不要过满，免得溢出来弄脏餐桌或自己的衣服。在舀取食物后，可以在原处“暂停”片刻，等汤汁不会再往下流时再移动。不可用勺子舀来舀去，也不要用嘴对着勺子吹。暂时不用勺子时，应放在自己的碟子上，不要把它直接放在餐桌上，更不能让它在食物中“立正”。用勺子取完食物后，要立即食用或放在自己碟子里，不要再把它倒回原处。而如果取用的食物太烫，可以先放到自己的碗里，等凉了以后再吃。不要把勺子塞到嘴里，或者反复吮吸、舔食。

三、盘子

盘子主要用来盛放食物,在使用方面和碗略同。盘子在餐桌上一般要保持原位,而且不要堆放在一起。需要着重介绍的,是一种用途比较特殊的被称为食碟的盘子。食碟主要用来暂放从公用的菜盘里取来享用的菜肴。用食碟时,一次不要取放过多的菜肴,否则看起来既繁乱不堪,又有失气质风度。

不要把多种菜肴堆放在一起,弄不好它们会相互串味,这样既不好看,也不好吃。不吃的残渣、骨、刺等不要吐在地上或桌上,而应轻轻取放在食碟前端,放的时候不能直接从嘴里吐出,要用筷子夹放到碟子旁边。如果食碟放满了,可以让服务员更换。

正统的西餐礼仪

现在很多公司都喜欢选择在西餐厅宴请客户,然而有很多人对西餐礼仪并不精通,因此常常闹出笑话。

正统的西餐礼仪如下所示:

1.预约的窍门。越高档的西餐厅越需要事先预约。预约时,不仅要说清人数和时间,也要表明是否要吸烟区或视野良好的座位。如果是生日或其他特别的日子,可以告知宴会的目的和预算。在预定时间内到达是基本的礼貌。

2.吃饭时穿着得体是欧美人的常识。去高档的西餐厅,男士要穿着得体的西装和皮鞋;女士要穿套装和有跟的鞋子。

3.就座时,身体要端正,手肘不要放在桌面上,不可跷足,与餐桌的距离以便于使用餐具为佳。餐台上已摆好的餐具不要随意摆弄。将餐巾轻轻对折放在膝上。

4.点酒时不要硬装内行。在高级西餐厅里,会有精于品酒的调酒师拿酒单来。对酒不大了解的人,最好告诉他自己挑选的菜色、预算、喜爱的酒类口味,请调酒师帮忙挑选。主菜若是肉菜应搭配红酒,鱼类则搭配白酒。上菜之前,不妨来杯香槟、雪利酒或吉尔酒等较淡的酒。

5.吃鸡时,欧美人多以鸡胸脯肉为贵。吃鸡腿时应先用刀将骨去掉,不要用手拿着吃。吃鱼时不要将鱼翻身,要在吃完上层后用刀叉将鱼骨剔掉后再吃下层。吃肉时，要切一块吃一块，块不能切得过大，也不能一次将肉都切成块。

6.用餐巾内侧擦拭。弄脏嘴巴时，一定要用餐巾擦拭，避免用自己的手帕。用餐巾反摺的内侧擦拭，而不是弄脏其正面，这也是应有的礼貌。手指洗过后也是用餐巾擦的。若餐巾脏得厉害，请侍者重新更换一条。

7.面包一般应撕成小块送入口中，不要拿着整块面包去咬。抹黄油和果酱时也要先将面包掰成小块再抹。

8.任意选择乳酪。高级西餐厅上甜点之前，会送上一个大托盘，摆满数种乳酪、饼干和水果，挑多少种都可以，但应以自己的食量为准。

9.用叉子和汤匙吃甜点。上甜点时大都会附上汤匙和叉子。冰淇淋之类的甜点容易滑动，可用叉子固定并集中，再放到汤匙里吃。大块的水果可以切成一口的大小，再用叉子取食。

10.喝咖啡时如愿意添加牛奶或糖，添加后要用小勺搅拌均匀，将小勺放在咖啡的垫碟上。喝时应右手拿杯把，左手端垫碟，直接用嘴喝，不要用小勺一勺一勺地舀着喝。吃水果时，不要直接去咬，应先用水果刀切成四瓣再用刀去掉皮、核，然后用叉子取用。

11.凡事由侍者代劳。在一流餐厅里，客人除了吃以外，诸如倒酒、整理餐具、捡起掉在地上的刀叉等事，都应让侍者去做。在国外，进餐时侍者会来问："How is every thing? "如果没有问题，可用"Good"来表达满意。

12.聊天切忌大声喧哗。在餐厅吃饭，就是要享受美食和社交的乐趣，沉默地各吃各的会很奇怪，但旁若无人地大声喧哗，也是极失礼的行为。交谈时，音量保持在对方能听见的程度即可。

13.中途离席时将餐巾放在椅子上。万不得已要中途离席时，最好选在上菜的空当，并且要向同桌的人打声招呼，把餐巾放在椅子上再走，别打乱了整个吃饭的程序和气氛。吃完饭后，只要将餐巾随意放在餐桌上即可，不必特意叠整齐。

14.如何招呼侍者。侍者会经常注意客人的需要，若需要服务，可用眼神向他示意或微微把手抬高，侍者会马上过来。如果对服务满意，想付小费时，可用签账卡支付，即在账单上写下含小费在内的总额再签名。最后别忘记口头致谢。

如何正确使用餐巾

餐巾又称口布,主要用来防止食物沾脏衣服,也可用来擦手上或嘴上的油渍。餐巾纸是一种简便的代用品,也具有餐巾的某种用途。

在正式宴会上,等到大家坐定后,客人需待主人先拿起餐巾,之后自己才可有所动作。反客为主的做法是失礼的。

从餐桌上拿起餐巾,先对折,再将褶线朝向自己,摊在腿上。绝不能把餐巾抖开,如围兜般围在身上,或塞在领口。而把餐巾的一角塞进纽扣眼或腰带里,也是错误的方法。假如衣服的质地较滑,餐巾容易滑落,那应该以较不醒目的方法,将餐巾的一角塞进腰带里,或左右两端塞在大腿下。

1.切忌用餐巾擦试餐具,主人会认为你嫌餐具不洁。

2.不可用餐巾拿来擤鼻涕或擦脸、擦汗,更不能擦其他物品。如身上无手帕,宜离席到洗手间去处理。

3.餐巾当然是为了预防调味汁滴落,弄脏衣物。但是,最主要的还是用来擦拭嘴巴。吃了油腻的食物后满嘴油渍,若以这副尊容与人说话,委实不雅。况且喝酒时还会把油渍留在玻璃杯上,更是难看。至于口红也同样要用餐巾略擦一擦,避免唇印沾在酒杯上。

宴席中最好避免中途离席。暂时离席时,许多人会把餐巾叠好放在椅子上,这种处理方式并没有错,因为餐巾摆放在桌上容易被误会已经离席。其实,最理想的方式是用盘子或刀子压住餐巾的一角,让它从桌沿垂下,当然脏的那一面朝内侧才雅观。

用餐完毕要站起来时,首先要将腿上的餐巾拿起,随意叠好,再把餐巾放在餐桌的左侧,然后起身离座。如果站起来后才甩动或折叠餐巾,就不合乎礼节了。餐巾用完后无须折叠得太过整齐,但也不能随便搓成一团。如有主宾或长辈在座,一定要等他们拿起餐巾折叠时才能跟着动作。若主人将餐巾放在桌子上,则表示宴会结束。

日本料理的用筷礼仪

倘若客户是日本人，为了迎合客户的口味，必然会选择前往日式饭店。因此，了解日式用餐礼仪势在必行。

一、取筷子时要以左手托住

拿筷子的第一步骤，即是拿取的方法。实际上接触筷子的是拇指、食指和中指，但无名指和小指也需紧靠中指。首先以右手拿住横放的筷子的中央部，再以右手从下托住，并将右手滑向筷子的右端。然后，手掌反转朝上，移向筷子的中央位置。当拇指移至中央上方时，应紧拿住，接着放开左手。

二、卫生筷应上下分开

一般待客时多使用卫生筷，不过，较正式的料理店所使用的，则是木纹清晰的杉筷等高极品。拉开卫生筷时，首先需以前述正确的取筷方法，横拿住筷子，再双手上下逐渐拉开卫生筷，动作不可太过夸张。还有，除了极简陋的筷子外，拉开后磨擦筷尖，可说是相当不好的习惯。

三、手中有碗时筷子的拿法

吃日本料理时，大多是手中端着碗进食。假如手里已拿着筷子，再以同一手取碗或放下碗，虽没违反礼节，但很不雅观，且手中若同时拿着筷子和碗也容易发生意外。因此，每次要拿碗时，一定要先放下手中的筷子。

如果手中已有碗，拿取筷子的方法也有所不同。应用左手的中指和无名指之间(或无名指和小指之间)夹住筷子左端，然后右手反转拿住。

祝酒的技巧

如果你在毫无准备的情况下被叫起来致祝酒辞，你可以说一些简单的话摆脱困境，如“向你致意，上帝保佑你”或“向出色的朋友和伟大的老板，致意”等。

但是如果你想表现得更有风度、更有口才，你可以增加一些回忆、赞美，以及相关的故事或笑话。然而，祝酒辞应当与场合相吻合，如在婚礼上的祝酒辞应该侧重于情感方面，向退休员工表达敬意的祝酒辞则应当侧重于怀旧。

在餐会上，致祝酒辞通常是男主人或女主人的优先权。如果无人祝酒，客人则可以提议向主人祝酒。如果主人第一个祝酒，客人则可以第二个祝酒。

在仪式场合，通常会有一位祝酒司仪，如果没有，组委会主席会在就餐结束后、开始发言前致必要的祝酒辞。在不太正式的场合，可以在葡萄酒和香槟酒上来之后，就提议祝酒。祝酒者并不需要把酒杯里的酒喝干，每次喝一小口足矣。

也许你平时根本不碰包括葡萄酒在内的各种酒精饮料，此时若有酒递过来，你可以谢绝，举起装着苏打水的高脚杯祝酒即可。过去，除非是酒精饮料，否则不祝酒，但是今天各种饮料都可以用来祝酒。无论如何，祝酒时你应该站起来，加入到这项活动之中，至少不应该极端失礼地坐在座位上。

酒吧礼仪

以我国大众目前的生活水平来看，出入一次酒吧算得上是一次高规格的消费，但万不可把酒吧看成肆意挥霍和无理取闹的场所。

繁忙的工作之余，邀几个朋友，到酒吧里听歌跳舞，是一种极好的娱乐活动。

酒吧在我国毕竟还是一种新兴事物，尚有许多方面，值得我们注意。

其一，酒吧不是大摆宴席的场所。如果你打算请客，那最好是去酒楼、饭店，那里天南地北各种佳肴一应俱全。而酒吧通常只供应饮料和平常糕点，吃在酒吧只是一种娱乐的辅助。

其二，若你向酒吧里的歌手点歌，你应该让服务员替你转达。给歌手小费，也不可过于直接，把钱塞给歌手或扔到台上都是不礼貌的。应该把钱夹在纸里，最好藏在一束鲜花中送到歌手面前。

其三，酒吧一般都设有卡拉OK演唱装置，顾客可以自愿去唱自己喜欢的曲目。别的顾客唱了，应该报以掌声。自己去唱，应向服务人员通告，唱的时候和配乐相和谐，不要肆无忌惮地胡乱唱。

其四，由于酒吧特定的氛围，应特别强调与异性交往的礼节，举止要端庄大方，言语应彬彬有礼。

在酒吧里跳舞，以邀请同来的女伴为宜。酒吧舞池不同于特别举办的舞会，它不以社交为目的，一般不请不相识的人共舞。在国外，女性一般是不单独去酒吧的。

其五，仿西式的酒吧，柜台前都设有不带背的单腿皮凳，顾客可以坐在柜台前喝酒。这是一种方便的设施，是为那些没有时间久留的人准备的。而有些人坐在上面喝酒说笑，影响服务员的工作，那样就不好了。

酒桌上的礼仪

很多生意都是酒桌上完成的，掌握一定的酒桌礼仪对生意的促成有着重要的作用。

1.如果自己由于各种原因真不能喝酒，说明原因即可，不要硬撑，在酒桌上一旦开始想要结束就难了。

2.酒桌上虽然奉行“感情深，一口闷；感情浅，舔一舔”的原则，但在喝酒时决不能把这句话挂在嘴上。

3.可以多人敬一人，决不可一人敬多人，除非你是领导。

4.领导相互喝完才轮到自己敬。

5.韬光养晦，厚积薄发，切不可一上酒桌就充大。

6.自己敬别人，如果碰杯，一句“我喝完，你随意”，方显大度。

7.自己敬别人，如果不碰杯，自己喝多少可视情况而定，比如对方酒量、对方喝酒态度等，切不可比对方喝得少。

8.若自己职位卑微，要记得多给领导添酒。不要瞎给领导代酒，就是要代，也要选择在领导确实想找人代时提出，同时还要表现出一副是自己想喝酒而不是要给领导代酒的样子。

9.如果没有特殊人物在场，碰酒最好按顺时针进行，不要厚此薄彼。

10.端起酒杯(啤酒杯)，右手扼杯，左手垫杯底，记着自己的杯子永远要低于别人。自己如果是领导，不要放太低，否则让下面的人怎么办？

11.喝酒也要“师出有名”，碰杯，敬酒，都要有说词。

12.如果遇到酒不够的情况，应将酒瓶放在桌子中间，让人自己添，不要去一个一个倒酒，否则如果后面的人没有酒会很尴尬。

13.桌面上不要谈生意，喝好了，生意也就差不多了。大家对此都心中了然，不然别人也不会这么爽快地和你喝酒。

14.说错话，办错事，不要申辩，自觉罚酒才是硬道理。

15.领导跟你喝酒，是对你的赏识，不管领导要你怎么喝，都要自己先干为敬。记住，要双手捧杯，杯子要低。

16.注意酒后不要失言，不能失态，即使喝多了也要保持基本的风度。

17.最后一定还有一个闷杯酒，所以，不要让自己的酒杯空着。

18.酒后的嘘寒问暖更重要，一杯酸奶，一杯热水，一条热毛巾都显得你关怀备至。

喝咖啡的礼仪

咖啡厅是商务会谈活动不会错过的一个绝佳场所。喝咖啡是西方的生活习惯，在商务活动中，也逐渐形成了一定的礼仪。

我们都知道，喝咖啡是西餐的最后一道程序。除此之外，西方人打交道时，还有很多场合可能需要一起喝咖啡。西方人喝咖啡是有很多讲究的，如果你不想在喝咖啡的时候做出一些失礼的举动，那就好好学习以下几条喝咖啡的礼仪吧：

1.在餐后饮用的咖啡，盛放咖啡的杯碟都是特制的，一般都是用袖珍型的杯子。这种杯子的杯耳较小，手指无法穿出去。不过即使用较大的杯子，也不要用手指穿过杯耳端杯子。正确的拿法应是拇指和食指捏住杯把将杯子端起，慢慢地移向嘴边轻啜；不要满把握杯、大口吞咽，也不要俯首去就咖啡杯；喝咖啡时，不要发出声响；添加咖啡时，不要把咖啡杯从咖啡碟中拿起来。

2.在家中请人来喝咖啡，通常应安排在下午4点以前，而且最好不要用速溶咖啡(在西方人看来，自制的咖啡档次较高)，届时别忘了准备一些点心。在家里请客人喝咖啡时要注意，咖啡爱好者对是否加糖和奶往往十分讲究，最好让客人自便，主人不必代劳。另外，主人还要为懂得喝咖啡的行家另备一杯冷开水，使之与咖啡交替品尝，口味更显醇厚。

3.不要一手端着咖啡杯，一手拿着点心，吃一口、喝一口地交替进行——饮咖啡时应当放下点心，吃点心时则应当放下咖啡杯。给咖啡加糖时，砂糖可用咖啡匙舀取，直接加入杯内；也可先用糖夹子把方糖夹在咖啡碟的近身一侧，再用咖啡匙把方糖加入杯中。如果直接用糖夹子或手把方糖放入杯内，有时可能会使咖啡溅出，从而弄脏衣服或台布。

4.咖啡匙只有一个作用，那就是搅拌咖啡。绝不能用它一匙一匙地喝，也不要想着用它去捣碎方糖，这会显得你十分外行。小匙用毕，要放在碟子上，不要放在杯中，否则会显得不雅，而且不小心会把小匙打翻在地。

5.如果嫌刚煮好的咖啡太热，可用咖啡匙在咖啡杯内轻轻地搅拌使之冷却，或者等待其自然冷却。千万不要为了让咖啡更快变凉，而用嘴去吹咖啡——在西方人看来，这是一个非常不雅的动作。

6.去别人家做客喝咖啡时，最好喝得一滴不剩——以感谢的心情，将主人为你提供的咖啡喝完也是一种咖啡礼仪。

7.喝完咖啡后，不要将杯子直接放在桌上，记得要将它放回杯碟上。

8.在喝一些有泡沫的花式咖啡时，应及时用纸巾把唇上沾到的奶油或泡沫擦掉。